Contraste insuffisant

**NF Z 43**-120-14

BIBLIOTHÈQUE
DES ÉCOLES ET DES FAMILLES

CH. DICKENS

LE

# MAGASIN D'ANTIQUITÉS

OUVRAGE ILLUSTRÉ DE 27 GRAVURES

PARIS
LIBRAIRIE HACHETTE et C<sup>ie</sup>
79, BOULEVARD SAINT-GERMAIN, 79

# LE
# MAGASIN D'ANTIQUITÉS

4750. — L.-Imprimeries réunies, B, rue Mignon, 2. — MAY et MOTTEROZ, directeurs.

*BIBLIOTHÈQUE DES ÉCOLES ET DES FAMILLES*

# LE
# MAGASIN D'ANTIQUITÉS

PAR

## CH. DICKENS

*Ouvrage illustré de 27 gravures*

NOUVELLE ÉDITION

PARIS
LIBRAIRIE HACHETTE ET Cie
79, BOULEVARD SAINT-GERMAIN, 79
1894

Droits de propriété et de traduction réservés

# LE
# MAGASIN D'ANTIQUITÉS

## I

J'aime à parcourir les rues de Londres la nuit. Une nuit donc, je m'étais mis à rôder dans la Cité. Je marchais lentement, selon ma coutume, méditant sur une foule de sujets. Soudain, je fus arrêté par une question dont je ne saisis pas bien la portée, quoiqu'elle semblât cependant m'être adressée : la voix qui l'avait prononcée était pleine d'une douceur charmante qui me frappa le plus agréablement du monde. M'étant retourné, j'aperçus à la hauteur de mon coude une jolie petite fille qui me priait de lui indiquer une certaine rue située à une distance considérable.

« D'ici là, lui dis-je, mon enfant, il y a une bien grande distance.

— Je le sais, monsieur, répliqua-t-elle timidement; je le sais à es dépens, car c'est de là que je suis venue jusqu'ici.

— Seule? m'écriai-je avec quelque surprise.

— Oh! oui, peu m'importe. Mais ce qui maintenant me fait un peu peur, c'est que je me suis égarée. »

Une larme brilla dans les yeux vifs de la jeune fille; et tandis qu'elle me regardait en face, un tremblement se lisait sur sa figure délicate.

« Venez, lui dis-je; je vais vous conduire. »

Elle mit sa main dans la mienne avec autant de confiance que si elle m'avait connu depuis le berceau, et nous voilà partis de compagnie. Je remarquai que, de temps en temps, elle me lançait un regard à la dérobée, comme pour se bien assurer que je ne la trompais point; je crus m'apercevoir aussi que chacun de ces regards rapides et perçants augmentait sa confiance en moi.

Bien que ses vêtements fussent très simples, ils étaient d'une propreté parfaite et ne trahissaient ni la pauvreté ni la négligence.

« Qui donc, lui demandai-je, vous a envoyée si loin toute seule?

— Quelqu'un qui est très bon pour moi, monsieur.

— Et qu'êtes-vous allée faire?

— Je ne dois pas le dire. »

Dans le ton et les termes de cette réplique, il y avait un je ne sais quoi qui me fit regarder la petite créature avec une involontaire expression de surprise. Quel pouvait être le message pour lequel elle était d'avance si bien préparée à répondre de la sorte?

Tandis que nous allions ainsi, je roulais dans mon esprit cent explications différentes de l'énigme et les rejetais l'une après l'autre. J'eusse rougi de me prévaloir de l'ingénuité ou de la reconnaissance de cette enfant, au profit de ma curiosité. Comme sa confiance m'avait plu tout d'abord, je résolus d'en rester digne et de justifier le mouvement qui l'avait portée à se confier en moi.

Quand nous fûmes dans la rue qu'elle cherchait, ma nouvelle connaissance frappa joyeusement des mains, s'élança à quelques pas devant moi, s'arrêta à une porte, et, dès que je l'eus rejointe, fit retentir la sonnette.

Une partie de cette porte était vitrée, sans contrevent qui la protégeât. L'enfant avait sonné deux ou trois fois déjà, quand nous entendîmes du dedans le bruit d'une personne qui se meut, et enfin une faible lumière apparut à travers le vitrage. Comme cette lumière approchait très lentement, celui qui la portait ayant à se frayer un passage parmi une grande quantité d'objets épars et confus, cette circonstance me permit de voir quelle était la nature de la personne qui s'avançait et celle du lieu dans lequel elle cheminait.

La personne était un petit vieillard aux longs cheveux gris. Tandis qu'il élevait la lumière au-dessus de sa tête et regardait en avant à mesure qu'il approchait, je pus distinguer parfaitement ses traits et sa physionomie.

La salle qu'il traversait à pas lents était un de ces réceptacles d'objets curieux et antiques qui semblent se cacher dans les coins les plus bizarres de notre ville, et, par jalousie et méfiance, dérober leurs trésors moisis aux regards du public.

Tout en retournant la clef dans la serrure, le vieillard me contemplait avec surprise. La porte s'ouvrit, et l'enfant lui raconta la petite histoire de notre rencontre.

« Dieu te bénisse! s'écria le vieillard en passant la main sur la tête de l'enfant; comment se fait-il que tu aies pu t'égarer en chemin? O Nell, si je t'avais perdue!

— Grand-père, répondit avec fermeté la petite fille, j'aurais retrouvé mon chemin pour revenir vers vous, n'ayez pas peur. »

Le vieillard l'embrassa; puis il se tourna de mon côté et m'invita à entrer. La porte fut fermée de nouveau à double tour. Mon hôte, me précédant avec son flambeau, me conduisit, à travers la salle que j'avais contemplée du dehors, dans une petite pièce située derrière : là se trouvait une autre porte ouvrant sur une sorte de cabinet où je vis un lit en miniature qui aurait bien convenu à une fée, tant il était exigu et gentiment arrangé. L'enfant prit une lumière et se retira dans la petite chambre, me laissant avec le vieillard.

« Vous devez être fatigué, monsieur, me dit-il en approchant pour moi une chaise du feu. Comment vous remercier?

Je répondis : « En ayant une autre fois plus de soin de votre petite fille, mon bon ami.

— Plus de soin! répéta le vieillard d'une voix aigre; plus de soin de Nelly! Qui a jamais aimé une enfant comme j'aime ma Nelly? »

Il est impossible de montrer plus de tendresse que n'en montra dans ce peu de mots le marchand de curiosités. J'attendis qu'il parlât de nouveau; mais il appuya son menton sur sa main, et, secouant deux ou trois fois la tête, il tint ses regards fixés sur le foyer.

Tandis que nous gardions ainsi le silence, la porte du cabinet s'ouvrit, et l'enfant reparut. Sans perdre un instant, elle s'occupa des préparatifs du souper. Je vis avec surprise qu'elle paraissait chargée de toute la besogne, et que, à l'exception de nous trois, il ne semblait y avoir âme qui vive dans la maison. Je saisis un moment où elle était sortie de la chambre pour glisser un mot à ce sujet : à quoi le vieillard répliqua qu'il y avait peu de personnes aussi dignes de confiance, aussi soigneuses que Nelly.

« Il m'est toujours pénible, dis-je, choqué de ce que je prenais chez lui pour de l'égoïsme, d'être témoin de cette espèce d'initiation à la vie réelle chez de jeunes êtres à peine hors de la limite étroite de l'enfance. C'est tarir en eux la confiance et la naïveté, deux des principales qualités que le ciel leur ait départies : c'est leur demander de partager nos chagrins avant l'heure où ils sont capables de s'associer à nos plaisirs.

— N'ayez pas peur de voir détruire chez elle ces qualités précieuses; non, répondit le vieillard en me regardant fixement, les sources en sont trop profondes. D'ailleurs, les enfants du pauvre connaissent peu le plaisir.

— Mais... excusez la liberté de mon langage... vous n'êtes sans doute pas si pauvre?

— Nelly n'est pas ma fille; c'est sa mère qui était ma fille, et sa mère était pauvre. Je ne mets rien de côté; rien, pas un sou, bien que je vive comme vous voyez. Mais (il posa sa main sur mon bras et s'inclina pour ajouter à demi-voix) elle sera riche un de ces jours; elle deviendra une grande dame. Ne pensez pas mal de moi parce que j'use de son service. Elle est heureuse de me donner ses soins, vous avez pu en juger. Moi! n'avoir pas souci de mon enfant!... s'écria-t-il tout à coup avec un accent plaintif. Dieu sait que cette enfant est l'unique pensée de ma vie, et cependant il ne me favorise pas! »

En ce moment, celle qui faisait le sujet de notre conversation rentra, et le vieillard, m'invitant à me mettre à table, rompit l'entretien et retomba dans le silence.

Nous avions à peine commencé le repas, quand un coup fut frappé à la porte extérieure. Nelly, laissant échapper un joyeux éclat de rire qui me fit plaisir à entendre, car il était enfantin et plein d'expansion, s'écria :

« Nul doute, c'est ce vieux cher Kit qui revient enfin.

— Petite folle! dit le grand-père en caressant les cheveux de sa Nelly; toujours elle se moque du pauvre Kit. »

Kit était bien le garçon le plus grotesque qu'on puisse imaginer: lourd, gauche, avec une bouche démesurément grande, des joues fort rouges, un nez retroussé, et certainement l'expression la plus comique que j'aie jamais vue.

Dès ce moment, je conçus pour ce garçon un sentiment de reconnaissance, car je compris qu'il était la comédie dans la vie de la jeune fille.

« Il y avait une bonne trotte, n'est-ce pas, Kit? dit le petit vieillard.

— Par ma foi, la course en valait la peine, maître, répliqua Kit.

— Et, naturellement, vous revenez avec de l'appétit?

— Par ma foi, maître, je le crois. »

Le jeune garçon avait une manière à lui de se tenir de côté en parlant, et de jeter à chaque mot la tête obliquement par-dessus son épaule. Je crois qu'il eût été divertissant pour n'importe qui; mais il y avait quelque chose d'irrésistible dans le plaisir si vif que son étrangeté d'allure causait à Nelly. Ce qu'il y a de plus drôle, c'est que Kit lui-même était flatté de l'impression qu'il produisait; après avoir fait quelques efforts pour conserver sa gravité, il partit aussi d'un éclat de rire et resta, dans ce violent accès d'hilarité, la bouche ouverte et les yeux presque fermés.

Il s'empara d'une épaisse sandwich et d'un pot de bière, alla se mettre dans un coin et se disposa à faire largement honneur à ces provisions.

Il s'en fallait seulement de quelques minutes que minuit sonnât; je me levai pour partir.

« Un moment, monsieur, me dit le petit vieillard. Eh bien ! Kit, bientôt minuit, mon garçon, et vous êtes encore ici ? Retournez chez vous, et demain matin soyez exact, car il y a de l'ouvrage à faire. »

Après son départ, et tandis que l'enfant était occupée à desservir, le vieillard dit :

« Monsieur, je n'ai pas paru assez reconnaissant de ce que vous avez fait pour moi ce soir, mais je vous en remercie humblement et de tout cœur; Nelly en fait autant, et ses remerciements valent mieux que les miens. Je serais aux regrets si, en partant, vous emportiez l'idée que je ne suis pas assez pénétré de votre bonté ou que je n'ai pas souci de mon enfant... Car certainement cela n'est pas !

— Je n'en puis douter, lui répondis-je. Mais permettez-moi de vous adresser une question. Cette charmante enfant, avec tant de beauté et d'intelligence, n'a-t-elle que vous au monde pour prendre soin d'elle ? pas d'autre compagnie ? pas d'autre guide ?

— Non, non, dit-il en me regardant en face avec anxiété; non, et elle n'a pas besoin d'en avoir d'autre.

— Ne craignez-vous pas de vous méprendre sur les nécessités de son éducation et de son âge ? Je ne puis pas douter de vos bonnes intentions ; mais vous-même, êtes-vous bien sûr de pouvoir remplir une mission comme celle-là ? Je suis un vieillard ainsi que vous; vieillard, je m'intéresse à ce qui est jeune et plein d'avenir. Avouez-le, dans tout ce que j'ai vu cette nuit de vous et de cette petite créature, n'y a-t-il pas quelque chose qui peut mêler de l'inquiétude à cet intérêt ? »

Mon hôte garda d'abord le silence, puis il répondit :

« Je n'ai pas le droit de m'offenser de vos paroles. Il est bien vrai qu'à certains égards nous sommes, moi l'enfant, et Nelly la grande personne, ainsi que vous avez pu le remarquer. Mais que je sois éveillé ou endormi, la nuit comme le jour, malade ou en bonne santé, cette enfant est l'unique objet de ma sollicitude; et si vous saviez de quelle sollicitude, vous me regarderiez d'un œil bien différent. Ah ! c'est une vie pénible pour un vieillard ; mais j'ai devant moi un but élevé, et je ne le perds jamais de vue ! »

En le voyant dans ce paroxysme d'agitation fébrile, je me mis en devoir de reprendre mon pardessus, résolu à ne rien dire de plus. Je vis avec étonnement la petite fille, qui se tenait patiemment debout, avec un manteau sur le bras, et à la main un chapeau et une canne.

« Ceci n'est pas à moi, ma chère, lui dis-je.

— Non, répondit-elle tranquillement, c'est à mon grand-père.

— Mais il ne sort pas à minuit?

— Pardon, il va sortir, dit-elle en souriant.

—Mais vous, qu'est-ce que vous devenez pendant ce temps-là, chère petite?

— Moi? je reste ici, naturellement. C'est comme cela tous les soirs. » Je regardai le vieillard avec surprise; mais il était ou feignait d'être occupé du soin de s'arranger pour sortir. Mon regard se reporta de lui sur cette douce et frêle enfant. Toute seule, dans ce lieu sombre! seule, toute une longue et triste nuit!

Elle ne parut pas s'apercevoir de ma stupéfaction; mais elle aida gaiement le vieillard à mettre son manteau; lorsqu'il fut prêt, elle prit un flambeau pour nous éclairer. Voyant que nous ne la suivions pas assez vite, elle se retourna, le sourire aux lèvres, et nous attendit.

Lorsque nous eûmes franchi la porte, l'enfant posa son flambeau à terre, me souhaita le bonsoir et leva vers moi son visage pour m'embrasser. Puis elle s'élança vers le vieillard, qui la serra dans ses bras et appela sur elle les bénédictions de Dieu.

C'est ainsi qu'ils se séparèrent. L'enfant ouvrit la porte, maintenant protégée par un volet que Kit y avait appliqué en sortant, et avec un dernier adieu, dont la douceur et la tendresse sont bien souvent revenues à ma mémoire, elle la tint ouverte jusqu'à ce que nous fussions passés. Le vieillard s'arrêta un moment pour entendre les verrous se tirer à l'intérieur; ensuite, rassuré à cet égard, il se mit à marcher à pas lents. Au coin de la rue, il s'arrêta. Me regardant avec un certain embarras, il me dit que nous n'allions pas par le même chemin et qu'il était obligé de me quitter.

Je demeurai immobile à la place même où il m'avait laissé, sans pouvoir m'en aller et pourtant sans savoir pourquoi je perdais mon temps à rester là. Je regardai tout pensif dans la rue d'où nous venions de sortir, et bientôt je m'acheminai de ce côté. Je passai et repassai devant la maison ; je m'arrêtais, j'écoutais à la porte ; tout était sombre et silencieux comme la tombe.

Plus je pensais aux discours, aux regards, au maintien du vieillard, moins je parvenais à me rendre compte de ce que j'avais vu et entendu. Un pressentiment qui me dominait me disait que le but de cette absence nocturne ne pouvait être bon.

La tête remplie de ces idées, je continuai d'arpenter la rue, pendant deux grandes heures. Enfin une pluie violente se mit à tomber ; je montai dans une voiture de place qui vint à passer, et je me fis conduire chez moi.

## II

La semaine suivante, je résolus de retourner chez le marchand de curiosités, mais cette fois en plein jour.

Le vieillard se tenait dans l'arrière-boutique, en compagnie d'une autre personne. Tous deux semblaient avoir échangé des paroles vives ; leurs voix, qui étaient montées à un diapason très élevé, cessèrent de retentir aussitôt qu'ils m'aperçurent. Le vieillard s'empressa de venir à moi, et, d'un accent plein d'émotion, me dit qu'il était charmé de me voir. Il ajouta :

« Vous tombez ici dans un moment de crise. »

Et, montrant l'homme que j'avais trouvé avec lui :

« Ce drôle m'assassinera un de ces jours.

— Bah ! dit l'autre ; c'est plutôt vous, si vous le pouviez, qui livreriez ma tête par un faux serment ; nous savons bien cela.

— Ma foi ! reprit le vieillard, je ne m'en défends pas. Si les serments, les prières ou les paroles pouvaient me débarrasser de vous, j'en userais, et votre mort serait pour moi un grand soulagement.

— Je le sais. Mais rien de tout cela ne peut me tuer. En conséquence je vis, et je veux vivre.

— Et sa mère n'est plus !... s'écria le vieillard en joignant ses mains avec désespoir; et, levant les yeux au ciel : Voilà donc la justice de Dieu ! »

Le jeune homme était debout, frappant du pied contre une chaise et le regardant avec un ricanement de dédain. Il pouvait avoir environ vingt et un ans; il était bien fait et avait certainement la taille élégante; mais l'expression de sa physionomie n'était pas pour lui gagner les cœurs, car elle offrait un caractère de libertinage et d'insolence vraiment repoussant, en harmonie d'ailleurs avec ses manières et son costume.

« Justice ou non, dit-il, je suis ici, et j'y resterai jusqu'à ce que je juge convenable de m'en aller, à moins que vous n'appeliez main-forte pour me mettre dehors; mais vous n'en viendrez pas là, je le sais. Je veux voir ma sœur.

— *Votre* sœur !... dit le vieillard avec amertume.

— Sans doute. Vous ne pouvez détruire les liens de la parenté. Si cela était en votre pouvoir, il y a longtemps que ce serait fait. Je veux voir ma sœur, que vous tenez claquemurée ici, empoisonnant son cœur avec vos recettes mystérieuses et faisant parade de votre affection pour elle, afin de la tuer de travail et de grapiller quelques shillings de plus, que vous ajoutez chaque semaine à votre riche magot. Je veux la voir, et je la verrai.

— Voilà, s'écria le vieillard en se tournant vers moi, voilà un beau moraliste pour parler d'empoisonner les cœurs! Voilà un esprit généreux pour se moquer des shillings grapillés ! Un misérable, monsieur, qui a perdu tous ses droits, non seulement sur ceux qui ont le malheur d'être liés à lui par le sang, mais encore sur la société, qui ne le connaît que par ses méfaits. Un menteur, en outre ! ajouta-t-il en baissant la voix et en se rapprochant de moi, car il sait combien Nelly m'est chère, et il veut me blesser dans mon honneur et mon affection parce qu'il voit ici un étranger. »

Le jeune homme releva ce dernier mot.

« Les étrangers ne sont rien pour moi, grand-père, et je me flatte de n'être rien pour eux. Il y a là dehors un de mes amis qui m'attend, et comme, selon toute apparence, j'aurai à rester ici quelque temps, je vais, avec votre permission, le faire entrer. »

En parlant ainsi, il fit un pas vers la porte, et, regardant dans la rue, il adressa de la main plusieurs signes à une personne que l'on ne voyait pas. Celle-ci, à en juger par les marques d'impatience qui accompagnaient les appels, ne paraissait pas très disposée à venir. Enfin arriva, de l'autre côté de la rue, sous le prétexte assez gauche de passer là par hasard, un individu remarquable par son élégance malpropre. Après avoir fait de nombreuses difficultés et force mouvements de tête comme pour se défendre de l'invitation, il se décida à traverser la rue et entra dans la boutique.

« Là, dit le jeune homme, voici Dick Swiveller. Asseyez-vous, Swiveller.

— Mais je ne sais pas si cela fait plaisir au vieux, dit M. Swiveller à demi-voix.

— Asseyez-vous, » répéta son compagnon.

M. Swiveller obéit, et, regardant autour de lui avec un sourire câlin, fit observer que la semaine passée avait été bonne pour les canards, et que celle-ci était bonne pour la poussière.

Il trouva ensuite occasion de s'excuser de la négligence qu'on pouvait remarquer dans sa toilette.

« C'est que, voyez-vous, la nuit dernière, j'ai attrapé un fameux coup de soleil. Mais qu'importe! ajouta-t-il avec un soupir; qu'importe, pourvu que le feu de l'âme s'enflamme à la joyeuse fraternité des convives, pourvu qu'il ne tombe par une plume de l'aile de l'amitié!

— Vous n'avez pas besoin de faire ici le président de banquet, lui dit son ami en aparté.

— Fred, s'écria M. Swiveller en se frappant légèrement le nez du bout du doigt, je connais mon rôle. Trop parler nuit. Seulement, Fred, un petit mot à l'oreille; le vieux est-il bien disposé?

— Qu'est-ce que cela vous fait? répliqua son ami.

— Tout cela est bel et bon, dit M. Swiveller; mais prudence est mère de sûreté. »

En même temps il cligna de l'œil, comme s'il avait à garder quelque secret d'importance, et, croisant ses bras en se renversant contre le dossier de sa chaise, il se mit à contempler le plafond avec une imperturbable gravité.

D'après tout ce qui venait de se passer, on pouvait raisonnablement soupçonner que M. Swiveller n'était point encore parfaitement remis du coup de soleil auquel il avait fait allusion.

Le vieillard s'était assis ; les mains croisées, il regardait tour à tour son petit-fils et son étrange compagnon, comme s'il n'avait aucune autorité et qu'il en fût réduit à leur laisser faire tout ce qu'ils voudraient.

Le silence ne fut point de longue durée. M. Swiveller, après avoir fredonné à demi-voix des refrains bachiques, s'écria tout à coup :

« Fred, le vieux est-il en bonne disposition ?

— Qu'est-ce que cela vous fait ? répliqua l'ami d'un ton bourru.

— Rien, mais je vous le demande.

— Oui, naturellement. D'ailleurs, que m'importe qu'il le soit ou non ?

— Pourquoi me poursuivez-vous ? pourquoi me persécutez-vous ? Au nom du ciel ! s'écria le vieillard en se tournant vers son petit-fils, pourquoi amenez-vous ici vos compagnons de débauche ? Combien de fois aurai-je à vous répéter que ma vie est toute de dévouement et d'abnégation, et que je suis pauvre ?

— Combien de fois aurai-je à vous répéter, dit l'autre en le regardant froidement, que je sais bien que ce n'est pas vrai ! »

En ce moment la porte s'ouvrit et la petite fille apparut en personne.

III

Nelly était suivie de près par un homme âgé, dont les traits étaient remarquablement durs et repoussants. Cet homme était de si petite taille, qu'il eût pu passer pour un nain, bien que sa tête et sa figure n'eussent pas déparé le corps d'un géant. Ses yeux noirs, vifs et pleins d'astuce étaient sans cesse en mouvement, sa lèvre et son menton hérissés des chaumes d'une barbe inculte. Son costume se composait d'un vaste chapeau rond à haute forme, de vêtements de drap noir usé, d'une paire de larges souliers, et d'une cravate d'un blanc sale, chiffonnée comme une corde. Ses mains, couvertes d'un véritable cuir à gros grains, étaient d'une odieuse malpropreté ; il avait les ongles crochus, longs et jaunes.

L'enfant s'avança timidement vers son frère et mit sa main dans la sienne. Le nain avait embrassé d'un coup d'œil pénétrant la scène tout entière; et le marchand de curiosités, qui sans doute ne comptait pas sur cet étrange visiteur, semblait éprouver un profond embarras.

« Ah! ah! dit le nain qui, la main posée au-dessus de ses yeux, avait regardé attentivement le jeune homme, ce doit être là votre petit-fils, voisin?

— Vous voulez dire qu'il ne devrait pas l'être, répondit le vieillard; mais il l'est en effet.

— Et celui-ci? demanda le nain en montrant Dick Swiveller.

— C'est un de ses amis, aussi bienvenu que l'autre dans ma maison. »

« Eh bien, Nelly, disait le jeune homme à haute voix, est-ce qu'on ne vous enseigne pas à me haïr, hein?

— Non, non. Quelle horreur! oh non!

— On vous enseigne à m'aimer, peut-être? dit-il en ricanant.

— Ni l'un ni l'autre; on ne me parle jamais de vous, jamais.

— J'en suis persuadé, dit-il en lançant à son grand-père un regard farouche; j'en suis persuadé, Nelly, je vous crois.

— Moi, je vous aime sincèrement, Fred.

— Sans doute.

— Je vous aime et vous aimerai toujours, répéta-t-elle avec une vive émotion ; mais si vous vouliez cessez de le tourmenter, de le rendre malheureux, ah! je vous aimerais encore davantage.

— Je comprends, dit le jeune homme, qui s'inclina nonchalamment vers l'enfant et la repoussa après l'avoir embrassée. Là! maintenant que vous avez bien débité votre leçon, vous pouvez vous retirer. Il est inutile de pleurnicher. Nous ne nous quitterons pas mal ensemble, si c'est cela qu'il vous faut. »

Quand elle se fut retirée dans sa petite chambre, il se tourna vers le nain et lui dit brusquement :

« Écoutez-moi, monsieur...

— C'est à moi que vous parlez ? répliqua le nain. Mon nom est Quilp. Ce n'est pas long à retenir : Daniel Quilp.

— Alors, écoutez-moi, monsieur Quilp. Vous avez un peu d'influence sur mon grand-père...

— Un peu..., dit l'autre avec un ton d'importance.

— Vous êtes un peu dans la confidence de ses mystères, de ses secrets ?

— Un peu ! répliqua Quilp sèchement.

— Dites-lui donc de ma part, une fois pour toutes, qu'il doit s'attendre à me voir entrer ici et en sortir aussi souvent qu'il me conviendra, aussi longtemps qu'il gardera Nelly ici, et que, s'il veut se débarrasser de moi, il faut qu'il commence par se débarrasser d'elle. C'est ma sœur, mon droit est de la voir, et j'y tiens. Ce droit, c'est pour le maintenir que je suis venu aujourd'hui. Je reviendrai cinquante fois dans la même intention. J'ai dit que je resterais ici tant que je n'aurais pas eu satisfaction ; je l'ai eue, voilà ma visite terminée. Allons, Dick. »

Les deux amis se retirèrent fièrement.

« Hum ! fit le nain avec un regard de travers et en haussant les épaules, il en coûte cher d'avoir de chers parents.

— Que voulez-vous que je fasse ? répliqua le vieillard avec une sorte de désespoir impuissant.

— Ce que je veux que vous fassiez ? Ce que je ferais *moi*, si j'étais à votre place.

— Quelque acte violent, sans doute.

— Fort bien, dit le petit homme, très flatté de ce qu'il regardait comme un compliment, et grimaçant un sourire diabolique en frottant ses mains sales l'une contre l'autre. Demandez à la jolie, soumise et timide Mme Quilp. Oh ! Mme Quilp est bien dressée ! Ah ! à propos, tenez, ajouta-t-il en mettant la main dans la poche de son habit, et en s'approchant du vieillard d'un mouvement oblique, j'ai apporté cela moi-même de peur d'accident ; la somme, quoique en or, eût été trop forte et trop lourde pour tenir dans le petit sac de Nelly. Il faut cependant, voisin, qu'elle s'habitue de bonne heure à de semblables fardeaux, car elle en aura à porter quand vous serez mort.

— Fasse le ciel que vous disiez vrai ! Je l'espère du moins, dit le vieillard avec une sorte de gémissement.

— Je l'espère, » répéta le nain.

Et, s'approchant plus près encore :

« Voisin, je voudrais bien savoir où vous mettez tout cet argent; mais vous êtes un homme profond, et vous gardez bien votre secret.

— Mon secret! dit l'autre avec un regard plein de trouble. Oui, vous avez raison, je... je garde bien mon secret. »

Sans rien ajouter, il prit l'argent et s'en alla d'un pas lourd et incertain, portant la main à son visage, comme un homme contrarié et abattu. Le nain le suivit de ses yeux pénétrants, tandis que le vieillard passait dans le petit salon, et plaçait la somme dans un coffre en fer, près de la cheminée. Après avoir rêvé quelques instants, il prit congé du bonhomme.

Kit arriva quelques instants après et Nelly se disposa à lui donner sa leçon d'écriture.

Il me faudrait plus de temps et d'espace que n'en méritent de tels détails pour dire tous les efforts que Nelly dut faire avant de décider le modeste Kit à s'asseoir devant un monsieur qu'il ne connaissait pas; comment, étant assis enfin, il retroussa ses manches, posa carrément ses coudes, appliqua son nez sur son cahier et fixa ses yeux sur l'exemple en louchant horriblement; comment, dès qu'il eut la plume en main, il se vautra dans les pâtés et se barbouilla d'encre jusqu'à la racine des cheveux; comment, si par hasard il lui arrivait de bien tracer une lettre, il l'effaçait aussitôt avec son bras en se disposant à en faire une autre; comment chaque bévue était pour l'enfant le sujet d'un franc éclat de rire, auquel répondait, avec plus de bruit encore et non moins de gaieté, le rire du pauvre Kit lui-même; comment cependant, à travers tout cela, il y avait chez le professeur un désir sincère d'enseigner et chez l'élève un vif désir d'apprendre. Il me suffira de dire que la leçon fut donnée, que la soirée se passa, que la nuit vint, que le vieillard, en proie à son anxiété et à son impatience habituelles, quitta secrètement la maison à la même heure, c'est-à-dire à minuit, et qu'une fois de plus l'enfant resta seule dans cette sombre demeure.

## IV

M. et Mme Quilp demeuraient à Tower-Hill; et Mme Quilp était restée dans son pavillon de Tower-Hill à gémir sur l'absence de son seigneur et maître, quand il l'avait quittée pour vaquer à l'affaire que nous l'avons vu traiter.

On eût eu peine à définir de quel commerce, de quelle profession s'acquittait M. Quilp en particulier, quoique ses occupations fussent nombreuses et variées. Il touchait le loyer de colonies entières, parquées dans des rues sales et des ruelles, au bord de l'eau; il avait une part dans les pacotilles de divers contremaîtres de bâtiments des Indes, et presque tous les jours il avait des rendez-vous à la Bourse avec des individus à chapeaux de toile cirée et à jaquettes de matelot. Sur le rivage de la Tamise, comté de Surrey, il y avait un affreux chantier, infesté de rats, et nommé vulgairement « le quai de Quilp ». Là étaient un petit comptoir en bois, enfoncé tout de travers dans la poussière, comme s'il était entré dans le sol en tombant des nues, quelques débris d'ancres rouillées, plusieurs grands anneaux de fer, des piles de bois pourri, et deux ou trois monceaux de vieilles feuilles de cuivre, tortillées, fendues et avariées.

Bien loin que ce lieu offrît une notable apparence de vie ou d'activité, la seule créature humaine qui l'occupât était un jeune garçon amphibie, vêtu de toile à voile, dont l'unique travail consistait à rester assis au haut d'une des piles de bois pour jeter des pierres dans la boue à marée basse, ou à se tenir les mains dans ses poches en regardant avec insouciance le mouvement et le choc des vagues à marée haute.

A Tower-Hill, l'appartement du nain comprenait, outre ce qui était nécessaire pour lui et Mme Quilp, un petit cabinet avec un lit pour la mère de cette dame, qui vivait dans le ménage et soutenait contre Daniel une guerre incessante ; et pourtant la dame avait une terrible peur de son gendre. En effet, cet horrible personnage avait réussi, de manière ou d'autre, soit par sa laideur, soit par sa férocité, soit enfin par sa malice naturelle, peu importe, à inspirer une crainte salutaire à la plupart de ceux qui se trouvaient chaque jour en rapport avec lui. Nul ne subissait plus complètement sa domination que Mme Quilp elle-même, une jolie petite femme, au doux parler, aux yeux bleus, qui, s'étant unie au nain par les liens du mariage dans un de ces moments d'aberration dont les exemples sont loin d'être rares, faisait, tous les jours de sa vie, bonne et solide pénitence de cette folie d'un jour.

Ce jour-là, Mme Quilp était dans son petit salon en compagnie de sa mère, mistress Jiniwin, et de quelques voisines. Comme on croyait le nain absent pour longtemps, on prenait le thé, avec accompagnement de beurre frais, de pain tendre, de crevettes et de cresson de fontaine.

Ces dames, sauf la douce Mme Quilp, daubaient ferme le nain absent, et excitaient la petite victime à secouer le joug de son abominable tyran.

Soudain on vit mistress Jiniwin changer de couleur et faire à la dérobée un signe du doigt, comme pour engager la compagnie à se taire. Alors, mais alors seulement, on aperçut dans la chambre Daniel Quilp lui-même, occupé à regarder et à écouter tout, avec la plus profonde attention.

« Continuez, mesdames, continuez, dit Daniel. Mistress Quilp, veuillez engager ces dames à rester pour souper ; vous leur donnerez une couple de homards, avec quelque autre comestible léger et délicat ! Mais quoi ! vous ne partez pas, mesdames ? vous ne partez sûrement pas ? »

Ses belles ennemies agitèrent la tête d'un air mutin, tout en cherchant leurs chapeaux et leurs châles respectifs, mais elles laissèrent le soin de la résistance verbale à mistress Jiniwin, qui, se trouvant désignée par sa position pour soutenir la lutte, simula quelques efforts afin de sauver l'honneur de son rôle.

« Et pourquoi, dit-elle, ces dames ne resteraient-elles pas à souper, si ma fille le voulait ?

— Certainement, répondit Daniel, pourquoi pas ?

— Ma fille est votre femme, monsieur Quilp, dit la vieille dame avec un rire qu'elle s'efforça de rendre badin et satirique.

— Certainement, madame, dit le nain.

— Elle a le droit, j'espère, d'agir comme il lui plaît, Quilp, dit mistress Jiniwin, tremblant moitié de colère, moitié de la crainte secrète que lui inspirait son gendre diabolique.

— Vous espérez qu'elle en a le droit. Ne savez-vous pas qu'elle l'a?

— Je sais qu'elle devrait l'avoir, si elle avait ma manière de voir.

— Ma chère, pourquoi n'avez-vous pas la manière de voir de votre mère? dit le nain en se retournant pour s'adresser à sa femme. Pourquoi, ma chère, n'imitez-vous pas en tout constamment votre mère? C'est l'ornement de son sexe. »

La vieille dame fit un effort pour parler, mais elle resta sans voix. Quilp reprit, avec la même malice de regard et la même affectation de politesse moqueuse :

« Vous ne paraissez pas à votre aise, mistress Jiniwin ; vous vous êtes trop surexcitée peut-être à parler, car c'est là votre faible. Allez vous coucher, allez vous coucher.

— J'irai me coucher quand il me plaira, Quilp, et pas avant.

— Si cela pouvait vous plaire en ce moment! Allez donc vous coucher, s'il vous plaît. »

Mistress Jiniwin le regarda avec colère; mais elle recula en le voyant s'avancer, et, lui tournant le dos pour s'en aller, elle l'entendit refermer la porte sur elle, l'envoyant ainsi rejoindre les invitées, qui se pressaient sur l'escalier.

Resté seul avec sa femme qui s'était assise dans un coin, toute tremblante et les yeux fixés à terre, le nain vint se planter à quelque distance d'elle, devant elle, les bras croisés, et la regarda fixement durant quelque temps sans parler.

« Mistress Quilp! dit-il enfin.

— Oui, Quilp, répondit-elle avec soumission.

— S'il vous arrive encore d'écouter ces sorcières, je vous pincerai. »

Après cette menace laconique, accompagnée d'un grognement qui la fit paraître très sérieuse, M. Quilp ordonna à sa femme d'enlever le plateau et de lui apporter le rhum. Ayant devant lui la liqueur dans un grand coffre qui avait l'air de provenir de quelque armoire de vaisseau, il demanda de l'eau fraîche, avec sa boîte à cigares. Quand il n'eut plus rien à demander, il s'établit dans un fauteuil, appuyant en arrière sa grosse tête, et ses petites jambes plantées sur la table.

« Maintenant, dit-il, mistress Quilp, me voilà en disposition de fumer. Je passerai sans doute ainsi toute la nuit. Restez où vous êtes, s'il vous plaît, dans le cas où j'aurais besoin de vous. »

La jeune femme ne trouva pas autre chose à répondre que ses mots habituels : « Oui, Quilp. » Son seigneur et maître prit son premier cigare et apprêta son premier verre de grog. Le soleil se coucha, les étoiles parurent ; la chambre devint tout à fait sombre, tandis que le bout du cigare était flamboyant. M. Quilp demeurait cependant dans la même position, fumant et buvant tour à tour, regardant d'un air d'insouciance par la fenêtre, avec un sourire de dogue sur les lèvres, excepté quand mistress Quilp ne pouvait réprimer un mouvement d'impatience ; car alors le sourire de dogue se métamorphosait en une grimace de plaisir.

## V

Enfin le jour parut. La pauvre mistress Quilp, glacée par la fraîcheur du matin, toute grelottante et brisée par la fatigue et le manque de sommeil, était toujours là, assise patiemment sur sa chaise, invoquant de temps en temps, par le muet appel du regard, la compassion et la clémence de son seigneur et maître ; lui rappelant doucement quelquefois, par une quinte de toux introduite à propos, qu'il ne lui avait pas encore accordé grâce et merci, et que le châtiment avait duré bien longtemps. Mais le nain son époux continuait bravement de fumer son cigare et de boire son rhum, sans y faire la moindre attention. Ce fut seulement lorsque le soleil fut tout à fait brillant qu'il daigna, par un mot ou par un geste, avoir l'air de s'apercevoir que sa femme était là. Peut-être même n'eût-il pas eu cette générosité, si des coups redoublés, appliqués à la porte avec impatience, ne lui avaient annoncé qu'il y avait de l'autre côté de bonnes petites phalanges bien sèches et bien dures qui la travaillaient comme il faut.

« Hé! ma chère, dit-il avec un sourire malicieux, voici le jour! Ouvrez la porte, ma douce mistress Quilp! »

L'obéissante Betzy tira les verrous; sa mère entra.

Mistress Jiniwin s'élance impétueusement dans la chambre, car, supposant que son gendre était encore au lit, elle voulait se soulager en admonestant vertement sa fille sur la conduite et le caractère de son mari.

Mais quand elle le vit debout et habillé, et qu'elle s'aperçut que, depuis la veille au soir, la chambre semblait avoir été constamment occupée, elle s'arrêta tout court, avec quelque embarras.

« Eh quoi! Betzy, dit la vieille dame, vous n'avez pas été vous... Ce n'est pas à dire sans doute que vous avez été...

— Debout toute la nuit! dit Quilp, achevant la phrase. Oui, elle est restée debout

— Toute la nuit! s'écria mistress Jiniwen.

— Oui, toute la nuit. Est-ce qu'elle est devenue sourde, la bonne femme? demanda Quilp, avec un sourire accompagné d'un froncement de sourcils. Aidez votre mère à préparer le déjeuner, mistress Quilp. Ce matin je vais à mon quai. Le plus tôt sera le mieux. Ainsi, hâtez-vous. »

Tandis que la mère et la fille vaquaient aux soins du déjeuner, M. Quilp passa dans l'autre chambre; là il rabattit le collet de son habit, procéda à sa toilette de propreté, et se mit à se débarbouiller avec une serviette mouillée qui était loin d'être blanche, car son visage n'en sortit que plus ténébreux. Mais, pendant cette occupation, sa méfiance et sa curiosité ne l'abandonnèrent pas pour cela. Au contraire; plus attentif et plus rusé que jamais, il s'interrompit dans sa courte occupation pour aller écouter à la porte la conversation qui se tenait dans la chambre voisine, et dont il supposait devoir être le sujet.

« Ah! ah! se dit-il au bout de quelques moments, voilà donc pourquoi les oreilles me cornaient; je savais bien que je ne me trompais pas. Je suis un vilain petit bossu, je suis un monstre, à ce qu'il paraît, mistress Jiniwin ! Ah ! eh bien ! comment cela va-t-il maintenant, ma vieille petite mignonne ? »

La vieille dame eut trop grand'peur de lui pour prononcer un seul mot, et se laissa conduire à table par son gendre, qui affectait une politesse extraordinaire. En déjeunant, il n'atténua guère l'impression qu'il avait produite ; car il se mit à dévorer des œufs durs avec leur coquille, des crevettes monstrueuses avec la tête et la queue tout ensemble, mâchant à la fois, avec la même avidité, du tabac et du cresson, avalant sans sourciller du thé bouillant ; mordillant sa fourchette et sa cuiller jusqu'à les tordre ; en un mot, il fit tant de tours de force effrayants et peu ordinaires, que les deux femmes faillirent se pâmer de terreur et commencèrent à douter que le nain fût vraiment une créature humaine. Enfin, après avoir commis tous ces actes révoltants, et beaucoup d'autres encore du même genre, qui rentraient dans son système, M. Quilp laissa la mère et la fille parfaitement réduites à la soumission et se rendit au bord du fleuve, où il prit un bateau pour se faire transporter au débarcadère auquel il avait donné son nom.

En arrivant, ce qu'il vit d'abord, ce fut une paire de pieds mal chaussés qui se dressaient en l'air en montrant leurs semelles. C'était l'attitude préférée du jeune gardien qui, doué d'une nature excentrique et ayant un goût naturel pour les culbutes, se tenait en ce moment la tête en bas, et, dans cette position peu ordinaire, contemplait l'aspect du fleuve. Au son de la voix du maître, il se remit promptement sur ses pieds, et sa tête ne fut pas plus tôt dans sa position naturelle, qu'elle reçut un horion de la main de Quilp.

« Ah çà ! voulez-vous me laisser tranquille ! dit le jeune garçon, parant tour à tour avec ses deux coudes les coups que lui assenait son maître ; vous attraperez quelque chose dont vous ne serez pas content, je vous le jure.

— Vous êtes un chien ! cria Quilp ; je vous frapperai avec une verge de fer ; je vous étrillerai avec une brosse de vieille ferraille ; je vous pocherai les yeux, si vous osez dire un mot, soyez-en sûr.

— Ne recommencez pas, toujours ! dit le jeune garçon, secouant la tête et battant en retraite avec ses coudes prêts à tout événement. Vous n'avez qu'à y venir.

— C'est bon, chien que vous êtes ! dit Quilp. En voilà assez, puisque j'ai fait ce qui me convenait. Allons, ici ! Prenez la clef et ouvrez le comptoir. »

Le jeune garçon obéit en rechignant. Il murmurait d'abord, mais il se tut par prudence, en voyant Quilp le suivre de près et fixer sur lui un regard ferme.

Le comptoir était une petite loge sale, où l'on ne voyait qu'un vieux pupitre, deux escabeaux, une patère à accrocher les chapeaux,

IL PRIT UN BATEAU POUR SE FAIRE TRANSPORTER AU DÉBARCADÈRE.

un ancien almanach, une écritoire sans encre, un trognon de plume et une pendule hebdomadaire qui depuis dix-huit ans au moins n'avait pas marché, et dont une aiguille avait été arrachée pour servir de cure-dent. Daniel Quilp enfonça son chapeau sur ses sourcils, grimpa sur le bureau qui présentait une surface plane, y étendit sa petite personne et s'y établit pour dormir, en homme qui n'en était pas à son apprentissage, comptant bien réparer son insomnie de la nuit dernière par une sieste longue et solide.

Si le sommeil fut profond, il ne dura pas longtemps; car au bout d'un quart d'heure à peine le gardien excentrique ouvrit la porte, et avança sa tête, qui ressemblait à un paquet d'étoupe mal peignée. Quilp avait le sommeil léger, il s'éveilla aussitôt.

« Il y a là quelqu'un pour vous, dit le jeune homme.
— Qui ?
— Je ne sais pas.
— Demandez le nom, chien que vous êtes. »

Le garçon envoya à sa place la personne même qui avait été la cause du réveil de Quilp. A sa vue, celui-ci s'écria :

« Quoi ! c'est vous, Nelly ?
— Oui, dit la jeune fille, ne sachant si elle devait entrer ou se retirer ; car le nain venait de se soulever, et, avec ses cheveux pendant en désordre et le mouchoir jaune dont sa tête était couverte, il faisait peur à voir. Ce n'est que moi, monsieur.
— Venez, dit Quilp sans quitter son lit de camp. Venez, mettez-vous là. Vous avez une commission pour moi ? »

L'enfant lui présenta une lettre dont M. Quilp se disposa à prendre connaissance sans changer de position, si ce n'est pour se mettre un peu sur le côté et appuyer son menton sur sa main.

## VI

Le contenu de la lettre plongea M. Quilp dans une assez grande anxiété.

« Tout est parti déjà, grogna-t-il. Tout est parti en vingt-quatre heures ! Que diable en a-t-il donc fait ? C'est là le mystère ! »

Il reprit tout haut :

« Vous sentez-vous fatiguée, Nelly ?
— Non, monsieur. J'ai hâte de m'en retourner, car il sera inquiet.
— Rien ne presse, petite Nelly, rien ne presse. Venez avec moi à Tower-Hill ; vous y verrez mistress Quilp. Elle vous aime beaucoup, Nelly.
— Il faut que je m'en aille. Mon grand-père m'a dit de revenir aussitôt que j'aurai une réponse.

— Mais cette réponse, Nelly, vous ne l'avez pas et vous ne pouvez pas l'avoir sans que je passe à la maison. Ainsi, pour remplir complètement votre mission, il faut, comme vous voyez, que vous m'accompagniez. Donnez-moi mon chapeau que voilà, et nous partirons ensemble. »

En parlant ainsi, M. Quilp se laissa rouler du haut du bureau jusqu'à ce que ses petites jambes atteignissent le sol ; alors il se trouva debout et ils sortirent ensemble.

Mistress Quilp était seule au logis, et, ne s'étant pas attendue au retour si prochain de son seigneur et maître, elle avait cherché le repos dans un sommeil bienfaisant, quand le bruit des pas du nain la réveilla en sursaut. A peine avait-elle eu le temps de paraître occupée à quelque travail d'aiguille, qu'il entra, accompagné de Nelly.

« Voici Nelly Trent, ma chère mistress Quilp, dit le mari. Vite un verre de vin et un biscuit, car elle a fait une longue course. Elle vous tiendra compagnie, ma chère, pendant que je vais écrire une lettre. »

Betzy regarda le maître en tremblant, se demandant ce qu'il pouvait y avoir sous cette affabilité inaccoutumée. Sur l'ordre qu'il lui en donna par signe, elle le suivit dans la chambre voisine.

« Écoutez-moi attentivement, lui dit Quilp à voix basse, il faut que vous tâchiez de tirer d'elle quelque confidence sur le compte de son grand-père, sur ce qu'ils font, comment ils vivent, sur ce qu'il lui dit. J'ai mes raisons pour savoir tout cela, s'il est possible. Vous autres femmes, vous êtes plus libres entre vous que vous ne le seriez avec nous. Vous particulièrement, ma chère, vous avez de petites manières douces qui réussiront auprès d'elle. Vous m'entendez ?

— Oui, Quilp.

— Allez. Eh bien ! qu'est-ce ?

— Cher Quilp, balbutia la jeune femme, j'aime cette enfant ; je voudrais bien, s'il se pouvait, n'avoir pas à la tromper.

— Vous m'entendez ! grogna le nain en lui serrant et lui pinçant le bras. Insinuez-vous dans ses secrets, vous le pouvez, je le sais. Et souvenez-vous bien que j'écoute derrière la porte. Allez ! »

Mistress Quilp sortit pour remplir sa mission, et son aimable époux, se cachant derrière la porte à demi fermée et y appliquant son oreille, se mit à écouter avec une attention perfide.

Bien à contre-cœur, la pauvre Betzy entra en conversation avec Nell :

« Depuis quelque temps vous avez fait bien des allées et venues ici, chère, pour voir M. Quilp.

— C'est ce que j'ai dit cent fois à mon grand-père, répliqua naïvement Nelly.

— Et qu'est-ce qu'il répond à cela?

— Il se borne à soupirer, il baisse la tête et paraît si triste, si accablé, que, si vous pouviez le voir en cet état, sûrement il vous ferait pitié.

— Mais, reprit mistress Quilp, votre grand-père n'a sans doute pas été toujours aussi triste.

— Oh non! dit vivement l'enfant. Quelle différence autrefois! Nous étions si heureux, si gais, si contents, et maintenant nous sommes si malheureux et si tristes! Ne supposez pas, mistress Quilp, que mon grand-père m'aime moins qu'autrefois. Chaque jour il m'aime davantage et me témoigne plus de tendresse et de sollicitude que la veille. Vous ne pouvez vous imaginer combien il m'aime. Mais je ne vous ai pas encore confié son plus grand changement ; et ayez soin de n'en jamais rien dire à personne. Il ne dort plus, si ce n'est le peu de sommeil qu'il prend le jour dans son fauteuil; car chaque nuit il sort et reste dehors presque jusqu'au matin. Quand il revient, c'est moi qui lui ouvre. La nuit dernière, l'heure était très avancée : on voyait déjà clair. Mon grand-père était affreusement pâle; ses yeux étaient rouges; ses jambes tremblaient sous lui. Quand je retournai me mettre au lit, je l'entendis gémir. Je me levai et courus à lui ; avant qu'il s'aperçût de ma présence, je l'entendis s'écrier qu'il ne pouvait plus supporter cette vie, et que, si ce n'était pour son enfant, il voudrait mourir. Que faire? mon Dieu! que faire? »

Au bout de quelques moments, M. Quilp reparut ; il exprima la plus grande surprise de trouver Nelly en larmes, comme s'il n'avait pas bien su pourquoi elle pleurait !

Nelly se leva aussitôt et déclara qu'elle était prête à partir.

« Attendez, dit le nain, vous dînerez avec nous.

— Mon absence n'a été déjà que trop longue, monsieur, répondit Nelly en s'essuyant les yeux.

— Eh bien! si vous voulez partir, vous êtes libre, Nelly. Voici ma lettre. C'est seulement pour dire que je le verrai demain ou après-demain, et que je ne puis faire aujourd'hui pour lui cette petite affaire. Adieu, Nelly. »

Après le départ de Nelly, le nain dit à sa femme :

« Vous avez joué votre rôle comme une sotte. Il est fort heureux pour vous que, grâce au peu de mots qu'elle a laissé échapper, j'aie saisi le fil dont j'avais besoin, car, autrement, c'est à vous que je m'en serais pris, soyez-en sûre. Ah! à propos, vous n'avez pas besoin de faire un dîner trop confortable, car je n'y serai pas ce soir. »

Là-dessus, M. Quilp prit son chapeau et s'en alla.

## VII

« Fred, disait M. Swiveller, rappelez-vous la vieille ballade populaire : *Loin de moi, soucis fâcheux*. Éventons, pour la rendre plus vive, la flamme de l'hilarité du bout de l'aile de l'amitié, et faisons circuler le vin rosé. »

Le logis de Richard Swiveller était situé dans le voisinage de Drury-Lane, au-dessus de la boutique d'un marchand de tabac. C'est dans ce logis que M. Swiveller avait cité de mémoire, pour consoler son ami et le relever de son abattement, un de ses souvenirs lyriques.

Quant au vin rosé, ce n'était qu'un emblème : la réalité était un verre contenant du grog froid au gin, et qu'on remplissait au fur et à mesure, avec une bouteille et une cruche posées sur la table. Faute d'autre verre, les deux amis se passaient tour à tour celui-là, ce qu'on peut avouer sans honte, Swiveller étant logé en garçon.

« Fred, reprit Swiveller, s'apercevant que sa citation poétique n'avait produit aucun effet, passez-moi le vin rosé. »

Le jeune Trent poussa de son côté le verre avec un mouvement d'impatience, et retomba dans l'attitude chagrine dont on l'avait tiré contre son gré.

« Mon cher Fred, dit son ami, tout en remuant le mélange liquide, je veux vous donner un petit avis approprié à la circonstance. Voici le mois de mai qui...

— Au diable! interrompit l'autre, vous m'excédez avec votre babil. Comment pouvez-vous être gai dans l'état où nous sommes?

— Eh quoi! monsieur Trent, répliqua Dick. Il y a un proverbe qui dit que gaieté n'empêche pas sagesse. Il existe des gens qui peuvent être gais sans pouvoir être sages, d'autres qui peuvent être sages (ou pensent pouvoir l'être) et qui ne sauraient être gais. J'appartiens à la première classe. Si le proverbe est bon, je pense qu'il vaut mieux en prendre la moitié que de n'en prendre rien; et, en tout cas, j'aime mieux être gai sans être sage que de n'être, comme vous, ni l'un ni l'autre.

— Dick, dit Trent après avoir fait deux ou trois tours de chambre, voulez-vous consentir à causer sérieusement pendant quelques minutes, si je vous offre un moyen de vous enrichir sans peine?

— Vous m'en avez offert souvent, et qu'en est-il advenu? Mes poches sont toujours vides.

— Avant peu, reprit Trent en étendant son bras sur la table, je veux que vous me teniez un autre langage. Écoutez bien le nouveau plan. Vous avez vu ma sœur Nelly?

— Eh bien?

— Elle est jolie, n'est-ce pas?

— Oui, jolie et très jolie. Mais enfin?

— Je vais vous le dire. Il y a un fait certain, c'est que le vieux et moi nous sommes à couteaux tirés et resterons ainsi jusqu'à la fin de notre vie; je n'ai rien à attendre de lui. Il est un autre fait également certain, c'est que ma sœur seule aura l'argent que, d'après les premières promesses de ce vieux grippe-sou, je m'attendais à partager avec elle. Nelly a près de quatorze ans. Elle est capable d'éprouver des affections vives, et, élevée comme elle l'a été, elle peut facilement, à son âge, subir des influences. Si une fois je l'ai dans la main, je parviendrai, avec quelque peu de séduction et de menaces, à la plier à ma volonté. Pour ne pas perdre le temps en paroles inutiles, qui vous empêche d'épouser Nelly? »

Tandis que son ami entamait ce discours avec autant d'énergie que d'ardeur, Richard Swiveller était resté tranquille, les yeux fixés sur le bord de son verre; mais il n'eût pas plus tôt entendu les derniers mots, qu'il témoigna une profonde consternation; il ne put émettre que ce monosyllabe :

« Quoi?

— Je dis : Qui vous empêche de l'épouser? répéta l'autre avec une fermeté d'accent dont il avait depuis longtemps fait l'épreuve sur son compagnon.

— Mais vous m'avez dit qu'elle n'avait pas encore quatorze ans!

— Assurément, je ne songe pas à la marier en ce moment, répliqua le frère d'un ton contrarié. Dans deux, trois ou quatre ans, à la bonne heure. Le vieux vous semble-t-il devoir vivre plus longtemps que cela?

— Il ne me fait pas cet effet, répondit Richard en secouant la tête; mais ces vieilles gens, il ne faut pas s'y fier, Fred.

— Mettons les choses au pis, reprit Trent avec la même fermeté et en fixant les yeux sur son ami; je suppose que mon grand-père continue de vivre.

— Sans doute; voilà le hic!

— Je suppose qu'il continue de vivre. Eh bien! je déterminerai, ou, si ce mot est plus explicite, je forcerai Nelly à contracter un mariage secret avec vous. Que vous semble de ce moyen?

— Il me semble que je vois là une famille et pas de revenu pour la nourrir, dit Richard après un moment de réflexion.

— Je vous dis, reprit Frédéric avec une chaleur croissante qui, soit réelle, soit jouée, n'en agissait pas moins sur l'esprit de son ami, je vous dis que le vieux ne vit plus que pour Nelly; je vous dis que toute son énergie, toutes ses pensées sont pour elle; qu'il ne la déshériterait pas plus si elle venait à lui désobéir qu'il ne ferait de moi son héritier si je m'abaissais à lui donner toutes les marques de soumission et de vertu.

— Je ne suis pas éloigné de vous croire.

— Vous feriez mieux de dire que vous en êtes sûr comme moi. Mais écoutez. Afin de mieux amener le vieux à vous pardonner, il faudrait feindre une rupture complète entre nous, une haine à mort; établissons ce faux semblant, et je gage que le vieux s'y laissera facilement prendre. Quant à Nelly, vous savez ce qu'on dit de la goutte d'eau qui, en tombant toujours à la même place, finit par user la pierre. Vous pouvez vous fier à moi en ce qui la concerne. Aussi, que le vieux vive ou meure, qu'en adviendra-t-il en tout cas? Que vous serez l'unique héritier de toute la fortune de cet opulent Harpagon, d'une fortune que nous dépenserons ensemble, et que vous, vous y gagnerez par-dessus le marché une jeune et jolie femme.

— Mais est-il bien sûr qu'il soit riche?

— Certainement : n'avez-vous pas recueilli les paroles qu'il a laissé tomber l'autre jour en notre présence? Certainement. Gardez-vous d'en douter. »

La négociation se termina d'un parfait accord. Swiveller déclara, dans son langage fleuri, qu'il n'avait pas d'objection insurmontable, du moment qu'il s'agissait d'épouser une personne abondamment pourvue d'argent et de biens meubles, et qui voudrait bien de lui.

## VIII

Une nuit... c'était la troisième depuis la conversation de Nelly avec mistress Quilp, le vieillard, qui durant la journée avait été souffrant et abattu, annonça qu'il ne sortirait pas. A cette nouvelle, les yeux de l'enfant étincelèrent; mais la joie qui les animait s'effaça quand Nelly reporta son regard sur le visage triste et fatigué de son grand-père.

« Deux jours, murmura-t-il, deux jours se sont écoulés, et pas de réponse? Nelly, que t'a-t-il donc dit?

— Exactement ce que je vous ai rapporté, mon cher grand-papa.

— C'est vrai, dit faiblement le vieillard. Oui... mais n'importe, répète-le-moi, Nelly. Ma tête s'affaiblit, que t'avait-il donc dit?

qu'il viendrait me voir le lendemain ou le jour suivant... Rien de plus, n'est-ce pas? C'était dans sa lettre.

— Rien de plus. Si vous le vouliez, ne pourrais-je pas y retourner demain matin, grand-père, de très grand matin? J'irais et je serais de retour ici avant le déjeuner. »

Le vieillard secoua la tête, soupira tristement, et, attirant à lui sa petite-fille :

« Ce serait inutile, ma chérie, complètement inutile. Mais s'il m'abandonne en ce moment..., s'il m'abandonne aujourd'hui quand je pourrais encore, avec son aide, réparer tout le temps et l'argent que j'ai perdus, oublier toute l'agonie d'esprit que j'ai supportée, et qui m'a réduit à l'état où tu me vois..., s'il en est ainsi, je suis ruiné, et bien pis que cela! je t'aurai ruinée, toi pour qui j'avais tenté cette œuvre!... Ah ! si nous étions réduits à la mendicité!

— Si nous y étions réduits? dit l'enfant hardiment; soyons mendiants, s'il le faut, pourvu que nous soyons heureux.

— Mendiants... et heureux!... dit le vieillard. Pauvre petite!

— Mon cher grand-papa, s'écria Nelly avec une énergie qui brilla sur son visage empourpré, dans sa voix émue et son attitude pleine d'ardeur, non, ce que je dis là n'est pas un enfantillage; mais dussé-je vous paraître plus enfant encore, laissez-moi vous prier d'aller avec moi mendier ou travailler sur les grandes routes, ou gagner dans la campagne notre chétive existence à la sueur de notre front, plutôt que de continuer la vie que nous menons.

— Nelly!...

— Oui, oui, plutôt que de continuer la vie que nous menons! répéta l'enfant avec un redoublement d'énergie. Si vous avez des chagrins, laissez-moi les connaître et les partager. Si vous dépérissez à vue d'œil, si chaque jour vous devenez plus pâle et plus faible, laissez-moi vous soigner et vous servir de garde-malade. Si vous êtes pauvre, soyons pauvres ensemble, mais que je reste avec vous! Que je n'aie pas à voir en vous un tel changement sans en pouvoir deviner la cause; sinon mon cœur se brisera, et je mourrai. Mon cher grand-papa, quittons ce lieu si triste, et allons demander notre pain de porte en porte, le long de notre route. »

Le vieillard couvrit son visage de ses mains et le cacha contre le coussin du fauteuil où il était couché.

« Soyons mendiants, dit la jeune fille en passant ses bras autour du cou du vieillard ; je n'ai pas peur que nous manquions du nécessaire, je suis sûre qu'il ne nous manquera pas ; ne songeons plus à l'argent, ni à rien qui puisse nous attrister ; mais reposons la nuit ; le jour, ayons au visage le soleil et le grand air, et remercions Dieu ensemble. Ne mettons plus le pied dans des chambres sombres, n'habitons plus une maison mélancolique ; errons plutôt çà et là, partout où il nous plaira. Quand vous serez fatigué, vous vous arrêterez pour vous reposer dans le lieu le plus agréable que nous pourrons trouver, et moi, pendant ce temps, j'irai demander l'aumône pour nous deux. »

La voix de l'enfant s'éteignit dans les sanglots, en même temps qu'elle laissa tomber sa tête sur le cou du vieillard. Elle ne pleurait pas seule.

Ces paroles n'étaient pas destinées à être entendues par d'autres oreilles, cette scène n'était pas faite pour d'autres yeux. Et cependant il y avait là des yeux et des oreilles qui prenaient un intérêt avide à tout ce qui se passait. Ce n'était rien moins que les oreilles et les yeux de M. Daniel Quilp, qui, étant entré sans être aperçu, au moment où l'enfant s'était mise à côté du vieillard, se donna bien de garde, sans doute pour des motifs de la plus pure délicatesse, d'interrompre la conversation. Et, grimpant sur un fauteuil, il se tint immobile, avec son regard fixe et son ricanement habituel.

A l'aspect de cette agréable figure, l'enfant ne put retenir un cri inarticulé. Elle et le vieillard, ne sachant que dire et doutant à demi de la réalité de cette apparition, la contemplaient avec embarras. Sans être le moins du monde déconcerté par cette réception, Daniel Quilp se borna à faire avec la tête deux ou trois signes de bienveillance. Enfin le vieillard prononça le nom de Quilp, et lui demanda par où il était venu.

« Par la porte, répondit le nain. Voisin, j'ai besoin de causer avec vous, en particulier, tous deux seuls et sans témoins. Au revoir, petite Nelly. »

Nelly consulta du regard son grand-père, qui lui fit signe de se retirer et l'embrassa sur la joue.

Le vieillard resta d'abord la tête baissée sur sa poitrine, puis, se levant tout à coup, il dit :

« Une bonne fois pour toutes, m'avez-vous apporté de l'argent?
— Non! lui répondit Quilp.
— Eh bien! dit le vieillard en crispant ses mains avec désespoir et en levant les yeux au ciel, l'enfant et moi nous sommes perdus!
— Voisin, lui dit Quilp en le regardant froidement et en frappant à plusieurs reprises sur la table pour fixer son attention vagabonde, je serai sincère avec vous; je jouerai plus franchement que vous

ET GRIMPANT SUR UN FAUTEUIL, IL SE TINT IMMOBILE.

n'avez joué quand vous teniez les cartes et ne m'en montriez que le revers. Vous n'avez plus de secret pour moi. »

Le vieillard le regarda tout tremblant.

« Vous êtes surpris, dit le nain, et je le conçois. Non, non, vous n'avez plus de secret pour moi. Je sais maintenant que tous les prêts, toutes les avances, et les suppléments de fonds que vous m'avez soutirés passaient à.... Dirai-je le mot?

— Dites-le, s'il vous convient.

— A la table de jeu où vous alliez chaque nuit! Voilà le moyen précieux imaginé par vous pour faire fortune; le voilà! Voilà cette source secrète mais certaine de richesse, où tout mon argent se fût engouffré, si j'avais été aussi sot que vous le pensiez ; voilà votre inépuisable mine d'or, votre Eldorado ! hein ?

— Oui, s'écria le vieillard avec des yeux étincelants ; c'était et c'est la vérité ; je le soutiendrai jusqu'à la mort.

— Se peut-il que j'aie été la dupe d'un stupide coureur de brelans ! dit Quilp, en abaissant sur lui un regard de mépris.

— Je ne suis pas un coureur de brelans, cria le vieillard avec énergie. Je prends le ciel à témoin que je n'ai jamais joué pour gagner dans mon propre intérêt ; que je n'ai jamais joué pour la passion du jeu. A chaque coup que je risquais, je me répétais tout bas le nom de l'orpheline et j'invoquais la bénédiction sur le coup de dé qui allait décider de notre sort... Mais Dieu ne m'a jamais béni ! Qui donc fait-il prospérer ? Les gens contre lesquels je jouais : des hommes adonnés à la dissipation, au plaisir, à la débauche, prodiguant l'or à mal faire, encourageant les vices et les excès. Voilà les hommes qu'auraient dépouillés nos gains, ces gains que, jusqu'au dernier liard, je destinais à une jeune fille innocente dont ils auraient adouci l'existence et assuré le bonheur. Et eux, au contraire, que cherchaient-ils ? Des moyens de corruption et de désordre misérable. Dites-moi qui, dans une cause comme la mienne, n'aurait pas espéré ?

— Quand avez-vous commencé cette carrière de folie ? demanda Quilp, dont l'humeur railleuse fut dominée un moment par le chagrin farouche du vieillard.

— Quand j'ai commencé ?... répondit ce dernier passant sa main le long de ses sourcils. Quand j'ai commencé ?... Cela ne fut, cela ne pouvait être qu'au jour où je m'aperçus combien peu j'avais amassé, combien il fallait de temps pour amasser quelque chose, et, comme à mon âge le cercle de mes derniers jours était circonscrit, au jour où je songeai qu'il me faudrait abandonner l'enfant à la dure pitié du monde avec des ressources à peine suffisantes pour lui épargner les angoisses extrêmes de la pauvreté. Ah ! c'est alors que j'ai commencé !

— Est-ce après que vous m'eûtes chargé de faire passer la mer à votre délicieux petit-fils ?

— Ce fut peu de temps après. J'y avais pensé longtemps : durant des mois entiers mon sommeil fut tout plein de cette idée. Alors je commençai. Je ne trouvais pas de plaisir à jouer, je n'en attendais aucun. Qu'est-ce que j'y ai gagné, sinon des jours d'oisiveté, des nuits d'insomnie, sinon la perte de la santé et de la tranquillité d'âme? Qu'y ai-je gagné? la langueur et le chagrin.

— Oui, d'abord vous avez perdu vos ressources, puis vous êtes venu à moi. Tandis que je vous croyais en train de faire fortune, comme vous vous en vantiez, vous travailliez à vous transformer en un vil mendiant! Et c'est comme cela que je me trouve avoir dans mon portefeuille toutes les reconnaissances successives que vous m'avez griffonnées, avec un droit d'expropriation de votre fortune et de vos biens, dit Quilp, regardant tout autour de lui comme pour s'assurer qu'on n'avait distrait aucune valeur. — Mais, ajouta-t-il, est-ce que vous n'avez jamais rien gagné?

— Jamais. Non, je n'ai jamais couvert mes pertes.

— Je croyais, dit le nain d'un air moqueur, que si un homme jouait assez longtemps, il était sûr de finir par gagner; ou, en mettant les choses au pis, de sortir du jeu sans perte.

— Et c'est la vérité! s'écria le vieillard, sortant tout à coup de son état d'accablement pour passer au plus violent paroxysme; c'est la vérité; je l'ai éprouvé dès le premier jour; je l'ai constamment reconnu; j'ai vu cela; je ne l'ai jamais mieux ressenti qu'en ce moment. Quilp, ces trois dernières nuits, j'ai rêvé que je gagnais une somme considérable... Ce rêve, je n'avais jamais pu le faire, malgré tout mon désir et tous mes efforts. Ne m'abandonnez pas au moment où cette chance s'offre à moi. Je n'ai de ressource qu'en vous; accordez-moi quelque assistance; que par vous je puisse encore tenter la chance. »

Le nain haussa les épaules et secoua la tête.

« Voyez, Quilp, mon bon et généreux Quilp, dit encore le vieillard, tirant d'une main tremblante quelques morceaux de papier de sa poche et pressant le bras du nain, voyez seulement. Regardez, je vous prie, ces chiffres... C'est le fruit de longs calculs et d'une pénible expérience. Je dois *absolument* gagner; il ne me faut plus qu'un petit secours... quelques livres, quarante livres, mon cher Quilp!

— Le dernier prêt a été de soixante-dix, et il est parti en une nuit.

— Je le reconnais, répondit le vieillard; mais la chance m'était tout à fait contraire, et mon heure n'était pas encore venue. Voyez, Quilp, voyez!... s'écria-t-il, tremblant au point que les papiers, dans sa main, étaient agités comme par le vent. Ayez pitié de cette orpheline! Si j'étais seul, je pourrais mourir satisfait. Peut-être même eussé-je prévenu les coups du sort qui est si injuste, favorisant dans leur splendeur les orgueilleux et les heureux de ce monde, et abandonnant les pauvres et les affligés qui l'invoquent dans leur désespoir. Mais tout ce que j'ai fait, c'est pour *elle*. C'est de vous seul que j'attends notre salut... Assistez-moi... je vous implore pour elle et non pour moi!

— Je regrette qu'un rendez-vous d'affaires m'appelle dans la Cité, dit Quilp en regardant à sa montre avec un sang-froid parfait; sinon j'aurais aimé à vous consacrer une demi-heure pour vous voir tout à fait remis.

— Mon bon Quilp, dit le vieillard d'un ton convulsif en le saisissant par ses habits, que de fois vous et moi nous avons parlé de sa pauvre mère! C'est cela peut-être qui m'a inspiré une si grande crainte de voir ma Nelly livrée à la misère. Ne soyez pas dur pour moi, prenez tout ceci en considération. Vous gagnerez beaucoup avec moi. Oh! de grâce, accordez-moi l'argent dont j'ai besoin pour réaliser cette dernière espérance!

— En vérité, je ne le puis, répondit Quilp avec un accent de politesse inaccoutumée. Je vous le dirai, — et ce fait est remarquable, car il prouve que les plus fins peuvent être parfois attrapés, — vous avez tellement abusé de ma confiance par le genre de vie parcimonieuse que vous meniez seul avec Nelly...

— Oui, je gardais tout pour tenter la fortune, pour assurer un avenir plus éclatant à mon enfant.

— Fort bien, fort bien, je comprends; mais, je le répète, vous m'avez tellement abusé par vos dehors sordides, par la réputation de richesse dont vous jouissiez, par vos assurances réitérées que vous me donneriez pour mes avances un intérêt triple, quadruple même, que j'aurais continué, même aujourd'hui, à faire des sacrifices en me contentant de votre simple billet, si je n'avais eu tout à coup une révélation inattendue sur le mystère de votre vie secrète.

— Qui vous a instruit? s'écria le vieillard désespéré. Qui, malgré mes précautions, a pu me trahir ? Le nom ! le nom de cette personne ? »

Le rusé nain, pensant à part lui que s'il nommait l'enfant, ce serait mettre le vieillard sur la trace de l'artifice dont il s'était servi, et qu'il valait mieux n'en rien dire puisqu'il n'avait rien à y gagner, réfléchit un moment, puis demanda :

« Qui soupçonnez-vous ?

— C'est Kit sans doute ; ce ne peut être que Kit !... Il m'aura espionné, et vous, vous l'aurez gagné !

— Comment avez-vous pu vous en douter ? dit le nain en affectant la commisération. Eh bien ! oui, c'est Kit. Pauvre Kit ! »

En disant ces mots, il inclina la tête d'une manière tout amicale et prit congé du vieillard. Quand il fut dehors, à quelques pas de la boutique, il s'arrêta, et ricanant avec un plaisir indicible :

« Pauvre Kit ! murmura-t-il. J'y songe, il a dit un certain jour que j'étais le nain le plus laid qu'on pût montrer pour un penny. Ha ! ha ! ha ! pauvre Kit ! »

Et, en parlant ainsi, il s'en alla comme il était venu, le visage épanoui de joie.

## IX

Si Daniel Quilp s'était glissé comme une ombre dans la maison du vieillard, s'il en était sorti de même, il n'avait pourtant pas échappé à tous les regards. En face, sous une voûte ténébreuse menant à l'un des passages qui partaient de la rue, se tenait en observation un individu aposté en ce lieu depuis le commencement de la soirée. Cet individu était resté là, sans perdre patience, comme un homme qui a longtemps à attendre, et qui en a l'habitude. Résigné à ce rôle patient, il se contentait de changer de pose d'heure en heure.

Ce flâneur intrépide ne faisait pas la moindre attention aux gens qui passaient et n'attirait pas davantage la leur. Constamment ses yeux étaient fixés sur un seul et même objet : la fenêtre auprès de laquelle l'enfant venait ordinairement s'asseoir. Si un moment il détournait son regard, c'était pour consulter le cadran d'une boutique voisine, et ensuite il le ramenait avec plus de fixité encore sur la vieille maison du marchand d'antiquités.

Nous devons faire remarquer que ce mystérieux personnage ne paraissait ressentir aucune fatigue et n'en montra pas trace tant qu'il resta à attendre comme une sentinelle vigilante. Mais à mesure que l'heure s'avançait, il donna des signes de surprise et d'inquiétude, interrogeant tour à tour plus fréquemment le cadran et avec moins d'espoir la fenêtre. Enfin on ferma la boutique et il ne put plus voir le cadran ; mais en même temps onze heures du soir sonnèrent à l'horloge d'une église, et puis le quart. Alors il parut convaincu qu'il était inutile d'attendre davantage. Cependant cette certitude paraissait lui être pénible, et il ne pouvait se décider à s'éloigner. Il hésitait, il s'en allait lentement, il se retournait souvent pour regarder la fenêtre, s'arrêtant tout court lorsqu'un bruit imaginaire ou une lueur changeant dans l'éclairage de la chambre pouvait lui faire supposer que l'on avait soulevé le châssis. Enfin il dut abandonner toute espérance pour cette nuit, et, afin d'être plus sûr d'y renoncer, il prit rapidement sa course, ne se hasardant plus à jeter les yeux en arrière, de peur d'être ramené irrésistiblement vers l'objet de ses désirs.

Sans ralentir le pas, sans prendre le temps de respirer, notre mystérieux personnage se lança à travers un grand nombre de ruelles et de rues étroites, jusqu'à ce qu'enfin il parvint à un petit square ; là il marcha plus lentement, et, arrivé à une modeste maison où l'on voyait de la lumière à une fenêtre, il souleva le loquet de la porte et entra.

« Bonté du ciel ! qui est là ? s'écria une femme qui se retourna vivement. Ah ! c'est vous, Kit ?

— Oui, mère, c'est moi.

— Mon Dieu ! comme vous semblez fatigué !

— Mon vieux maître n'est pas sorti cette nuit, et alors *elle* ne s'est pas mise à sa fenêtre. »

Après cette courte réponse, il s'assit près du feu, l'air triste et contrarié.

La chambre qui servait de théâtre à cette scène offrait le tableau d'un intérieur extrêmement modeste, pauvre même, mais dont la pauvreté était rachetée par ce confort que la propreté et l'ordre peuvent entretenir dans le logis le plus misérable. Bien qu'il fût tard, la pauvre femme était encore activement occupée à repasser du linge. Non loin du foyer, un jeune enfant dormait dans son berceau; un autre gros enfant, à peine âgé de deux ou trois ans, très éveillé, ayant un étroit serre-tête, une robe de nuit trop courte, était assis dans un panier à linge. Il se tenait droit comme un I, et promenait par-dessus le bord ses yeux tout grands ouverts, ayant bien l'air de s'être promis de ne plus jamais dormir. Et, comme il avait refusé de se coucher, et qu'il avait fallu le transporter de son lit naturel dans ce panier, son humeur volontaire ne laissait pas que de promettre de l'agrément à ses parents et à ses amis. C'était une drôle de petite famille : Kit, la mère et les enfants, tous taillés sur le même patron.

Kit se sentait disposé à la mauvaise humeur, ainsi qu'il peut arriver au meilleur d'entre nous. Mais il contempla tour à tour le petit enfant qui dormait profondément, puis l'autre petit frère dans son panier à linge, et enfin la mère qui, depuis le matin, avait été à la besogne sans se plaindre. Il se dit alors qu'il serait bien mieux, bien plus filial, de se montrer doux et pacifique. Alors il se mit à balancer le berceau avec son pied, et adressa une grimace au petit rebelle dans son panier à linge. Il eut bientôt repris toute sa bonne humeur, et se sentit redevenir causeur et communicatif.

« Ah ! ma mère, dit-il en ouvrant son couteau et en se jetant sur un gros morceau de pain qu'elle lui avait préparé il y avait longtemps, que vous êtes bonne ! Il n'y en a pas beaucoup comme vous, allez !

— J'espère, Kit, qu'il y en a beaucoup d'autres meilleures que moi, répondit mistress Nubbles; et que s'il n'y en a pas, il doit y en avoir, comme dit notre pasteur à la chapelle.

— Avec ça qu'il s'y connaît ! s'écria dédaigneusement Kit. Attendez donc qu'il soit veuf, qu'il travaille comme vous, qu'il gagne aussi peu à la sueur de son front, et soit cependant aussi résigné, et alors j'irai lui demander l'heure qu'il est, à une demi-seconde près. »

Mistress Nubbles détourna la conversation.

« Ne me disiez-vous pas que votre maître n'était point sorti cette nuit ? demanda-t-elle.

— Oui, malheureusement.

— Heureusement plutôt, puisque miss Nelly ne sera pas restée seule.

— Ah! oui, j'avais oublié cela. Je disais « malheureusement », parce que j'ai attendu depuis huit heures sans voir miss Nelly.

— Que dirait-elle, s'écria la mère interrompant son travail et promenant son regard autour d'elle, si elle savait que chaque nuit, lorsque, la pauvrette, elle se tient seule assise à cette fenêtre, vous êtes là, veillant au milieu de la rue, de peur que rien de fâcheux ne lui arrive, et que jamais vous ne quittez votre poste et ne revenez vous coucher, quelle que soit votre fatigue, avant le moment où vous pensez qu'elle peut reposer tranquillement ?

— Que m'importe ce qu'elle dirait ? répliqua le jeune homme, dont le visage se couvrit de rougeur ; jamais elle n'en saura rien, par conséquent, jamais elle n'en pourra rien dire.

— Dans tous les cas, dit mistress Nubbles, c'est une chose cruelle d'enfermer ainsi cette enfant. Je ne m'étonne pas que votre vieux maître se cache de vous pour agir de la sorte.

— Oh! par exemple! il ne croit pas agir cruellement..., sinon il ne le ferait pas pour tout l'or du monde. Non, non!... je le connais bien.

— Alors, pourquoi le fait-il, et d'où vient qu'il se cache de vous?

— Je l'ignore. Mais s'il n'avait pas fait tant d'efforts pour me dérober sa conduite, je ne m'en serais pas douté ; car si la curiosité m'a pris de savoir ce qu'il y avait là-dessous, c'est qu'il me faisait partir dès la nuit venue et me renvoyait beaucoup plus tôt qu'autrefois. Écoutez!... qu'est-ce que c'est?

— Un passant.

— Non, c'est quelqu'un qui vient ici..., dit le jeune homme en prêtant l'oreille ; on marche à pas précipités ; s'*il* était sorti depuis que je me suis éloigné!... et que le feu eût pris à la maison!... »

Kit voulut s'élancer ; mais les idées sinistres qu'il avait conçues l'avaient comme paralysé. Le bruit de pas se rapprocha ; la porte fut vivement ouverte : Nelly elle-même, pâle, essoufflée, couverte à peine de quelques vêtements en désordre, se précipita dans la chambre.

« Miss Nelly!... Qu'y a-t-il? s'écrièrent à la fois la mère et le fils.

— Je ne puis rester ici qu'un seul instant, dit-elle, mon grand-père est très malade... Je l'ai trouvé évanoui sur le carreau.

— Je cours chercher un médecin!... s'écria Kit en saisissant son chapeau sans bords; j'y vais! j'y vais!

— Non, non! c'est inutile... Il y a déjà un médecin auprès de lui. D'ailleurs on ne veut plus de vous. Ne venez plus jamais à la maison!...

— Comment? s'écria Kit.

— Jamais!... Jamais!... Ne m'interrogez pas là-dessus, car je ne sais rien. Je vous en prie, ne me demandez pas pourquoi; je vous en prie, ne soyez pas fâché contre moi, je n'y suis pour rien. Soyez-en sûr. »

Kit la contempla avec de grands yeux; il ouvrit et ferma la bouche bien des fois, mais sans réussir à articuler une seule parole.

« Il est dans le délire... A tout moment il se plaint de vous. J'ignore ce que vous lui avez fait, mais j'espère que ce n'est pas quelque chose de mal.

— Ce que je lui ai fait?... moi?

— Il répète sans cesse que vous êtes la cause de tout son malheur, continua l'enfant les larmes aux yeux; il prononce votre nom avec des imprécations. Le médecin a dit que si vous veniez, votre vue le ferait mourir. Ne revenez donc plus à la maison. Je me suis hâtée de vous en donner avis. J'ai pensé qu'il valait mieux pour vous apprendre cela par moi que par un étranger. Ah! Kit, qu'avez-vous donc fait? Vous en qui j'avais tant de confiance, vous qui étiez presque mon seul ami! »

Le malheureux Kit attachait sur sa jeune maîtresse un regard de plus en plus hébété; ses yeux s'étaient démesurément ouverts; mais ses lèvres ne pouvaient former aucun son.

« J'ai apporté ce qui vous est dû pour votre semaine, reprit Nelly en déposant quelque argent sur la table; et... quelque chose de plus... »

S'adressant alors à la mère :

« Kit a toujours été bien bon pour moi, bien obligeant. J'espère qu'il regrettera ce qui s'est passé, qu'il se conduira ailleurs comme il faut, et qu'il n'aura pas trop de chagrin. C'est pour moi quelque chose de bien pénible de me séparer ainsi de lui, mais il n'y a pas de remède. Il faut que cela soit. Adieu ! »

L'enfant se précipita vers la porte et disparut aussi rapidement qu'elle était venue.

La pauvre mistress Nubbles, qui n'avait aucun motif pour douter de son fils, et qui n'avait au contraire que des raisons de croire à son honneur et à sa sincérité, était cependant restée interdite en voyant qu'il n'avait pas trouvé un mot pour se défendre.

Épouvantée, elle se jeta sur un siège en joignant convulsivement les mains, et elle pleura avec amertume. Kit ne fit pourtant aucun effort pour la consoler, et il resta comme égaré. En ce moment le petit enfant qui était dans le berceau s'éveilla et se mit à crier; celui qui était dans le panier à linge tomba sur le dos avec le panier par-dessus lui, et disparut; la mère n'en pleura que plus fort et n'en berça que plus vite le petit réveillé, tandis que Kit, insensible à tout ce mouvement, resta plongé dans un état de profonde stupéfaction.

## X

Le calme et la solitude ne devaient plus régner sous le toit qui abritait Nelly. Dès le lendemain matin le vieillard était en proie à une fièvre furieuse, accompagnée de délire; sous le coup de ce désordre de ses facultés, il resta plusieurs semaines entre la vie et la mort.

Nelly était plus seule qu'elle ne l'avait jamais été : seule avec sa pensée, seule dans son dévouement envers celui qui se consumait sur son lit de douleur, seule avec son chagrin sincère, avec sa tendresse sans calcul. Jour et nuit, elle se tenait au chevet de ce malade qui ne connaissait pas son état; elle allait au-devant de tous ses besoins, elle l'entendait l'appeler sans cesse par son nom, et sans cesse exprimer l'anxiété qu'elle lui inspirait et qui dominait les divagations de la fièvre.

La maison ne devait pas leur appartenir plus longtemps. Il semblait dépendre du bon plaisir de M. Quilp que le malade restât ou non dans sa chambre même. A peine le vieillard s'était-il alité, que le nain prit possession en règle du local et de tout ce qui s'y trouvait, en vertu de pouvoirs légaux que l'on n'avait pas prévus, mais que personne ne songea à mettre en doute. Ayant assuré ce point important, avec l'aide d'un homme de loi qu'il avait amené à cet effet, M. Quilp procéda à son installation dans la maison, où il garda près de lui son affidé, pour défendre ses droits contre tout venant. Il prit donc en ce lieu ses quartiers à son aise, aussi largement qu'il lui plut.

Ainsi il s'établit dans l'arrière-magasin, après avoir eu soin d'abord de couper court à toute affaire de négoce en fermant la boutique. Parmi les vieux meubles, il choisit pour son usage particulier le fauteuil le plus beau et le plus confortable, et pour son ami un autre fauteuil aussi affreux qu'incommode; il les fit porter dans la pièce qu'il s'était réservée, et se plaça fièrement dans son siège de parade. Cette partie de la maison était fort éloignée de la chambre du vieillard : cependant M. Quilp jugea qu'il serait prudent, comme précaution hygiénique contre la contagion de la fièvre et comme moyen salutaire de fumigation, non seulement de fumer lui-même sans relâche, mais de forcer son ami légal à en faire autant. En outre, il envoya par exprès, au débarcadère, chercher le jeune homme aux culbutes. Celui-ci, qui accourut en toute hâte, reçut l'ordre de s'asseoir sur un troisième siège auprès de la porte et de fumer continuellement une grosse pipe que le nain avait préparée à son intention. Défense expresse lui fut faite de la retirer de ses lèvres, fût-ce une seule minute, sous quelque prétexte que ce fût.

Ces arrangements terminés, M. Quilp promena autour de lui en riant un regard d'ironique satisfaction, s'applaudissant d'avoir introduit ce qu'il appelait du confortable dans sa maison.

Son coadjuteur légal, qui portait l'harmonieux nom de Brass, était un procureur de Bewis-Market, à Londres. Sa réputation était assez équivoque. Grand et maigre, il avait le nez fait en forme de loupe, le front bombé, les yeux enfoncés et les cheveux d'un roux fortement accusé. Il portait un long surtout noir, tombant presque jusqu'à ses chevilles, une culotte courte noire, des souliers très hauts et des bas de coton d'un gris bleu. Ses manières étaient rampantes, mais sa voix rude ; et ses plus gracieux sourires étaient si rebutants, qu'on eût souhaité plutôt de le voir grondeur et renfrogné, pour qu'il fût moins désagréable.

De temps en temps Quilp examinait son compagnon, et remarquant avec quelle répugnance il regardait sa pipe, qu'il tressaillait quand, par hasard, il avalait de la fumée, et qu'il avait soin de chasser le nuage avec dégoût, notre nain ne se sentait pas de joie et se frottait les mains en signe d'allégresse.

« Est-ce que nous resterons longtemps ici, monsieur Quilp? demanda le procureur, entre deux quintes de toux.

— Nous y resterons, je suppose, jusqu'à ce que le vieux malade qui est là-haut soit mort.

— Hé! hé! hé! fit M. Brass. Oh! très bien! très bien!

— Fumez donc! cria Quilp. Pas de repos! Vous pouvez bien parler en fumant. Il ne faut pas perdre de temps.

— Hé! hé! hé! fit de nouveau M. Brass, mais mollement, en portant de nouveau à ses lèvres l'odieuse pipe. Mais s'il arrivait que le malade allât mieux, monsieur Quilp?

— Nous attendrons jusque-là, pas davantage.

— Quelle bonté à vous, monsieur, d'attendre jusque-là! Il y a des gens, monsieur, qui auraient tout vendu, tout déménagé, oui, au jour même où la loi le permettait. Il y a des gens qui auraient eu la dureté du caillou et l'insensibilité du marbre. Il y a des gens qui...

— Il y a des gens qui s'épargneraient la peine de jaboter comme un perroquet, ainsi que vous le faites.

— Hé! hé! hé! dit Brass. Toujours fin et spirituel. »

La sentinelle, qui fumait à la porte, intervint en ce moment, et hurla, sans déposer sa pipe :

« V'là la fille qui vient!

— Qui ça, chien? dit Quilp.

— La fille donc!... êtes-vous sourd?

— Eh bien, Nelly, ma poulette, mon diamant, dit Quilp, comment va le malade?

— Très mal, répondit Nell en pleurant. Je viens ici seulement pour emporter de cette chambre quelques objets dont j'ai besoin; et puis... et puis je n'y reviendrai plus.

— C'est pourtant une jolie petite chambre!... dit le nain en y jetant les yeux au moment où Nelly y pénétrait. Un vrai bosquet!...

« FUMEZ DONC! CRIA QUILP. PAS DE REPOS! »

— Est-il bien sûr que vous ne vous en servirez plus? Est-il bien sûr que vous n'y reviendrez plus, Nelly?

— Non, répliqua Nelly en s'enfuyant avec les menus objets de toilette qu'elle était venue chercher; jamais! jamais!

— C'est une vraie sensitive, dit Quilp en la suivant du regard. Cela fait peine... tiens! Voilà un lit qui va à ma taille. Je crois bien que je m'accommoderai de la petite chambre. »

Encouragé dans son idée par M. Brass, qui ne pouvait s'empêcher d'applaudir à tout ce que disait le nain, maître Quilp se mit en devoir d'accomplir son dessein en se vautrant sur le lit, la pipe à la bouche, agitant ses jambes en tout sens et fumant avec énergie. Comme M. Brass admirait ce tableau, et que le lit était doux et confortable, M. Quilp se décida à s'en servir la nuit pour y dormir, le jour pour s'en faire un divan, et, sans perdre de temps, il y resta, fumant sa pipe. Quant au procureur, qui était tout étourdi et avait les idées troubles, — c'était l'effet du tabac sur son système nerveux, — il saisit ce moment pour aller prendre au dehors une provision d'air, qui lui permit de revenir en meilleur état. Pressé par le nain malicieux de fumer derechef, il tomba engourdi sur le canapé, où il dormit jusqu'au lendemain matin.

Tels furent les premiers actes de M. Quilp en prenant possession de sa nouvelle propriété. Pendant quelques jours, le soin de ses affaires ne lui permit pas de se livrer à ses méchancetés favorites, car tout son temps se trouva employé au minutieux inventaire qu'il fit, de concert avec M. Brass, de ce que la maison contenait, et par la nécessité d'aller vaquer au dehors à ses autres occupations, ce qui, heureusement, lui demandait plusieurs heures par jour. Mais, comme sa cupidité et sa méfiance étaient en jeu, il ne passait jamais une nuit hors de la maison; et comme, à mesure que le temps s'écoulait, Quilp éprouvait une plus vive impatience de voir la maladie du vieillard arriver à un résultat, soit bon, soit mauvais, il commença à faire entendre des murmures et des exclamations assez vives.

Nelly ne cherchait qu'à se soustraire aux avances que lui faisait Quilp pour entrer en conversation avec elle; le son de sa voix suffisait pour la mettre en fuite, et elle ne redoutait pas moins les sourires du procureur que les grimaces de Quilp. Elle vivait dans une continuelle appréhension de rencontrer sur l'escalier l'un ou l'autre, quand elle avait à sortir de la chambre de son grand-père. Aussi ne la quittait-elle guère avant la nuit, quand le silence l'encourageait à s'aventurer au dehors pour aller respirer un peu d'air plus pur dans quelque chambre vide.

Une nuit, elle s'était glissée jusqu'à sa fenêtre favorite et s'y était assise, pleine de chagrin, car la journée avait été mauvaise pour le vieillard. Elle crut entendre une voix dans la rue prononcer son nom; et, s'avançant pour regarder, elle reconnut Kit, dont les efforts pour attirer son attention avaient réussi à l'arracher à ses réflexions pénibles.

« Miss Nell!... dit le jeune homme à voix basse.

— Eh bien! répondit l'enfant, se demandant si elle devait avoir désormais rien de commun avec le coupable supposé, mais entraînée pourtant vers son ancien favori; que désirez-vous?

— Voilà longtemps que je veux vous dire un mot; mais les gens qui sont en bas m'ont repoussé sans me permettre de vous voir. Vous ne croyez pas, je l'espère, miss, que j'aie mérité d'être chassé comme je l'ai été.

— Je dois le croire, au contraire; autrement, pourquoi mon grand-père serait-il si fort en colère contre vous?

— J'ignore pourquoi. Je suis certain de n'avoir jamais rien fait pour vous mécontenter ni l'un ni l'autre. Je puis le dire hardiment, la tête haute et le cœur tranquille. Et penser que l'on me ferme la porte au nez quand je viens seulement demander comment va mon vieux maître.

— On ne m'avait pas dit cela! s'écria l'enfant. En vérité, je ne le savais pas. Je suis bien fâchée qu'on vous ait traité de la sorte.

— Je vous remercie, miss. Ça me fait du bien d'entendre ce que vous me dites. Je le disais bien que ce n'était pas vous qui commandiez ça.

— Oh! oui, vous avez raison, dit vivement l'enfant.

— Miss Nell, continua le jeune homme en se rapprochant de la fenêtre et en baissant la voix, il y a de nouveaux maîtres en bas. C'est un changement pour vous.

— C'est bien vrai.

— Et pour *lui* aussi... quand il se portera mieux, ajouta Kit en dirigeant son regard vers la chambre du malade.

— S'il guérit!... murmura Nelly, qui ne put retenir ses larmes.

— Oh! il guérira! je suis sûr qu'il guérira. Il ne faut pas vous laisser abattre, miss Nelly. Je vous en prie, ne vous laissez pas abattre. »

Ces quelques mots d'encouragement et de consolation étaient jetés naïvement et n'avaient pas grande autorité, mais ils n'en émurent pas moins profondément Nelly, dont les larmes redoublèrent.

« Sûrement il guérira, dit le jeune homme, qui ajouta d'un ton triste : si vous ne vous abattez pas, si vous ne tombez pas malade à votre tour, ce qui l'accablerait et le tuerait au moment où il serait pour se rétablir. S'il guérit, dites-lui une bonne parole, une parole d'amitié pour moi, miss Nelly.

— On m'a recommandé de ne pas même prononcer votre nom devant lui d'ici à longtemps, je n'ose le faire. Et quand je le pourrais, à quoi vous servirait une bonne parole, Kit? A peine aurons-nous du pain à manger!

— Je n'espère pas rentrer chez vous, je ne demande pas de faveur. Ce n'est pas pour un intérêt de salaire et de nourriture que j'ai tant épié l'occasion de vous voir. Ne me faites pas l'injure de croire que je viendrais dans un moment si triste vous parler de ces choses-là. »

L'enfant le regarda d'un air de reconnaissance et d'amitié, mais elle attendit qu'il s'expliquât.

« Non, ce n'est pas cela, dit Kit avec hésitation, c'est quelque chose de bien différent. Je n'ai pas inventé la poudre, je le sais; mais si je pouvais lui faire voir que j'ai été un fidèle serviteur, faisant de mon mieux et ne songeant à rien de mal, peut-être... »

Ici Kit fit une pause si longue que l'enfant dut l'engager à parler et à se hâter, car l'heure était très avancée, et il était temps de fermer la fenêtre. Il continua donc ainsi :

« Peut-être ne trouverait-il pas trop téméraire de ma part de dire... Eh bien! oui, de dire, ajouta-t-il, s'armant soudain d'audace, cette maison a cessé de vous appartenir, à vous et à lui; ma mère et moi nous en avons une bien pauvre, mais elle vaut mieux pour vous que celle où vous êtes avec de méchantes gens... Pourquoi n'y viendriez-vous pas jusqu'à ce que vous puissiez chercher et trouver mieux? »

L'enfant se taisait. Kit soulagé du poids de sa proposition, maintenant qu'il avait la langue déliée, donna libre cours à son éloquence.

Avant que l'enfant eût pu répondre à ses offres pressantes, la porte extérieure s'ouvrit. M. Brass, avançant sa tête coiffée d'un bonnet de nuit, cria d'un ton de mauvaise humeur : « Qui est là? » Aussitôt Kit s'échappa furtivement, et Nelly, ayant refermé doucement la fenêtre, rentra dans l'intérieur de la chambre.

## XI

Enfin tout danger avait cessé dans l'état du malade; il entra en convalescence. L'intelligence lui revint lentement, par degrés presque insensibles; mais son esprit demeurait faible et s'acquittait péniblement de ses fonctions. Le vieillard paraissait avoir recouvré le calme, la paix intérieure; il lui arrivait de rester longtemps assis, dans l'attitude d'une méditation qui n'avait plus rien de sombre, de désespéré. Un rien suffisait pour l'amuser; par exemple un rayon de soleil se jouant sur le mur ou sur le plancher.

Un jour, il était assis dans son fauteuil, ayant Nelly auprès de lui sur un tabouret, lorsque à travers la porte quelqu'un demanda:

« Puis-je entrer ?

— Oui, » répondit le vieillard sans la moindre émotion.

C'était Quilp; le vieillard avait reconnu sa voix.

Quilp était devenu le maître de céans. Il avait le droit d'entrer, il entra.

« Je suis satisfait de vous voir enfin guéri, voisin, dit le nain, qui alla s'asseoir en face du vieillard. Vous voilà fort maintenant.

— Oui, répondit le vieillard d'une voix faible, oui !

— Je ne veux pas vous presser, voisin... Vous savez... dit le nain en élevant la voix, car les sens du vieillard étaient plus émoussés qu'autrefois. Mais, plus tôt vous pourrez faire vos petits préparatifs de départ, mieux cela vaudra.

— Sans doute, répondit le vieillard, cela vaudra mieux pour tout le monde.

— Alors, voisin, vous réfléchirez, n'est-ce pas ?

— Certainement oui, nous ne pouvons pas rester ici.

— C'est ce que je supposais, répliqua le nain. J'ai vendu les meubles. Ils n'ont pas rendu tout à fait ce qu'il eût fallu; mais enfin pas mal, pas mal. C'est aujourd'hui mardi. Quand ferons-nous enlever ces meubles ?

— Rien ne presse.

— Voulez-vous que ce soit cet après-midi?

— Vendredi matin, plutôt.

— Très bien, dit le nain, c'est convenu; mais qu'il soit entendu, voisin, que je ne puis, sous aucun prétexte, dépasser cette limite.

— Bien, répondit le vieillard. Je m'en souviendrai. »

M. Quilp parut abasourdi de la résignation étrange avec laquelle le vieillard avait parlé; mais comme celui-ci inclinait la tête en répétant : « Vendredi matin; je m'en souviendrai, » le nain, comprenant qu'il n'avait plus aucun prétexte plausible pour prolonger l'entretien, prit amicalement congé, avec force protestations de bon vouloir et force compliments à son vieil ami sur son retour merveilleux à la santé. Puis il descendit conter à M. Brass comment il avait su arranger l'affaire.

Toute cette journée et tout le lendemain le vieillard demeura dans le même état moral. Il parcourait de haut en bas la maison, visitant tour à tour les diverses chambres, comme s'il éprouvait un vague désir de leur dire adieu; mais il ne fit aucune allusion directe à la visite qu'il avait reçue le matin, ni à la nécessité où il était de chercher un autre logis. Il avait bien une idée confuse que son enfant était affligée et menacée d'être réduite au dénuement; car plusieurs fois il la pressa contre son sein et l'invita à se rassurer, en lui disant qu'ils ne seraient point séparés l'un de l'autre. Mais il semblait incapable de juger de leur situation réelle : c'était toujours cette créature insouciante, presque insensible, chez qui la souffrance du corps et de l'âme n'avait plus laissé de ressort.

Le mercredi arriva. Pas de changement chez le vieillard. Cependant le soir même, tandis qu'il était assis en silence auprès de son enfant, il se passa en lui quelque chose de nouveau.

Dans une petite cour sombre, au-dessous de la fenêtre, il y avait un arbre, assez vert et assez touffu pour le lieu où il avait grandi. L'air passait à travers ses feuilles, qui jetaient une ombre mouvante sur la muraille blanche. Le vieillard resta à contempler l'ombre qui se jouait ainsi sur ce point lumineux; il demeura à la même place jusqu'au coucher du soleil, et même après que la nuit fut venue et que la lune eut commencé à se lever doucement.

Pour un homme qui avait été si longtemps cloué sur un lit de souffrance, ces quelques feuilles vertes et cette lumière paisible, bien que gâtées par le voisinage des cheminées et des toits, étaient encore agréables à contempler : elles pouvaient faire rêver à des campagnes lointaines, asile du repos et de la paix.

L'enfant vit bien, plus d'une fois, sans rien dire, que son grand-père était ému. Mais, à la fin, le vieillard se mit à verser des larmes, et la vue de ces larmes soulagea le cœur malade de Nelly; puis il parut vouloir se jeter aux pieds de sa petite-fille et la supplia de lui pardonner.

« Vous pardonner quoi?... dit Nelly, qui le retint vivement. Oh! grand-papa, qu'ai-je à vous pardonner, moi ?

— Tout ce qui a eu lieu, tout ce qui t'est arrivé à toi, Nelly, tout ce qui s'est accompli pendant ce malheureux rêve!

— Ne dites pas cela, je vous en prie, parlons d'autre chose.

— Oui, oui, dit-il, parlons d'autre chose... Parlons de ce dont nous parlions il y a longtemps... il y a des mois. Étaient-ce des mois, des semaines ou des jours, dis-moi, Nelly ?

— Je ne vous comprends pas.

— Cela m'est revenu aujourd'hui... Cela m'est revenu depuis que nous sommes assis à cette place. Je te remercie, ma Nelly !

— De quoi, mon cher grand-papa ?

— D'avoir dit d'abord que nous deviendrions mendiants. Parlons bas. Attention! car si les gens d'en bas connaissaient notre projet, ils crieraient que je suis fou et ils te sépareraient de moi. Ne restons pas ici un jour de plus. Allons loin d'ici, loin d'ici!

— Oui, allons! dit l'enfant avec chaleur. Quittons cette maison pour n'y plus revenir et pour n'y plus penser. Errons nu-pieds à travers le monde plutôt que de demeurer ici.

— Mon enfant, dit le vieillard, nous irons à pied à travers champs et bois, le long des rivières, nous confiant à la garde de Dieu, dans les lieux où il règne. Il vaut mieux, la nuit, coucher sur la terre, en face du ciel ouvert, que là où nous sommes, et contempler l'immensité radieuse de l'horizon, que de vivre dans des chambres étroites, toujours pleines de soucis et de tristes rêves. O ma Nelly! nous serons heureux ! et unis encore, et nous apprendrons à oublier le passé comme s'il n'avait jamais existé.

— Nous serons heureux, s'écria l'enfant. Nous ne serons plus ici.

— Non, nous n'y serons plus jamais, jamais; c'est la vérité. Partons furtivement demain matin, de bonne heure, et bien doucement, afin de n'être ni vus ni entendus; qu'aucun indice ne puisse les mettre sur notre trace. Pauvre Nelly! ta joue est pâle, tes yeux sont humides de larmes et gros de sommeil, car tu veilles et tu pleures pour moi, je le sais, pour moi. Mais tu seras heureuse encore, joyeuse, quand nous serons loin d'ici. Demain matin, ma chérie, nous nous détournerons de ce lieu de chagrins, et nous serons heureux et libres comme l'oiseau. »

Le vieillard alors posa ses mains sur la tête de l'enfant, et, en quelques mots saccadés, il dit qu'à partir de ce jour ils erreraient tous deux çà et là, et ne se quitteraient jamais.

Le cœur de l'enfant battait fortement d'espoir et de confiance. Elle ne songeait ni à la faim ni à la soif, ni au froid ni à aucune autre souffrance. Dans ce qui lui arrivait, elle ne voyait qu'un moyen de revenir aux plaisirs simples dont ils avaient joui autrefois, d'échapper aux méchantes gens qui l'avaient entourée dans les derniers temps d'épreuve; enfin, le retour du vieillard à la santé, à la paix, à une vie heureuse. Le soleil, les fleurs, les prés et les belles journées d'été brillaient à ses yeux, et il n'y avait pas une ombre dans ce tableau éclatant.

Tandis que le vieillard goûtait dans son lit un bon sommeil de quelques heures, Nelly s'occupait activement des préparatifs de leur fuite. Elle n'avait à emporter pour elle et pour son grand-père qu'un petit nombre d'objet d'habillement délabrés, et de plus elle mit de côté un bâton pour son grand-père.

Enfin elle se coucha. Ses rêves pendant son sommeil promenèrent son esprit au sein d'espaces lumineux, à la recherche de quelque chose de vague et d'insaisissable, qui reparaissait toujours. Quand Nelly s'éveilla, la nuit était déjà avancée; les étoiles brillaient au firmament. Enfin le jour commença à paraître, et les étoiles pâlirent peu à peu. Aussitôt Nelly se leva et s'apprêta pour le départ.

Le vieillard dormait encore : ne voulant pas le troubler, Nelly le laissa sommeiller jusqu'au moment où le soleil parut. Comme il désirait vivement quitter la maison sans perdre une minute, il eut bientôt fait de s'habiller.

Alors l'enfant le prit par la main, et ils se mirent à descendre l'escalier d'un pied léger et prudent, tremblant quand une marche craquait, et s'arrêtant souvent pour prêter l'oreille. Le vieillard avait oublié une sorte de havresac contenant le petit bagage qu'il avait à emporter; et le peu de temps qu'il fallait pour revenir sur ses pas et gravir quelques marches leur sembla un siècle.

Enfin ils atteignirent le rez-de-chaussée, où le ronflement de M. Quilp et du procureur retentit à leurs oreilles d'une manière plus terrible que le rugissement des lions. Les verrous de la porte étaient rouillés, et il était difficile de les tirer sans bruit. Les verrous une fois tirés, il se trouva que la serrure était fermée à double tour, et, pour comble de malheur, que la clef n'y était pas. L'enfant alors se souvint d'avoir entendu dire par une des garde-malades que Quilp avait l'habitude de fermer, le soir, les portes de la maison et de mettre les clefs dans sa chambre à coucher.

Ce ne fut pas sans grand effroi que la petite Nell, ayant ôté ses souliers et s'étant glissée à travers le magasin d'antiquités, où M. Brass, le plus vilain magot de la boutique, dormait sur un matelas, arriva jusqu'à sa chambrette d'autrefois.

Elle s'arrêta quelques instants sur le seuil, comme pétrifiée de terreur à la vue de M. Quilp; il pendait tellement hors du lit, qu'il avait l'air de se tenir sur sa tête; et, soit à raison de cette position incommode, soit par l'effet d'une de ses jolies habitudes, il respirait à longs traits et grondait, la bouche toute grande ouverte. Le blanc des yeux ou plutôt le jaune, car il avait le blanc des yeux d'un jaune sale, était distinctement visible. Ce n'était certes pas le moment de lui demander s'il était indisposé. Aussi Nelly, s'étant emparée de la clef, jeta sur sa chambre un regard rapide; puis, après avoir passé de nouveau à côté de M. Brass, elle rejoignit, saine et sauve, son compagnon de fuite. Ils ouvrirent sans bruit la porte, mirent doucement le pied dans la rue, et s'arrêtèrent.

« Quel chemin suivrons-nous? » demanda l'enfant.

Le vieillard promena son regard faible et irrésolu, d'abord sur Nelly, puis à droite et à gauche, puis encore sur l'enfant, et il secoua la tête. Il était évident que Nelly serait désormais son guide. L'enfant comprit son rôle; elle l'accepta sans hésitation et sans crainte, et, mettant sa main dans celle de son grand-père, elle l'entraîna vivement.

## XI

Daniel Quilp et Sampson Brass dormaient en paix, sans craindre le moindre désagrément, lorsqu'on heurta à la porte de la rue. Ce ne fut d'abord qu'un modeste coup, qui bientôt se reproduisit fréquemment et arriva graduellement au tapage d'une batterie de canons tirant à courts intervalles ses décharges retentissantes. A ce bruit, ledit Quilp se remit à grand'peine dans la position horizontale et leva avec indifférence au plafond un regard assoupi, témoignant qu'il éprouvait quelque surprise à entendre ce vacarme, mais qu'il ne se donnerait certainement pas la peine d'en chercher l'explication.

Cependant le bruit du marteau, au lieu de se régler sur l'état somnolent de M. Quilp, devenait de plus en plus fort et de plus en plus importun, comme s'il eût voulu reprocher vivement au nain la peine qu'il avait à s'éveiller tout à fait, après avoir ouvert déjà les yeux. Alors Daniel Quilp commença à comprendre qu'il pourrait bien y avoir quelqu'un à la porte, et il en vint ainsi à se rappeler qu'on était au vendredi matin, et qu'il avait ordonné à mistress Quilp de venir le trouver de bonne heure.

M. Brass, après bien des contorsions pour prendre successivement diverses attitudes étranges, après avoir tortillé plusieurs fois sa bouche et ses yeux avec l'expression qu'on peut avoir quand on vient de manger dans leur primeur des groseilles à maquereau encore vertes, fut éveillé aussi en ce moment. Voyant M. Quilp en train de s'habiller, il en fit autant. Pendant ce temps-là le nain cherchait à tâtons sur la table, proférant des imprécations furieuses contre lui-même, contre le genre humain, et par-dessus le marché contre les objets inanimés, ce qui amena M. Brass à lui demander :

« Qu'y a-t-il?
— La clef! dit le nain, qui le regarda de travers, la clef de la porte du magasin!... Voilà ce qu'il y a!... Savez-vous où elle est?
— Comment pourrais-je le savoir, monsieur?
— Comment vous pourriez le savoir!... répéta Quilp en ricanant. Le bel homme de loi!... Fi, l'idiot! »

M. Brass représenta humblement que l'on avait sans doute oublié la veille de retirer la clef, et qu'elle se trouvait probablement encore dans la serrure. M. Quilp, bien qu'il fût persuadé du contraire, voulut bien admettre que cela fût possible, et, en conséquence, il se dirigea en grommelant vers la porte.

Précisément, à l'instant même où M. Quilp étendait la main sur la serrure et remarquait avec stupéfaction que les verrous avaient été tirés, le marteau retentit plus bruyamment que jamais, et le rayon lumineux qui brillait à travers le trou de la serrure fut intercepté du dehors par un œil humain. Le nain, exaspéré au plus haut degré et désireux de décharger sur quelqu'un sa mauvaise humeur, se détermina à s'élancer tout à coup dans la rue et à se précipiter sur Mme Quilp, pour reconnaître à sa manière l'empressement qu'elle avait mis à venir.

Dans ce dessein, il ouvrit la porte et fondit comme un oiseau de proie sur la personne qui attendait, et qui venait justement de lever le marteau pour frapper de nouveau. Quilp se jeta sur cette personne, la tête en avant, jouant à la fois des poings et des pieds et grinçant des dents avec rage.

Mais, bien loin de s'attaquer à une victime inoffensive qui implorait sa pitié, le nain ne fut pas plus tôt à portée de l'individu qu'il avait pris pour sa femme, qu'il fut salué de deux solides coups de poing sur la tête, de deux d'égale qualité dans la poitrine; dans la lutte corps à corps il reçut une telle pluie de horions, qu'il dut reconnaître que cette fois il avait affaire à un adversaire habile et expérimenté. Sans se laisser intimider par cette réception, il se cramponna étroitement à son ennemi, et se mit à mordre et à frapper avec tant d'ardeur et d'opiniâtreté, qu'il se passa au moins deux minutes avant que l'autre pût se dégager. Alors, mais seulement alors, Daniel Quilp se trouva, tout rouge et les cheveux en désordre, au beau milieu de la rue, tandis que M. Richard Swiveller exécutait autour de lui une sorte de danse, tout en lui demandant s'il en voulait encore un peu.

« C'était donc vous qui frappiez? demanda le nain en se remettant d'aplomb avec un grognement. C'était vous, hein?

— Moi-même en personne. La dame que voici avait commencé quand je suis arrivé, mais elle frappait trop doucement : je lui suis venu en aide. »

En parlant ainsi, il indiqua Mme Quilp, qui se tenait toute tremblante, à quelque distance.

« Hum! grommela le nain, en jetant sur sa femme un regard de colère, je savais bien que c'était votre faute. Quant à vous, monsieur, est-ce que vous ne saviez pas qu'il y avait là-dedans un malade, pour frapper ainsi à enfoncer la porte?

— Dieu me damne! répondit Richard, c'est justement pour ça. Je croyais que tout le monde était mort dans la maison.

— Je suppose que vous venez pour quelque chose? Qu'est-ce qui vous amène?

— Je viens savoir comment va le vieux brave homme, et l'apprendre de Nelly elle-même, avec qui je désire avoir un petit moment d'entretien. Je suis un ami de la famille, monsieur, du moins je suis ami de quelqu'un de la famille, ce qui revient au même.

— En ce cas, entrez, dit le nain. Passez, monsieur, passez. Vous, madame Quilp, ajouta-t-il lorsqu'ils eurent pénétré dans la boutique, montez, s'il vous plaît à la chambre de Nelly, et prévenez la petite qu'on la demande.

— Vous avez l'air de faire comme chez vous, dit Richard qui ignorait les prérogatives de Quilp.

— Je suis *chez moi*, jeune homme, » répondit Quilp.

Dick en était à chercher le sens de ses paroles, et, bien plus encore, celui de la présence de M. Brass, quand mistress Quilp descendit l'escalier quatre à quatre, en annonçant que les chambres étaient vides.

« Vides!... Sotte que vous êtes! dit le nain.

— Je vous assure, mon cher Quilp, répliqua sa femme en tremblant, que je suis entrée dans toutes les chambres et que je n'y ai trouvé âme qui vive.

— Ceci, dit M. Brass avec vivacité et en frappant dans ses mains, ceci m'explique le mystère de la clef. »

Quilp, d'un air renfrogné, regarda successivement le procureur, Betzy et Richard Swiveller; mais ne recevant d'aucun d'eux les éclaircissements qu'il lui fallait, il monta l'escalier en toute hâte, et bientôt le redescendit non moins précipitamment en confirmant lui-même le rapport qu'il venait d'entendre.

« Singulière manière de partir! dit-il en regardant Swiveller; partir sans m'en prévenir, moi, un ami si discret, si intime!... Ah! sans doute, il a mieux aimé m'écrire ou me faire écrire par Nelly... Oui, oui, c'est cela, Nelly a tant d'amitié pour moi... cette gentille Nelly. »

M. Swiveller était confondu de surprise. Après avoir jeté sur lui un coup d'œil à la dérobée, Quilp se tourna vers M. Brass et lui dit, avec un ton d'autorité et d'insouciance, qu'il ne fallait pas que cette circonstance les empêchât de procéder à l'enlèvement des meubles. Il mit lui-même la main à l'œuvre avec une vigueur surprenante.

« Où diable sont-ils allés? » dit Richard toujours stupéfait.

Quilp branla la tête et se pinça les lèvres de façon à faire croire qu'il savait très bien le fond des choses, mais qu'il n'était pas libre de parler.

« Et, demanda Dick, remarquant le désordre qui régnait autour de lui, qu'entendez-vous par cet enlèvement des meubles?

— Cela signifie que je les ai achetés, mon cher monsieur. Eh bien, après?

— Est-ce que, par hasard, ce vieux sournois-là aurait fait fortune, et serait allé vivre dans une ville paisible, en quelque site pittoresque, à peu de distance de la mer agitée? dit Richard de plus en plus confondu d'étonnement.

A quoi le nain répliqua en se frottant les mains avec force :

« Peut-être bien, et il aura eu soin de cacher le lieu de sa retraite pour ne pas recevoir trop souvent la visite de son cher petit-fils et de ses amis dévoués !... Je l'ignore, moi, mais vous, qu'en dites-vous ? »

Richard Swiveller était atterré par ce revirement inattendu qui menaçait d'une ruine complète le plan auquel il s'était si fortement associé, et semblait détruire dans leur germe même ses projets de fortune. N'ayant appris de Frédéric Trent que le soir précédent la maladie du vieillard, il s'était hâté de faire auprès de Nelly sa visite de condoléance et de curiosité, en apportant un premier acompte de cette éloquence fascinante sur laquelle il comptait pour enflammer un jour le cœur de la jeune fille.

Au fond du cœur, Daniel Quilp se sentait à la fois surpris et troublé de cette fuite. Son esprit pénétrant comprenait que les fugitifs devaient avoir emporté quelques vêtements indispensables ; et, connaissant l'état de faiblesse où était tombée l'intelligence du vieillard, il s'étonnait que ce dernier eût pu, avec le concours de l'enfant, aller si vite en besogne. On ne saurait supposer, sans faire injure à M. Quilp, qu'il fût tourmenté par l'intérêt charitable que lui inspiraient le vieillard et Nelly. Ce qui le troublait, c'était l'idée que son débiteur pouvait avoir eu quelque magot caché ; il était rempli de honte et de remords à la seule pensée de n'avoir pas flairé cet argent et de l'avoir laissé échapper de ses griffes.

Ce qui le consolait, c'était de voir Richard Swiveller, pour des motifs différents, non moins irrité, non moins désappointé que lui dans cette affaire. Bien certainement, pensait le nain, Richard était venu dans l'intérêt de son ami, afin d'arracher soit par la flatterie, soit par la crainte, quelque parcelle du bien dont ils le croyaient abondamment pourvu. Quilp trouva donc du plaisir à vexer Swiveller, en lui traçant le tableau des richesses que le vieillard avait dû entasser, et à s'étendre longuement sur l'art avec lequel il avait su se mettre à l'abri des importuns.

« C'est bien, dit Richard d'un air découragé ; il n'est pas nécessaire, je suppose, que je reste ici.

— Pas le moins du monde, » répondit le nain.

Là-dessus, Quilp lui souhaita le bonjour, et M. Swiveller leva son chapeau en l'honneur de Mme Quilp, le replaça négligemment sur le côté de sa tête, pirouetta et disparut.

Sur ces entrefaites des charrettes étaient arrivées pour emporter les meubles ; au bout de quelques heures, la maison fut complètement débarrassée, et il n'y resta plus rien que des débris de paillasson, des pots à bière vides et des brins de paille éparpillés çà et là.

Assis dans le parloir, sur un de ces morceaux de paillasson, comme un chef africain, le nain se régalait de pain, de fromage et de bière, quand il remarqua, sans en avoir l'air, un jeune homme qui du dehors jetait un regard curieux dans l'intérieur de la maison. Certain que c'était Kit, bien qu'il eût vu tout au plus le bout de son nez, M. Quilp l'appela par son nom. Kit entra aussitôt, et demanda ce qu'on lui voulait.

IL MIT LUI-MÊME LA MAIN A L'ŒUVRE AVEC UNE VIGUEUR SURPRENANTE.

« Venez ici, monsieur, dit le nain. Eh bien ! voilà donc votre vieux maître et votre jeune maîtresse partis !

— Comment ? s'écria Kit en regardant tout autour de lui.

— Prétendez-vous n'en rien savoir ? s'écria aigrement Quilp. Où sont-ils allés ?

— Je l'ignore.

— C'est bon, c'est bon. Osez-vous bien affirmer que vous ne savez pas qu'ils sont partis secrètement ce matin, au point du jour ?

— Je n'en savais rien, dit Kit avec surprise.

— Vous n'en saviez rien !... Je sais bien, moi, que la nuit dernière vous avez rôdé autour de la maison comme un voleur !... Ne vous a-t-on pas alors conté la chose en confidence ?

— Non !

— Non ?... Alors, qu'est-ce qu'on vous a dit ? De quoi parliez-vous ? »

Ne voyant pas de raison pour garder le secret sur sa conduite, Kit exposa le motif qui l'avait amené et la proposition qu'il avait faite.

« Oh ! dit le nain après un mouvement de réflexion, nul doute qu'ils ne viennent chez vous.

— Vous pensez qu'ils y viendront ? s'écria vivement Kit.

— Je le pense. Maintenant, quand vous les verrez, faites-le-moi savoir ; vous m'entendez ? Faites-le-moi savoir, je vous donnerai quelque chose. Je désire leur rendre service, et je ne puis leur rendre service à moins de savoir où ils sont allés. Vous m'entendez ? »

## XIII

Kit, n'ayant plus d'emploi, parcourait les rues de Londres dans l'espoir de trouver quelque cheval à tenir pour gagner quelques sous. Il marchait donc droit devant lui, tantôt vite, tantôt tout doucement, ralentissant le pas quand il voyait un cavalier modérer l'allure de son cheval et tourner la tête ; ou bien embrassant toute la rue de son regard pénétrant, comme s'il saisissait au loin l'apparition bénie d'un cavalier cheminant bien tranquillement à l'ombre, de l'air d'un homme qui, à chaque porte, promettait de s'arrêter. Mais ils passaient tous l'un après l'autre sans laisser un penny à gagner après eux.

Fatigué d'avoir arpenté tant de rues, sans parler de ses continuels désappointements, il s'était assis sur une marche de porte afin de se reposer un peu, lorsqu'il vit arriver de son côté une petite chaise à quatre roues, aux ressorts grinçants et criards, tirée par un petit poney d'un poil bourru et d'un caractère évidemment indocile. La chaise était conduite par un petit vieillard gros et gras, de mine pacifique. Auprès du petit vieillard était assise une petite vieille dame, grosse, grasse et pacifique comme lui; le poney allait à sa fantaisie, ne faisant que ce qui lui passait par la tête. Si le vieux monsieur le gourmandait en secouant les rênes, le poney répliquait en secouant la tête. Il était aisé de comprendre que tout ce que l'on pourrait obtenir du poney, ce serait de vouloir bien suivre une rue que son maître avait des raisons particulières de vouloir enfiler; mais il paraissait bien entendu entre eux qu'on laisserait le poney s'y prendre pour cela comme il voudrait, ou qu'on n'en obtiendrait rien.

Comme la voiture passait près de l'endroit où il était assis, Kit regarda si attentivement ce petit équipage, que le vieux monsieur remarqua notre jeune garçon. Kit s'étant levé avec empressement, chapeau bas, le vieux monsieur ordonna au poney de s'arrêter; le poney se conforma gracieusement à cet ordre, cette partie des devoirs de sa charge lui étant rarement désagréable.

« Je vous demande pardon, monsieur, dit Kit. Je suis fâché que vous vous arrêtiez pour moi. Je voulais seulement vous demander si votre intention était de faire garder votre cheval.

— Je vais dans la rue voisine. Si vous voulez nous y suivre, vous aurez le pourboire. »

Kit le remercia et le suivit tout joyeux. Le poney prit son élan en décrivant un angle aigu pour examiner de près un lampadaire de l'autre côté, puis se dirigea vers un autre lampadaire, qu'il voulait sans doute comparer avec le premier. Ayant satisfait sa curiosité et ayant observé que les deux réverbères étaient de même modèle et de même matière, il fit un temps d'arrêt, sans doute pour se livrer à la méditation qui l'absorbait.

« Voulez-vous bien marcher, monsieur, dit le petit vieillard, ou votre intention est-elle de nous retenir ici pour nous faire manquer notre rendez-vous ? »

Le poney resta immobile.

« Oh! méchant Whisker! dit la vieille dame. Fi, fi donc ! Je suis honteuse de votre conduite ! »

Le poney parut touché de cet appel fait à ses sentiments, car il se remit à trotter, bien qu'avec une certaine humeur boudeuse, et ne s'arrêta plus qu'en arrivant à une porte où se trouvait une plaque de cuivre avec ces mots : WITHERDEN, NOTAIRE. Le vieux monsieur descendit, aida la vieille dame à descendre et retira du coffre, sous le siège, un immense bouquet, ressemblant pour la forme et la dimension à une grande bassinoire, moins le manche. La dame entra dans la maison, d'un air grave et majestueux, suivie de près par le vieux gentleman, qui était pied bot.

Ils furent introduits, à ce que l'on put croire d'après le son assourdi de leurs voix, dans un parloir sur le devant, qui paraissait être une espèce de bureau. Comme il faisait grand chaud et que la rue était fort tranquille, on avait laissé les fenêtres toutes grandes ouvertes, et il était très facile d'entendre, à travers les stores vénitiens, ce qui se passait à l'intérieur.

D'abord il y eut de grandes poignées de main et un grand bruit de pieds, que suivit apparemment l'offre du bouquet; car une voix, probablement celle de M. Witherden, le notaire, s'écria à plusieurs reprises : « Délicieux!... Il embaume! » et un nez, qui devait appartenir au dit personnage, respira l'odeur du bouquet avec un reniflement qui témoignait de son plaisir infini.

« Je l'ai apporté en l'honneur de cette occasion, monsieur, dit la vieille dame.

— Une occasion, certes, madame, une occasion qui m'honore, oui, qui m'honore, répondit M. Witherden. J'ai eu chez moi plus d'un jeune homme, madame, plus d'un jeune homme. Mais, parmi mes clercs, madame, quel qu'ait été mon attachement pour eux, il n'en est aucun dont j'aie jamais auguré aussi bien que de votre fils.

— Oh ! cher monsieur, s'écria la vieille dame, vous ne savez pas toute la joie que vous nous faites en nous parlant de la sorte.

— Tout ce que M. Witherden veut bien dire de moi, reprit alors une petite voix douce, je puis le dire bien mieux encore de lui, assurément.

— C'est une circonstance heureuse, reprit le notaire, que ce soit aujourd'hui précisément son vingt-huitième anniversaire, et j'espère savoir l'apprécier. J'ai la confiance, mon cher monsieur Garland, que nous aurons lieu de nous féliciter ensemble de cette heureuse rencontre. »

Le vieux monsieur répondit que c'était son plus cher désir. En conséquence les poignées de main recommencèrent de plus belle, puis le notaire dit : « Chuckster, apportez ici le contrat d'apprentissage de M. Abel... Bien. Maintenant je vais signer le contrat d'apprentissage au bas des articles que M. Chuckster certifiera conformes; et, plaçant mon doigt sur ce cachet bleu en losange, je dois faire remarquer à haute et intelligible voix, ne vous effrayez pas, madame, c'est une pure formalité légale, que je délivre ceci comme mon acte et sous-seing. M. Abel va écrire son nom vis-à-vis de l'autre cachet, en répétant les paroles cabalistiques, et l'affaire sera faite et parfaite. Ah! ah! ah! Vous voyez! ce n'est pas plus difficile que ça. »

La compagnie sortit bientôt. M. Witherden, homme de petite taille, joufflu, rubicond, pressé dans son allure et pompeux dans son langage, parut, conduisant la vieille dame avec beaucoup de cérémonie; le père et le fils venaient ensuite, se donnant le bras. M. Abel, qui avait un petit air vieillot, semblait être du même âge que son père; il y avait entre eux une similitude extraordinaire de traits et de physionomie, bien qu'à la vérité M. Abel ne possédât pas encore l'aplomb et la rondeur joviale de M. Garland et qu'il eût, au contraire, une certaine réserve timide. Mais pour tout le reste, pour le costume tiré à quatre épingles, et même pour le pied bot, le jeune homme et son père étaient taillés sur le même patron.

Lorsqu'il vit sa mère bien installée à sa place et qu'il l'eut aidée à reprendre et à mettre en ordre son mantelet et un petit panier qui formait un accessoire indispensable de son équipage, M. Abel s'établit sur un petit siège placé à l'arrière-train et qui lui était évidemment destiné. Là il se mit à sourire tour à tour à tous les assistants, en commençant par mistress Garland et en finissant par le poney. Ce ne fut pas chose aisée de faire comprendre au poney qu'il fallait lui repasser les guides par-dessus la tête, enfin l'on y parvint; et le vieux gentleman, s'étant juché sur son siège et ayant pris les guides en main, chercha dans sa poche une pièce de douze sous pour Kit.

Mais personne ne possédait de pièce de douze sous, ni M. Garland, ni sa femme, ni M. Abel, ni le notaire, ni M. Chuckster. Un shilling c'était beaucoup trop ; mais il n'y avait pas dans cette rue de boutique où l'on pût changer, et M. Garland donna le shilling à Kit.

« Tenez, dit-il en plaisantant, je dois revenir ici, à la même heure, lundi prochain ; trouvez-vous-y, mon garçon, pour achever de gagner cette pièce.

— Je vous remercie, monsieur, dit Kit ; soyez sûr que je n'y manquerai pas. »

Il parlait sérieusement ; mais, en l'entendant, tout le monde partit d'un éclat de rire, et particulièrement M. Chuckster, qui par un véritable hurlement témoigna du plaisir extraordinaire que lui causait cette plaisanterie.


## XIV

A force de marcher, les deux fugitifs arrivèrent en pleine campagne. Ce fut dans une agréable prairie qu'ils s'arrêtèrent pour la première fois. Nelly avait pris la précaution de garnir son panier de quelques tranches de pain et de viande, et ils firent en cet endroit leur frugal déjeuner.

La fraîcheur du matin, le gazouillement des oiseaux, la beauté de l'herbe ondoyante, l'épaisseur des ombrages, les couleurs des fleurs sauvages et les mille parfums, les mille bruits harmonieux qui remplissaient l'air, produisirent sur nos pèlerins une impression profonde et les rendirent heureux.

Chez eux, dans la vieille maison, ils avaient un vieil exemplaire de la *Marche des Pèlerins*, avec de bizarres dessins. Souvent Nelly était restée des soirées entières les yeux fixés sur ces dessins, se demandant si tout cela était bien exact, et où pouvaient se trouver ces contrées lointaines, avec leurs noms curieux. En se tournant vers le chemin qu'elle venait de suivre, une partie de ce souvenir revint frapper son esprit.

« Mon cher grand-papa, dit-elle, sauf que le lieu où nous

sommes est plus agréable et bien autrement bon que celui du livre, s'il présente quelque analogie avec notre voyage, je trouve que nous sommes comme les deux chrétiens : nous avons laissé sur ce gazon, pour ne plus les reprendre jamais, les soucis et les peines que nous avions apportés avec nous.

— Non, jamais, jamais nous ne retournerons là-bas, jamais! dit le vieillard, étendant sa main vers la ville. Toi et moi, ma Nelly, nous en sommes affranchis... Ah! ils ne nous y reprendront plus!

— Êtes-vous fatigué? demanda l'enfant. Êtes-vous sûr que cette longue marche ne vous rendra point malade?

— Je ne suis plus malade maintenant que nous sommes sortis de Londres. Nell, remettons-nous en route. Il faut aller plus loin encore, bien loin, bien loin. Nous sommes trop près pour nous arrêter et nous reposer. Marchons. »

Il y avait dans le pré une flaque d'eau limpide ; Nelly s'y lava le visage et les mains avant de poursuivre son voyage. Elle voulut que le vieillard en fît autant; docile à son invitation, il s'assit sur l'herbe : l'enfant le lava avec ses petites mains et procéda à la toilette de son grand-père.

« Ma chérie, lui disait-il, je ne puis plus me servir moi-même; j'ignore comment je le pouvais autrefois, mais c'est fini. Ne me quitte pas, Nell, dis que tu ne me quitteras pas. Si je te perdais, mon enfant, je n'aurais plus qu'à mourir. »

Ils se remirent en marche. Les maisons qu'ils apercevaient étaient peu nombreuses, et semées à de grandes distances, souvent à un mille l'une de l'autre. De temps en temps ils trouvaient un groupe de pauvres chaumières, ayant, pour la plupart, un siège ou une balancelle devant la porte ouverte, pour empêcher les petits enfants d'aller sur la route; les autres étaient hermétiquement fermées, tandis que la famille tout entière travaillait aux champs. Enfin, après avoir passé entre des champs bordés de haies, les deux voyageurs revirent la grande route.

Ils marchèrent toute la journée, et s'arrêtèrent la nuit dans une chaumière où on louait des lits aux voyageurs. Le lendemain matin ils repartirent, et, quoique exténués de fatigue, ils ne tardèrent pas à se remettre et à s'avancer d'un pas rapide et soutenu.

Souvent ils faisaient halte pour se reposer, mais ce n'était que pour quelques minutes, puis ils repartaient, n'ayant pris depuis le matin qu'une légère collation. Il était près de cinq heures de l'après-midi et ils étaient arrivés à un nouveau hameau ; l'enfant se mit à regarder attentivement dans chacune des chaumières, avant de se décider à solliciter quelque part la permission de prendre un peu de repos et d'acheter une mesure de lait. Enfin elle s'arrêta devant une maison où la famille entourait la table. Ce qui la détermina, ce fut la vue d'un vieillard assis à côté du foyer, dans un fauteuil garni de coussins ; elle pensa que c'était aussi un grand-père, et qu'alors il s'intéresserait au sien.

La demande de Nelly fut aussitôt agréée que présentée. L'aîné des enfants courut dehors pour aller chercher du lait, le second traîna deux escabeaux vers la porte, et quant au dernier, il s'accrocha à la jupe de sa mère, et regarda les étrangers par-dessous sa main brûlée du soleil.

Le lait arriva, et Nelly, ouvrant son petit panier, y choisit les meilleurs morceaux de pain pour son grand-père. Ils firent ainsi un bon repas.

« Combien y a-t-il d'ici à la ville ou au village le plus prochain? demanda Nell au mari de la paysanne.

— Il y a bien cinq bons milles de distance. Mais je pense que vous ne songez pas à y arriver ce soir?

— Si, si, Nell! dit vivement le vieillard, en faisant des signes à l'enfant. Plus loin, plus loin, quand nous devrions marcher jusqu'à minuit!

— Il y a tout près d'ici, mon brave homme, reprit le paysan, une bonne grange... ou bien encore, il y a, j'en suis sûr, de quoi vous loger à l'auberge de *la Herse et la Charrue*. Excusez-moi, mais vous me semblez un peu fatigués, et à moins que vous n'ayez besoin de partir...

— Oui, oui, dit brusquement le vieillard, nous sommes pressés. Plus loin, ma chère Nell, je t'en prie, allons plus loin.

— C'est cela, partons, dit l'enfant, se soumettant à l'humeur impatiente de son grand-père. Nous vous remercions bien, mais nous ne pouvons pas nous arrêter sitôt. Grand-papa, je suis prête. »

Ils reprirent leur voyage, mais plus lentement, plus péniblement qu'ils n'avaient fait jusqu'alors. Au bout d'un mille environ, ils entendirent derrière eux un bruit de roues : une charrette vide arrivait d'un assez bon train. En les rejoignant, le conducteur arrêta son cheval et dit à Nelly, avec empressement :

« N'est-ce pas vous qui vous êtes reposés à la maison là-bas ?

— Oui, monsieur, répondit-elle.

— Bien. Ils m'ont prié d'avoir l'œil sur vous. Mon chemin est le vôtre. Allons, la main ! montez, mon maître. »

Cette invitation fut un grand soulagement pour Nelly et pour le vieillard ; fatigués comme ils l'étaient, ils auraient eu peine à se traîner plus loin. A peine Nelly se fut-elle assise dans un coin de la charrette, qu'elle s'y endormit.

La charrette s'étant arrêtée au moment de tourner pour s'engager dans un chemin de traverse, cette halte réveilla Nelly. Le conducteur s'empressa de mettre pied à terre pour l'aider à descendre. Alors, montrant aux voyageurs quelques arbres à peu de distance, il leur dit que le bourg était de ce côté : ce qu'ils avaient de mieux à faire, c'était de suivre un sentier qui les y conduirait, en traversant le cimetière. Ce fut donc de ce côté qu'ils dirigèrent leurs pas fatigués.

## XV

Le soleil se couchait quand ils atteignirent l'échalier où commençait le sentier. Bientôt ils quittèrent le sentier sablé et se mirent à errer le long des tombeaux ; là le sol était doux et commode pour leurs pieds fatigués. Comme ils passaient derrière l'église, ils entendirent des voix à peu de distance et se dirigèrent vers ceux qui parlaient.

C'étaient deux hommes installés commodément sur l'herbe, et tellement occupés, qu'ils n'aperçurent pas d'abord les nouveaux venus. Il n'était pas difficile de deviner qu'ils appartenaient à la classe de ces industriels ambulants qui montrent au public les fredaines de Polichinelle. En effet, à cheval sur une pierre tombale, se trouvait derrière eux Polichinelle lui-même. Les autres personnages de drame étaient dispersés en partie sur l'herbe, et en partie entassés pêle-mêle dans une longue boîte posée à terre.

Les montreurs de marionnettes étaient évidemment venus en cet endroit pour y faire quelques réparations indispensables à leur personnel et à leur matériel; car l'un d'eux était occupé à ajuster avec du fil une petite potence, et l'autre à fixer, à l'aide d'un marteau et de quelques pointes, une perruque noire sur la tête d'un des personnages, devenu chauve à force de recevoir des coups de bâton sur la nuque.

Ils levèrent les yeux avec curiosité, s'interrompant dans leur besogne, au moment où le vieillard et sa jeune compagne arrivèrent près d'eux. Celui qui probablement était chargé de faire mouvoir et parler les acteurs était un petit homme à la face joviale, à l'œil brillant et au nez rouge; il paraissait s'être pénétré, sans s'en douter, de l'esprit et du caractère de son principal personnage. L'autre, qui sans doute était chargé de percevoir la recette, avait un air méfiant et dissimulé, qui peut-être aussi était une conséquence de son emploi.

Le joyeux compère fut le premier à saluer les étrangers d'une inclination de tête.

« Pourquoi venez-vous ici pour une pareille besogne? demanda le vieillard, qui s'assit près d'eux et contempla les marionnettes avec plaisir.

— Mais, répondit le petit homme, c'est que nous donnons ce soir une représentation à l'auberge qui est là-bas, et il ne faudrait pas qu'on nous vît réparer nos personnages; cela enlèverait l'illusion.

— Très bien! dit le vieillard, qui se hasarda à toucher une des marionnettes. Puis, retirant sa main avec un éclat de rire, il ajouta : Alors, c'est ce soir que vous devez les montrer.

— Oui, telle est notre intention, » répondit le petit homme jovial, qui s'appelait Short.

L'autre associé, M. Codlin, pour l'appeler par son nom, celui qui avait les manières brusques et moroses, tira de la boîte une des marionnettes, et dit en la montrant à son associé :

« Voyez-moi ça! Voilà la robe de Judy qui tombe encore en loques. Je parie que vous n'avez apporté ni fil ni aiguille? »

Le petit homme secoua et gratta tristement sa tête en présence de l'état déplorable où il voyait l'un de ses premiers rôles. Comprenant leur embarras, Nelly dit avec timidité :

« Monsieur, j'ai dans mon panier une aiguille et du fil. Voulez-

NELLY SE MIT ACTIVEMENT A L'ŒUVRE.

vous que je vous raccommode cela? Je crois que j'y réussirai mieux que vous. »

M. Codlin lui-même n'avait rien à objecter contre une proposition aussi opportune. Nelly, s'agenouillant devant la boîte, se mit activement à l'œuvre et s'en acquitta merveilleusement.

Pendant ce temps, le petit homme jovial regardait Nelly avec un intérêt qui ne fit que s'accroître quand il eut jeté un coup d'œil sur le pauvre vieillard. Il la remercia quand elle eut fini et lui demanda où ils se rendaient ainsi.

« Je ne crois pas que nous allions plus loin ce soir, répondit l'enfant, en tournant les yeux vers son grand-père.

— Si vous avez besoin de vous arrêter quelque part, je vous

conseille de vous loger à la même auberge que nous. C'est une longue et basse maison blanche, que vous apercevez là-bas. Elle n'est pas chère. »

Le vieillard accueillit immédiatement avec plaisir la proposition d'aller coucher à l'auberge, et, tout le monde étant d'accord pour partir, ils se levèrent et s'éloignèrent ensemble. Le vieillard se tenait tout près de la boîte aux marionnettes, qui absorbait son attention, et que le petit homme portait sous le bras, suspendue à une courroie.

L'auberge était tenue par un gros homme âgé et sa femme; loin de faire des difficultés pour recevoir leurs nouveaux hôtes, ils furent disposés d'avance en faveur de Nelly, à cause de sa beauté.

La représentation des marionnettes eut lieu dans une grange. Le public applaudit tout le temps, et les dons volontaires témoignèrent par leur abondance du plaisir que l'on avait éprouvé. Nul n'avait ri plus haut ni plus souvent que le vieillard. Mais, par exemple, on n'entendait pas rire Nelly. La pauvre enfant! laissant tomber sa tête sur son épaule, elle s'était endormie, et d'un sommeil si profond que le grand-père ne put parvenir à l'éveiller pour lui faire partager sa joie.

Le souper fut excellent. Mais Nelly était trop fatiguée pour manger; et cependant elle ne voulut point quitter le vieillard avant qu'il se fût mis au lit et qu'elle l'eût embrassé en lui souhaitant une bonne nuit.

Nelly, une fois dans sa chambre, s'assit sur son lit pour réfléchir à l'avenir qu'ils avaient devant eux.

Elle avait quelque argent, mais bien peu; et quand cet argent serait dépensé, il faudrait mendier... Dans cette petite réserve se trouvait une pièce d'or : telle circonstance pouvait venir qui en centuplerait la valeur. Il convenait donc de cacher cette pièce et de ne l'employer qu'en cas de nécessité absolue, quand il ne resterait plus aucune autre ressource.

Cette résolution prise, Nelly cousit la pièce d'or dans un pli de sa robe : puis s'étant mise au lit avec le cœur soulagé, elle tomba dans un profond sommeil

## XVI

Le lendemain matin, le petit homme demanda à Nelly :
« De quel côté comptez-vous vous diriger aujourd'hui?

— Je ne sais guère, répondit-elle ; nous ne sommes pas encore décidés.

— Nous allons aux courses. Si c'est votre chemin et si notre compagnie vous convient, nous pouvons faire route ensemble. Si vous préférez marcher seuls, vous n'avez qu'un mot à dire et vous verrez que nous ne vous gênerons pas.

— Nous irons avec vous, s'écria le vieillard. Nell, avec eux, avec eux ! »

L'enfant réfléchit un moment, et, songeant qu'avant peu il lui faudrait mendier et qu'elle ne pourrait pour cela trouver un lieu plus convenable que celui où l'on voyait des dames riches et des gentlemen réunis par l'attrait du plaisir et les agréments d'une fête, elle se détermina à s'y rendre dans leur compagnie. Ils partirent donc tous ensemble.

M. Codlin, chargé du théâtre, s'avançait péniblement, échangeant de temps à autre un mot ou deux avec Short, et s'arrêtant pour se reposer et murmurer par la même occasion. Short ouvrait la marche avec la boîte aux marionnettes et son bagage arrangé en paquet (un tout petit paquet), plus une trompette de cuivre qui lui pendait dans le dos. Nell et son grand-père venaient après lui, se donnant la main, et Thomas Codlin fermait la marche.

Sauf quelques haltes pour donner des représentations quand l'occasion s'en présentait, la petite troupe avait fait une longue course, et se trouvait encore sur la route au moment où la lune commença à briller. Short abrégeait la durée du temps avec des chansons et des plaisanteries et voyait toutes choses par leur meilleur côté. Quant à M. Codlin, il maudissait son sort et toutes les misères de ce monde, mais Polichinelle avant tout, et s'en allait en boitant, le théâtre sur le dos, en proie au plus amer chagrin.

Ils s'étaient arrêtés pour prendre quelque repos dans un carrefour où aboutissaient quatre routes. M. Codlin, plus que jamais d'humeur misanthropique, avait laissé tomber le rideau et s'était assis au fond du théâtre, invisible aux yeux des mortels et dédaignant la société de ses compagnons, lorsque deux ombres prodigieuses leur apparurent, venant vers eux par un tournant qui débouchait sur le carrefour. Nelly fut d'abord presque terrifiée à l'aspect de ces géants démesurés; car il fallait bien que ce fussent des géants, à voir leurs grandes enjambées, sous l'ombre projetée par les arbres. Mais Short, disant à Nelly qu'il n'y avait rien à craindre, tira de sa trompette quelques sons, auxquels répondirent des cris d'allégresse.

« C'est la troupe de Grinder, n'est-ce pas? dit M. Short en prenant le ton le plus élevé.

— Oui, répondirent deux voix aiguës.

— Par ici, par ici qu'on vous voie! Je savais bien que c'était vous. »

Sur cette invitation, « la troupe de Grinder » approcha au pas accéléré et ne tarda pas à joindre la petite compagnie. Ce qu'on appelait familièrement la troupe de M. Grinder se composait d'un jeune homme et d'une jeune fille montés tous deux sur des échasses, et de M. Grinder lui-même, qui pour ces excursions pédestres ne se servait que de ses jambes naturelles, portant sur son dos un tambour.

« Vous allez aux courses, à ce que je vois? dit M. Grinder tout hors d'haleine. Comment cela va-t-il, Short? Quel chemin prenez-vous? Nous, nous prenons le plus court.

— De fait, répondit Short, nous suivions le chemin le plus long pour coucher cette nuit à un mille et demi d'ici. Mais trois ou quatre milles de plus ce soir, c'est autant de gagné pour demain; si vous continuez votre marche, je crois que nous n'avons rien de mieux à faire que de vous accompagner.

— Où est votre associé? demanda M. Grinder.

— Le voici, l'associé, cria Thomas Codlin en sortant la tête du proscénium de son théâtre et présentant une physionomie morose ; et puis il ajouta : On verra l'associé se faire bouillir tout vivant plutôt que de continuer ce soir. Voilà la réponse de l'associé. Je couche aux Jolly-Sandboys, et pas ailleurs. Si vous voulez y venir, venez-y. Si vous voulez aller de votre côté, allez de votre côté, et passez-vous de moi, si vous pouvez. »

Cela dit, M. Codlin se montra aussitôt hors du théâtre, qu'il chargea vivement sur ses épaules et qu'il emporta avec une remarquable agilité.

Il n'y avait plus à discuter ; Short fut contraint de quitter M. Grinder et ses élèves pour accompagner son associé, qui n'était pas en belle humeur. Il donna à Nell celle de ses mains qui était libre ; et exhortant l'enfant à avoir bon courage puisqu'on touchait au terme du voyage pour ce soir, soutenant aussi le vieillard par la même assurance, il les entraîna d'un pas rapide vers le but auquel il aspirait d'autant plus pour sa part, que la lune s'était cachée et que les nuages annonçaient une pluie prochaine.

## XVII

Les Jolly-Sandboys étaient une petite auberge fort ancienne, située au bord de la route, avec une enseigne toute vermoulue, représentant trois tireurs de sable qui font assaut de gaieté avec autant de pots de bière, et de sacs d'or à leurs côtés.

M. Codlin, aussitôt arrivé, s'empara d'un bon coin, près de la cheminée, se fit servir une pinte d'ale, et attendit philosophiquement ses compagnons, exprimant à plusieurs reprises l'espérance qu'ils ne seraient pas assez stupides pour se laisser mouiller.

Enfin ils arrivèrent, trempés par la pluie, et dans un état pitoyable, bien que Short eût, de son mieux, abrité l'enfant sous les basques de son habit ; ils étaient presque hors d'haleine, tant ils avaient marché vite.

On oublie aisément la pluie et la boue auprès d'un bon feu, dans une salle bien éclairée. Les voyageurs trouvèrent, soit dans l'auberge, soit dans leur bagage particulier, des pantoufles et des vêtements secs, et, se blottissant au coin de la cheminée, selon l'exemple de M. Codlin, ils se remirent bientôt de leurs fatigues, ou ne se les rappelèrent que pour mieux apprécier les jouissances du moment. Sous l'influence de la chaleur et du bien-être, comme aussi de la lassitude qu'ils avaient éprouvée, Nelly et le vieillard s'étaient à peine assis qu'ils s'endormirent.

« Qu'est-ce que ces gens-là? » demanda à demi-voix l'aubergiste. Short secoua la tête et dit qu'il n'en savait rien.

« Et vous, le savez-vous? demanda l'aubergiste en se tournant vers M. Codlin.

— Ni moi non plus, dit ce dernier. Ce n'est rien qui vaille, je suppose.

— Ils ne sont pas méchants, ajouta Short. Je vais vous dire : ce qu'il y a de certain, c'est que le vieux a perdu l'esprit. Avez-vous remarqué comme il est pressé de continuer sa route, comme il répète toujours : « Plus loin!... Plus loin encore! » Avez-vous remarqué ça?

— Eh bien, après?

— Après? Le voilà! Il a sûrement faussé compagnie à ses amis. Écoutez-moi bien : il a faussé compagnie à ses amis et a profité de la tendresse de cette douce et jeune créature pour l'engager à être son guide et son compagnon de voyage... Où vont-ils? C'est ce qu'il ne sait pas plus que l'homme ne connaît le chemin de la lune. Mais je ne le souffrirai pas.

— Vous ne le souffrirez pas, *vous!*... s'écria M. Codlin; a-t-on jamais vu?

— Non, répéta Short lentement et avec énergie, je ne le souffrirai pas. Je ne souffrirai pas que cette charmante enfant tombe en de mauvaises mains. En conséquence, lorsqu'ils paraîtront vouloir nous quitter, je prendrai mes mesures pour les retenir et les rendre à leurs amis, qui, j'en suis certain, ont déjà fait afficher leur chagrin sur tous les murs de Londres.

— Short! dit M. Codlin, il est très possible que vos suppositions aient du bon. S'il en est ainsi et s'il y a une récompense, Short, souvenez-vous que nous sommes associés pour tous les profits. »

Le compagnon n'eut que le temps de faire un signe d'assentiment, car l'enfant venait de s'éveiller. M. Codlin et M. Short s'éloignèrent vivement l'un de l'autre, et se mirent assez maladroitement à échanger sur leur ton de voix habituel quelques idées banales.

## XVIII

Après le souper, Nelly, fatiguée, décida son grand-père à se retirer. Ils sortirent donc de la salle, laissant la compagnie assise autour du feu.

Après avoir souhaité le bonsoir au vieillard, Nelly venait de passer dans son misérable gatelas; mais, à peine en avait-elle fermé la porte, qu'elle y entendit frapper à petits coups. Elle ouvrit et fut quelque peu surprise à la vue de M. Thomas Codlin, qu'elle avait laissé en bas profondément endormi, du moins en apparence.

« Qu'y a-t-il? demanda-t-elle.

— Rien, ma chère, répondit le visiteur. Je suis votre ami. Peut-être n'y aviez-vous pas songé; mais c'est moi qui suis votre ami, et non pas lui.

— Qui, lui?

— Short, ma chère. Je vous le dis, bien qu'il ait des façons calmes qui pourraient vous faire illusion; c'est moi qui suis l'homme franc et loyal de l'association. Suivez mes conseils; ne me demandez pas pourquoi, mais croyez-moi : tant que vous voyagerez avec nous, tenez-vous le plus près possible de moi. Ne proposez point de nous quitter (pour quelque raison que ce soit), mais attachez-vous toujours à moi; et dites-vous que je suis votre ami. Voulez-vous, ma chère, vous mettre bien cela dans l'esprit, et me promettre de dire toujours que c'était moi qui étais votre ami?

— Le dire à qui et quand? demanda naïvement l'enfant.

— Oh! à personne en particulier, répondit Codlin, un peu déconcerté par cette question. Je désire seulement qu'à l'occasion vous puissiez dire que je suis votre ami, et me rendre ce témoignage. »

Alors M. Codlin se retira sur la pointe du pied, laissant Nelly fort surprise. Nelly réfléchissait encore à cet étrange incident, quand les marches de l'escalier vermoulu crièrent sous les pas des autres voyageurs qui regagnaient leurs chambres. Lorsqu'ils furent tous passés, l'un d'eux revint sur ses pas, et, après avoir tâtonné contre le mur comme s'il ignorait à quelle porte il devait frapper, il heurta à celle de Nelly.

« Qui est là? dit l'enfant, sans ouvrir.

— Moi, Short! Je voulais seulement vous prévenir, ma chère, que nous devons partir demain matin de très bonne heure. Croyez-vous pouvoir être debout assez tôt pour vous mettre en route avec nous? Si vous voulez, je vous avertirai. »

Nelly lui promit d'être prête, et après qu'elle lui eut rendu son bonsoir, elle l'entendit s'éloigner. L'intérêt de ces deux hommes lui causait un certain déplaisir, surtout quand elle se rappelait leurs chuchotements dans la cuisine et le trouble qu'ils avaient laissé paraître en la voyant s'éveiller; elle n'était pas sans songer avec méfiance qu'elle aurait pu rencontrer de meilleurs compagnons. Cependant la fatigue finit par dominer la crainte, et elle ne tarda pas à s'endormir.

Dès le lendemain, au point du jour, Short remplit sa promesse et frappa doucement à la porte de Nelly. Elle se leva et éveilla son grand-père avec tant de diligence, qu'ils furent prêts aussitôt que Short lui-même.

A peine en route, l'enfant fut frappée de nouveau du changement de manières qui s'était opéré en M. Thomas Codlin. Au lieu de se traîner tout seul en grommelant comme autrefois, il se tenait tout près d'elle et ne manquait pas une occasion de la regarder à la dérobée, et de l'avertir par certains mouvements de tête de se défier de Short et de n'avoir confiance qu'en Codlin.

Short aussi avait changé. Il avait l'air de songer à établir sur le vieillard et sur l'enfant un système de surveillance. Toutes ces circonstances redoublèrent les soupçons de Nelly et lui inspirèrent encore plus de défiance et d'anxiété.

Le soir seulement ils arrivèrent au champ de courses, lande ouverte, située sur une hauteur, à un bon mille des dernières limites de la ville.

Après un souper chétif, dont les frais mirent si bas ses ressources qu'il lui resta à peine quelques sous pour le déjeuner du lendemain, Nelly alla avec son grand-père chercher un peu de repos, dans le coin d'une tente, où ils s'endormirent, malgré les bruyants préparatifs que l'on fit autour d'eux durant toute la nuit.

Et maintenant le temps approchait où ils allaient être forcés de mendier leur pain. Dès le lever du soleil, Nelly sortit de la tente et se rendit dans les champs voisins, où elle cueillit des roses sauvage s et d'autres petites fleurs, se proposant d'en faire des bouquets qu'elle offrirait aux belles dames dans leurs voitures. Sa pensée n'était pas non plus inactive pendant que sa main travaillait. Lorsqu'elle fut de retour, assise près du vieillard dans le coin de la tente, à arranger ses fleurs en bouquets, elle profita de ce que les deux hommes dormaient encore à l'extrémité opposée, tira son grand-père par la manche, le regarda doucement, et lui dit à voix basse :

« Grand-papa, ne tournez pas les yeux vers les gens dont je vais vous parler, et ayez l'air de ne vous occuper que de ce que je fais en ce moment. Que me disiez-vous avant notre départ de la vieille maison ? Que si l'on savait ce que nous allions faire, on dirait que vous étiez fou, et que l'on nous séparerait ? »

Le vieillard la regarda avec des yeux hagards, pleins de terreur, mais elle le contint par un regard ; et, le priant de tenir les fleurs pendant qu'elle les attacherait, elle ajouta, en approchant ses lèvres de l'oreille de son grand-père :

« C'est cela que vous disiez, je le sais. Vous n'avez pas besoin de parler. Je me souviens bien, et je ne pouvais pas l'oublier. Mon grand-papa, ces hommes nous soupçonnent d'avoir secrètement quitté notre famille, ils projettent de nous livrer à quelque magistrat pour nous faire envoyer à Londres. Si votre main tremble ainsi, nous ne pourrons jamais leur échapper ; mais si vous voulez seulement vous tenir tranquille, nous y réussirons aisément.

— Comment cela? murmura le vieillard. Chère Nell, comment cela? Ils m'enfermeront dans un cachot de pierre, noir et froid; ils m'enchaîneront à la muraille. Ils me fouetteront jusqu'au sang, et ils ne me laisseront plus jamais te voir!

— Voilà que vous tremblez encore, dit l'enfant. Tenez-vous près de moi toute la journée. Ne faites pas attention à eux; ne les regardez pas, ne regardez que moi. Je trouverai un moment favorable pour nous échapper. Quand je me sauverai, imitez-moi; ne dites pas un mot, ne vous arrêtez pas un instant. Chut! c'est assez! »

Au milieu du brouhaha de la fête, Short prit énergiquement son parti. Il sonna de la trompette, et fit retentir bruyamment l'appel de Polichinelle. Derrière lui venaient Thomas Codlin portant le théâtre, comme de coutume, les yeux fixés sur Nelly et sur son grand-père, qui marchaient à l'arrière-garde.

L'enfant tenait à la main son panier plein de fleurs. De temps en temps elle s'arrêtait, d'un air timide et modeste, pour offrir ses bouquets aux personnes qui se trouvaient dans les belles voitures. Les dames lui souriaient, mais aucune ne s'avisait de lui acheter un bouquet. Une cependant appela Nelly, et, lui prenant un bouquet, lui mit quelque argent dans la main. En même temps elle lui recommanda de retourner chez elle et d'y rester, dans l'intérêt de son salut et de son honneur.

Plus d'une fois Codlin, Short et leurs compagnons passèrent entre les longues, longues files de la multitude, voyant tout, excepté la seule chose qu'il y eût à voir, la course des chevaux. Lorsque la cloche sonna pour donner le signal d'évacuer le champ de courses, ils revinrent se reposer parmi les charrettes et les ânes, attendant pour se montrer de nouveau que la grande chaleur fût passée. Polichinelle avait, à maintes reprises, déployé tout l'éclat de sa belle humeur; mais pendant chacune de ces représentations l'œil de M. Codlin était resté fixé sur Nelly et sur le vieillard; tenter de fuir sans être aperçus eût été impossible.

Enfin, vers la fin de la journée, M. Codlin dressa le théâtre dans un bon endroit, et les spectateurs furent bientôt sous le charme. Short était en train de manier vigoureusement le bâton pour faire le moulinet, et de cogner, dans la chaleur du combat, les figures de bois contre les parois du théâtre; les spectateurs suivaient en riant ses évolutions, et M. Codlin lui-même se laissa aller à un sourire assez laid, tandis que son regard scrutateur épiait le mouvement des mains qui se plongeaient dans les poches

UNE CEPENDANT APPELA NELLY.

des gilets et y cherchaient discrètement les pièces de deux sous. S'il y avait possibilité de fuir sans être vus, c'était bien le moment. Nelly et son grand-père saisirent l'occasion et s'enfuirent.

## XIX

Chaque jour, en revenant au logis, après avoir fait quelque effort pour trouver du travail, Kit levait les yeux vers la fenêtre de la petite chambre où il avait si souvent salué Nelly, et il espérait y apercevoir quelque indice de sa présence. Ce vœu ardent, fortifié de l'assurance que lui avait donnée Quilp, lui persuadait que Nelly viendrait enfin réclamer l'asile qu'il lui avait offert : son espérance, éteinte chaque soir, renaissait chaque matin.

Au bout d'une semaine, sa pensée le ramena au souvenir du petit vieillard qui lui avait donné un shilling.

C'était à une distance considérable de chez lui qu'il devait aller gagner l'autre moitié du shilling; il arriva deux minutes après l'heure fixée; mais, par un bonheur inespéré, le vieux petit monsieur n'y était pas encore; du moins aucune chaise attelée d'un poney n'était visible à l'œil nu, et il n'y avait pas à présumer que la voiture fût repartie sitôt. Heureux de penser qu'il n'était pas arrivé trop tard, Kit s'appuya pour reprendre haleine contre un lampadaire et attendit l'arrivée du poney et de sa société.

Justement, au bout de peu de temps, le poney apparut, tournant le coin de la rue. Derrière le poney était assis le vieux gentleman, auprès duquel se tenait la vieille petite dame, portant un bouquet aussi gros que celui de la fois précédente.

Le vieux monsieur, la vieille dame, le poney et la chaise descendirent la rue avec un ensemble parfait, jusqu'au moment où ils arrivèrent à une demi-douzaine de portes avant la maison du notaire. Là, le poney, trompé par une plaque de cuivre qui se trouvait au-dessous du marteau d'un tailleur, fit halte, et soutint que c'était bien là la maison où l'on devait aller.

« Voyons, monsieur, dit le vieux gentleman, voulez-vous avoir la bonté de continuer? Ce n'est pas ici!

— Ah! mon Dieu! le méchant Whisker! cria la vieille dame. Après avoir été si gentil et avoir été si loin et d'un si bon pas! Je suis vraiment honteuse pour lui. Je ne sais ce que nous en pourrons faire; en vérité, je n'en sais rien. »

Cependant le vieux gentleman, ayant épuisé tous les moyens de persuasion, avait mis pied à terre pour conduire le poney à la main, quand Whisker, soit qu'il vît dans cette détermination de son maître une concession suffisante, soit qu'il eût aperçu l'autre plaque de cuivre, soit enfin qu'il éprouvât un accès de dépit, partit comme un trait avec la vieille dame, et s'arrêta juste devant la maison, laissant le vieux monsieur le suivre, tout essoufflé.

En ce moment, Kit se présenta à la tête du poney et souleva son chapeau en souriant.

« Eh! Dieu me bénisse! s'écria le vieux monsieur, c'est bien le garçon de l'autre jour!... Voyez-vous, ma chère?

— Je vous avais promis d'être ici, monsieur, dit Kit en caressant le cou de Whisker. J'espère que vous avez fait un bon voyage, monsieur. Vous avez là un joli poney.

— Ma chère, reprit le vieux monsieur, voilà un garçon comme on n'en voit pas!... Ce doit être un brave garçon, j'en suis sûr.

— Oh oui! dit la vieille dame, un brave garçon, et sans doute un bon fils. »

Kit les remercia de ces expressions bienveillantes en soulevant son chapeau et en rougissant jusqu'aux oreilles.

Le vieux monsieur offrit alors la main à la vieille dame pour l'aider à descendre. Après avoir, tous les deux, regardé Kit avec un sourire aimable, ils entrèrent dans la maison, sans doute en s'entretenant de lui : du moins ne put-il s'empêcher de le penser. M. Witherden vint, en respirant le gros bouquet, se pencher à la fenêtre et regarda Kit; puis ce fut le tour de M. Abel, puis celui du vieux monsieur et de la vieille dame, puis ce fut tout le monde qui vint regarder à la fois.

Les visages venaient à peine de disparaître de la croisée, quand M. Chukster, dans sa tenue officielle, avec son chapeau perché sur le sommet de la tête, et penché comme s'il allait tomber de sa patère, descendit jusqu'au trottoir et annonça à Kit qu'on le demandait.

« Entrez, dit-il, pendant ce temps-là je garderai la chaise. »

Tout en lui donnant cet ordre, M. Chukster fit la remarque qu'il faudrait être bien malin pour savoir si Kit, avec ses airs innocents, était un novice ou un roué; mais son mouvement de tête plein de méfiance indiquait qu'il le rangeait plutôt dans la dernière catégorie.

Kit entra tout tremblant dans l'étude.

« Eh bien! mon garçon, lui dit M. Witherden, vous êtes venu pour achever de gagner votre shilling de l'autre jour, mais non pas pour en gagner un autre, n'est-ce pas?

— Oh non! monsieur, répondit Kit, trouvant le courage de lever les yeux. Je n'en ai seulement pas eu l'idée.

— Votre père est-il vivant? demanda le notaire.

— Il est mort, monsieur.

— Vous avez votre mère?

— Oui, monsieur.

— Remariée, hein? »

Kit répondit, non sans indignation, que sa mère était restée veuve avec trois enfants, et que, si le gentleman la connaissait, il ne ferait pas une pareille question.

« Voyons, dit M. Garland, après qu'on eut adressé à Kit diverses questions, je ne vais rien vous donner aujourd'hui.

— Merci, monsieur, répondit Kit d'un ton sérieux; il se sentait soulagé du soupçon que les premières paroles du notaire avaient semblé exprimer.

— Mais, reprit le vieux monsieur, peut-être aurai-je besoin d'autres renseignements sur votre compte. Ainsi, indiquez-moi votre adresse; je vais l'écrire sur mon agenda. »

Kit donna l'adresse, que M. Garland écrivit au crayon. A peine était-ce fait qu'une grande rumeur s'éleva dans la rue; la vieille dame ayant couru à la fenêtre, s'écria que Whisker venait de se sauver. Aussitôt Kit s'élança dehors pour le rattraper, et tous les autres s'élancèrent après Kit.

M. Chukster, la tête nue, une plume en travers sur l'oreille, s'accrochait à l'arrière-train de la chaise et faisait d'inutiles efforts pour la retenir, aux grands éclats de rire de tous les passants. Whisker, cependant, fantasque jusque dans son escapade, ne fut pas plus tôt à quelque distance qu'il s'arrêta net, et, sans qu'il fût besoin d'aide pour le ramener, revint rapidement à la place qu'il avait quittée. Ce qui fit que M. Chukster revint à la remorque derrière la voiture jusqu'à son bureau, d'une façon peu glorieuse pour lui, et rentra épuisé et déconfit.

Alors la vieille dame s'installa sur son coussin, et M. Abel, qu'on était venu chercher, s'assit sur sa banquette. Le vieux monsieur prit également sa place dans la voiture. Ils partirent en souhaitant le bonjour au notaire et à son clerc, et en faisant de la main un signe amical à Kit, qui était resté dans la rue à les suivre du regard.

## XX

Kit prit le chemin du logis, et bientôt il eut oublié le poney, et la chaise, et la vieille petite dame, et le vieux petit monsieur, et le jeune petit monsieur par-dessus le marché, en songeant à ce que pouvaient être devenus son maître et la gentille Nelly, sa première ou plutôt son unique pensée.

Quand il arriva à l'angle du square où il habitait, voilà qu'il aperçut son poney en cet endroit! c'était bien lui, plus entêté que jamais. M. Abel était tout seul dans la chaise, et il exerçait une surveillance vigilante sur tous les mouvements de l'animal. Ayant levé les yeux par hasard, il aperçut Kit qui passait, et lui adressa le premier un petit salut.

Ayant soulevé le loquet de la porte et étant entré, il trouva dans la chambre M. Garland et mistress Garland en conversation réglée avec sa mère. A cet aspect inattendu, il ôta précipitamment son chapeau et fit, tout honteux, son plus beau salut.

« Monsieur a eu la bonté, lui dit sa mère, de me demander si vous aviez une bonne place, ou même si vous en aviez une. Je lui ai répondu que non, que vous n'en avez pas. Alors il a eu la bonté de me dire que...

— Que nous avons besoin chez nous d'un brave garçon, dirent à la fois le vieux monsieur et la vieille dame, et que nous pourrions nous arranger ici, dans le cas où nous trouverions tout à notre satisfaction.

— Vous comprenez, ma bonne dame, dit mistress Garland à la mère de Kit, qu'il est nécessaire de montrer beaucoup de prudence en semblable matière; car nous ne sommes que trois dans la famille, tous les trois très réguliers dans nos habitudes, et il serait très pénible pour nous de nous voir déçus dans notre attente, et obligés de renoncer à nos espérances. »

A quoi la mère de Kit répliqua que c'était très juste, très raisonnable, très convenable assurément; à Dieu ne plût qu'elle voulût empêcher, ou qu'elle eût intérêt à empêcher aucune enquête sur sa moralité ou celle de son fils; un si bon fils, elle osait le dire, quoiqu'elle fût sa mère, et même elle ne craignait pas d'ajouter qu'il ressemblait à son père, qui n'avait pas été seulement un bon fils pour sa mère à lui, mais le meilleur des maris et le meilleur des pères.

Quand la mère de Kit eut achevé son discours, la vieille dame reprit aussi la parole :

« Je suis certaine que vous êtes une personne très honnête et très respectable. »

On le voyait rien qu'à sa manière de s'exprimer. La mine des enfants, la propreté de la maison étaient faits pour inspirer la plus grande confiance.

Là-dessus la mère de Kit fit une révérence et parut soulagée. Alors la bonne femme entra dans de longs et minutieux détails sur la vie et l'histoire de Kit.

Enfin, on passa à l'inventaire de la garde-robe de Kit; une petite avance fut faite pour la mettre en état, et Kit fut officiellement retenu par M. et mistress Garland, d'Abel Cottage, à Finchley, aux gages de cent cinquante francs par an, avec la nourriture et le logement.

Il serait difficile de dire à laquelle des deux parties fut le plus agréable cet arrangement, que des regards d'amitié et des sourires empressés scellèrent des deux parts. On convint que Kit serait rendu le surlendemain matin à sa nouvelle demeure, et finalement le vieux petit couple prit congé, après avoir donné un bel écu à Jacob et un autre au poupon. Le nouveau domestique de M. et mistress Garland les escorta jusqu'à la rue; il tint par la bride l'obstiné poney, tandis que ses maîtres reprenaient leurs places dans la voiture; et il les regarda partir, la joie au cœur.

Il était à peine rentré, que M. Quilp apparut, en compagnie de Richard Swiveller.

La bonne femme fut tellement troublée par l'apparition soudaine de ce modèle achevé de laideur, qu'elle se hâta d'enlever le poupon de son berceau et de se réfugier avec lui à l'extrémité de la chambre. Pendant ce temps, le petit Jacob, assis sur son escabeau, les mains sur les genoux, considérait Quilp comme une espèce de fantôme fascinateur et poussait des cris terribles. M. Richard Swiveller passait tranquillement la famille en revue par-dessus la tête de M. Quilp; et Quilp lui-même, les deux mains dans ses poches, souriait du plaisir d'avoir causé toute cette peur.

« Ne soyez pas effrayée, madame, dit Quilp après quelques moments de silence; votre fils me connaît, je ne mange pas les petits enfants, je ne les aime pas assez pour cela. Vous feriez mieux de faire taire ce petit, qui crie comme si j'étais tenté de le dévorer. Holà, monsieur, voulez-vous bien rester tranquille? Maintenant, monsieur, dit-il à Kit, pourquoi n'êtes-vous pas venu chez moi, comme vous me l'aviez promis?

— Pourquoi y serais-je allé? répliqua Kit. Je n'avais pas affaire à vous, pas plus que vous n'aviez affaire à moi.

— Voyons, madame, dit Quilp en se retournant vivement et abandonnant Kit pour sa mère; quand est-ce que son vieux maître est venu ici ou a envoyé chez vous pour la dernière fois? Est-il ici en ce moment? S'il n'y est pas, où est-il allé?

— Il n'est pas venu du tout ici, répondit mistress Nubbles. Je voudrais bien savoir où ils sont allés... Cela donnerait à mon fils et à moi aussi bien plus de tranquillité!... Si vous êtes le gentleman qui se nomme M. Quilp, je croyais que vous auriez su où ils étaient, et c'est ce que je disais aujourd'hui même à mon fils.

— Hum! fit Quilp, évidemment contrarié par l'air de vérité de ces paroles; est-ce là tout ce que vous avez à dire aussi à ce gentleman?

— Si le gentleman m'adresse la même question, je lui ferai la même réponse. Et je voudrais bien pouvoir lui faire une autre réponse, pour notre propre satisfaction. »

Quilp dirigea un regard sur Richard Swiveller et raconta que, l'ayant rencontré à la porte, l'autre lui avait déclaré qu'il venait aussi chercher des nouvelles des fugitifs.

« J'ai supposé que c'était la vérité!

— Oui, dit Richard, tel était le but de mon expédition. Je m'imaginais que c'était possible; il ne nous reste plus qu'à sonner le glas funèbre de l'imagination. Je donnerai l'exemple.

— Vous semblez désappointé? dit Quilp.

— Un échec, monsieur, un échec, voilà tout. Je me suis fourré dans une affaire qui n'a abouti qu'à un échec. Voilà tout, monsieur! »

Le nain regarda Richard avec un sourire moqueur; mais Richard, qui avait pris avec son ami Fred un *lunch* un peu trop fort, ne s'aperçut de rien, et continua à déplorer son sort avec des regards sombres et désespérés. Quilp n'eut pas de peine à comprendre que la visite de Swiveller et son violent déplaisir avaient un motif secret; dans l'espérance d'y trouver l'occasion de jouer un mauvais tour, il se promit de pénétrer au fond du mystère. Il n'eut pas plutôt pris cette résolution, qu'il donna à sa physionomie l'expression de la candeur la plus ingénue, et sympathisa ouvertement avec Swiveller.

« Moi-même, dit-il, j'éprouve un grand désappointement, au simple point de vue de l'amitié que je leur avais vouée. Puisque nous sommes compagnons d'infortune, pourquoi ne chercherions-nous pas à nous consoler de compagnie? Si quelque affaire privée ne vous appelait pas en ce moment d'un autre côté, il y a au bord de l'eau une maison où l'on débite le meilleur schiedam qu'il y ait au monde; on dit qu'il provient de contrebande : mais ceci entre nous. Le maître du logis me connaît bien. On y trouve un petit kiosque sur la Tamise, où nous pourrons prendre un verre de cette délicieuse liqueur, avec une pipe d'excellent tabac comme on n'en trouve que là; j'en sais quelque chose : un tabac de première qualité. On y est tout à fait à son aise et commodément au possible. Qu'en dites-vous, monsieur Swiveller? »

Tandis que le nain parlait, un sourire de plaisir épanouissait le visage de Dick, et ses sourcils s'étaient doucement détendus. Au moment où Quilp achevait sa proposition, c'était marché fait; il ne leur restait plus qu'à sortir et à s'acheminer vers la maison en question.

Le kiosque dont M. Quilp avait parlé était une espèce d'échoppe en bois toute délabrée et d'une hideuse nudité, qui dominait la vase de la rivière et semblait menacer sans cesse d'y tomber.

Ce fut en ce lieu de délices que M. Quilp conduisit Richard Swiveller. Bientôt, sur la table malpropre, figura un petit baril de bois rempli de la liqueur tant vantée. M. Quilp en versa dans les verres avec l'habileté d'un consommateur distingué, y mêla environ un tiers d'eau, offrit un des verres à Richard Swiveller, et, allumant sa pipe à un bout de chandelle dans une vieille lanterne toute bosselée, il se jeta sur un siège et se mit à fumer.

« N'est-ce pas que c'est bon? demanda-t-il, tandis que Richard Swiveller faisait claquer ses lèvres. N'est-ce pas que c'est fort et raide ? Comme ça vous fait cligner de l'œil ! Comme ça vous suffoque ! Comme ça fait venir les larmes aux yeux ! Comme ça vous rend haletant, hein ?

— Je le crois parbleu bien ! s'écria Richard, qui jeta une partie du contenu de son verre et qui le remplit d'eau ; dites donc, l'ami ! vous n'allez pas me faire croire que vous avalez cette lave toute bouillante ?

— Comment! dit Quilp, vous ne buvez pas cela ! Regardez-moi. Regardez... tenez ! encore ! ne pas boire cela ! »

Tout en parlant, Daniel Quilp absorba trois petits verres de la liqueur infernale ; puis, avec une horrible grimace, il tira plusieurs bouffées de sa pipe, avala la fumée et la rendit par le nez en nuages épais. Après avoir accompli cet exploit, il reprit sa première position et s'abandonna à un bruyant éclat de rire.

Richard Swiveller, encouragé par le bon exemple, se mit à boire sans se faire prier ; et, peu à peu, grâce à l'habile tactique de M. Quilp, il épancha complètement son cœur, et dévoila tous les détails du plan ourdi entre le brave Dick et son cher Fred.

« Arrêtez ! dit Quilp. L'affaire est bonne, elle peut réussir, elle réussira ; j'y mettrai la main ; dès à présent je suis à vous.

— Comment ! Vous croyez qu'il reste encore une chance? demanda Dick, surpris de l'encouragement qu'il recevait.

— Une chance! répéta le nain, certainement ! Faut-il que vous soyez né coiffé ! Le vieux est plus riche qu'un juif ; votre fortune est faite. Je ne vois plus en vous que l'époux de Nelly, roulant sur l'or et sur l'argent. Je vous aiderai. Cela se fera. Rappelez-vous bien ce que je vous dis. Cela se fera.

— Mais comment ? demanda Richard.

— Nous avons du temps devant nous ; cela se fera. Nous nous réunirons encore pour parler de ce sujet tout à notre aise. Remplissez donc votre verre pendant que je sors un instant, je reviens tout de suite, tout de suite ! »

En achevant ces paroles jetées à la hâte, Daniel Quilp se glissa dans un ancien jeu de quilles abandonné qui se trouvait derrière le cabaret. Là il se jeta sur le sol et se mit à se rouler en hurlant de joie.

« Voilà, criait-il, un divertissement fait pour moi, tout prêt, tout arrangé pour que je n'aie plus qu'à en jouir à mon aise. C'est ce garçon sans cervelle qui m'a rompu les os l'autre jour, n'est-ce pas? C'est son ami et complice, M. Trent, qui me regarde avec des airs de mépris, n'est-ce pas? Eh bien ! ils vont poursuivre deux ou trois ans leur précieux projet, pour aboutir à quoi ? à devenir un mendiant, voilà pour l'un ; à se mettre la corde au cou par un lien indissoluble, voilà pour l'autre. Ah! ah! ah! Il épousera Nell; et moi je serai le premier, dès que le nœud sera bien serré autour de son cou, à leur dire tout ce qu'ils y auront gagné et la part que j'y aurai prise. Alors nous réglerons nos vieux comptes ; alors le moment viendra de leur rappeler que je suis un ami excellent, et combien ils me doivent de les avoir aidés à obtenir cette héritière. Ah! ah! ah! »

Ayant ainsi donné à son humeur une disposition des plus agréables, il retourna auprès de son compagnon qui ne s'était douté de rien, et le retrouva, contemplant la marée d'un air extrêmement grave, et réfléchissant à ces monceaux d'or et d'argent dont lui avait parlé M. Quilp.

## XXI

Le reste de la journée et tout le lendemain furent très remplis pour la famille Nubbles. Les préparatifs de l'équipement et du départ de Kit causaient autant de préoccupation que si le jeune homme avait dû se mettre en route pour pénétrer au centre de l'Afrique ou pour entreprendre le tour du monde.

A la fin tout fut prêt, et la malle fut expédiée par le messager de Finchley. Le lendemain matin, de bonne heure, le jeune homme quitta la maison et prit la direction de Finchley ; il était très fier de sa tournure, de son habit poivre et sel, de son gilet jaune serin, de son pantalon gris de fer, de ses bottes neuves et de son chapeau raide et lustré, qui résonnait sous les doigts comme un tambour. Arrivé chez le voiturier, il trouva sa malle saine et sauve. La femme du messager indiqua à Kit la maison de M. Garland, et notre jeune homme, sa malle sur l'épaule, prit aussitôt cette direction.

A coup sûr, c'était un joli cottage, avec un toit de chaume et de petites girouettes aux pignons, et à quelques-unes des fenêtres des morceaux de verre colorié, larges comme un porte-monnaie. Sur un côté de la maison se trouvait une écurie, juste assez grande pour le poney, avec une chambre au-dessus, juste assez grande pour Kit.

Le jardin resplendissait de fleurs dans tout leur éclat, qui répandaient une douce senteur et charmaient la vue par leurs couleurs variées et leurs formes élégantes.

Kit regardait, admirait, regardait encore et ne pouvait s'arracher à ce spectacle, ni détourner la tête pour sonner la cloche. Il eut encore le temps, après, de regarder la maison et le jardin, car il sonna deux ou trois fois sans que personne vînt, et finit par prendre le parti de s'asseoir sur sa malle et d'attendre.

Enfin la porte s'ouvrit vivement, et une petite servante, très propre, très modeste, ce qui ne l'empêchait pas d'être très jolie, parut sur le seuil.

« Je suppose, monsieur, dit-elle, que vous êtes Christophe ! »

Kit se leva de dessus sa malle et répondit affirmativement.

« J'ai peur que vous n'ayez sonné bien des fois ; mais nous ne pouvions pas entendre, parce que nous étions en train de rattraper le poney. »

Kit en était à se demander ce que cela signifiait ; mais comme il ne pouvait rester là à faire des questions, il remit sa malle sur son épaule et suivit la jeune fille dans la cour d'entrée, où, par une porte de derrière, il aperçut M. Garland ramenant triomphalement du jardin le poney volontaire. Ce quadrupède, durant une heure trois quarts (à ce que l'on dit plus tard à Kit), s'était amusé à faire courir après lui toute la famille dans un petit enclos situé à l'extrémité de la propriété.

Le vieux monsieur reçut très cordialement le nouveau domestique ; il en fut de même de la vieille dame : la bonne opinion qu'elle avait déjà conçue de lui se fortifia encore lorsqu'elle vit avec quel soin il frottait ses bottes sur le paillasson pour en bien essuyer les semelles. On l'introduisit au parloir, où il passa l'inspection dans son nouveau costume. Ensuite il fut conduit à l'écurie, où le poney lui fit l'accueil le plus gracieux ; de là dans la petite chambre très propre et très commode qu'il avait déjà remarquée ; de là dans le jardin, où le vieux gentleman lui dit qu'il aurait de la besogne, énumérant en outre tous les avantages qu'il retirerait de sa position si l'on trouvait qu'il en fût digne.

Quand le vieux gentleman eut épuisé le chapitre des recommandations et des promesses, et Kit celui des remerciements et des protestations, notre garçon fut conduit de nouveau vers Mme Garland, qui, appelant sa petite servante nommée Barbe, lui recommanda de mener Kit à la cuisine et de lui donner à manger et à boire pour le reposer de sa course.

## XXII

En quittant le *Désert* pour retourner à son logis, — le Désert était le nom très convenable, du reste, donné à la retraite favorite de Quilp, — M. Richard Swiveller décrivait en zigzag la sinueuse spirale d'un tire-bouchon ; il s'arrêtait tout à coup et regardait devant lui ; puis, tout à coup, il s'élançait, faisait quelques pas, et ensuite s'arrêtait de nouveau, et branlait la tête ; tout cela par saccades involontaires et sans se rendre compte de ses mouvements. Or, tandis qu'il retournait chez lui, au milieu de toutes ces évolutions que les mauvaises langues considéraient comme les signes extérieurs de l'ébriété, M. Richard Swiveller commença à penser qu'il avait pu mal placer sa confiance, et que le nain n'était peut-être pas la personne à qui il convenait de confier un secret aussi délicat et aussi important. Plongé par ces idées pénibles dans une situation que les mauvaises langues appelleraient l'état stupide ou l'hébètement de l'ivresse, il lança son chapeau à terre et se mit à gémir, criant très haut qu'il était un malheureux orphelin, et que s'il n'eût pas été un malheureux orphelin, les choses n'eussent point tourné ainsi.

« Alors, dit quelqu'un derrière lui, permettez-moi de vous servir de père. »

Ce quelqu'un était M. Quilp, qui sans doute ne l'avait pas quitté depuis leur sortie du cabaret, quoique M. Swiveller eût une idée vague de l'avoir laissé derrière lui, à une distance d'un ou deux milles.

« Monsieur, dit solennellement Dick, vous avez trompé un orphelin.

— Moi!... répliqua Quilp. Je suis un second père pour vous.

— Allez, monsieur, dit Richard, en s'appuyant contre un poteau et en agitant sa main. Allez, enjôleur, allez, quelque jour peut-être, monsieur, serez-vous tiré de vos rêves de plaisirs pour connaître aussi les peines des orphelins abandonnés. Voulez-vous vous en aller, monsieur? »

Comme le nain ne tenait aucun compte de cette adjuration, M. Swiveller s'avança contre lui avec l'intention de lui infliger un châtiment en proportion avec le méfait. Mais, oubliant tout à coup son dessein ou changeant d'idée avant d'arriver jusqu'à Quilp, il lui prit la main et lui jura une amitié éternelle, déclarant avec une agréable franchise qu'à partir de ce jour ils étaient frères, sauf la ressemblance.

Ils s'en allèrent donc bras dessus, bras dessous, comme une véritable paire d'amis.

« Je suis, dit Quilp en quittant l'autre, aussi pénétrant qu'un furet et aussi fin qu'une belette. Amenez-moi Trent; assurez-le que je suis son ami, quoique j'aie lieu de craindre qu'il ne se méfie un peu de moi, et votre fortune à tous deux est faite. »

Après cela ils se séparèrent.

Ce ne fut pas sans de grandes répugnances et des soupçons fâcheux que, le lendemain matin, M. Swiveller, la tête encore lourde des fumées du fameux schiedam, se rendit chez son ami Trent, et lui raconta, avec ménagements toutefois, ce qui s'était passé la veille entre Quilp et lui. Ce ne fut pas non plus sans une vive surprise, sans se demander quels motifs avaient pu dicter la conduite de Quilp, ni sans blâmer amèrement la folie de Dick Swiveller, que son ami entendit ce récit.

Frédéric Trent se jeta sur un siège, et, plongeant sa tête dans ses mains, il s'efforça de sonder les motifs qui avaient pu conduire Quilp à s'insinuer dans les secrets de Richard Swiveller, et, par conséquent, dans les siens. Comment Quilp, informé du plan qu'ils avaient tramé, s'était-il offert pour le seconder? La question était difficile à résoudre. Cependant, comme en général les fripons s'abusent eux-mêmes en imputant à d'autres leurs propres desseins, Frédéric pensa aussitôt que certaine mésintelligence avait pu s'élever entre Quilp et le vieillard par suite de leurs relations secrètes; peut-être même cette mésintelligence expliquerait-elle la disparition soudaine du marchand de curiosités. Dans cette hypothèse, il était naturel que le nain voulût se venger du vieillard en lui arrachant l'unique objet de son amour et de son anxiété, pour le faire passer entre les mains d'un homme l'objet de sa terreur et de sa haine.

Tout cela bien médité, il communiqua à M. Swiveller, — qui se fût contenté de moins encore, — une petite partie de ses idées, et, lui laissant la journée pour se remettre de ses excès de la veille, il l'accompagna le soir même chez M. Quilp.

M. Quilp fut enchanté de les voir, ou fit semblant de l'être ; il se montra même terriblement poli envers Mme Quilp et mistress Jiniwin, et présida avec l'empressement le plus cordial à la distribution du rhum.

Ensuite, ne voulant ni parler devant les dames, ni éveiller leurs soupçons en les mettant à la porte, il proposa une partie de piquet à quatre. Mistress Jiniwin, qui aimait beaucoup le jeu, en fut soigneusement exclue par son gendre, qui lui confia le soin de remplir de temps en temps les verres avec les liqueurs contenues dans les flacons.

Parmi ses habitudes excentriques, le nain avait celle de tricher au jeu. Il lui fallait donc, non seulement observer avec soin la marche du jeu, mais encore faire des tours d'escamoteur en comptant les

ILS S'EN ALLÈRENT BRAS DESSUS, BRAS DESSOUS.

points et en les marquant, mais encore donner sans cesse des avertissements à son partenaire Richard Swiveller par des regards, des froncements de sourcil et des coups de pied par-dessous la table;

car Richard, tout ahuri de la rapidité avec laquelle les cartes étaient appelées et les fiches voyageaient sur le tapis, ne pouvait s'empêcher d'exprimer de temps en temps sa surprise et ses doutes.

Enfin, quand ils eurent joué bon nombre de parties liées et largement fêté les liqueurs, M. Quilp ordonna à sa femme d'aller se coucher; la douce Betzy obéit et se retira, suivie de sa mère indignée. Swiveller s'était endormi. Le nain, appelant du doigt Frédéric à l'autre extrémité de la pièce, y tint à voix basse avec lui une courte conférence.

« Nous ferons aussi bien de ne dire, devant votre digne ami, que ce que nous ne pouvons pas taire, dit Quilp en se tournant avec une grimace du côté de Dick endormi. C'est marché conclu entre nous, Fred. Voyons, lui ferons-nous épouser cette petite rose de Nelly?

— Vous y avez aussi votre intérêt, je suppose? répliqua l'autre.

— Oui, naturellement, dit Quilp en riant à l'idée que Frédéric ne soupçonnait pas son but réel; peut-être ai-je des représailles à exercer! peut-être est-ce une fantaisie! J'ai des moyens, Fred, de seconder ce projet ou de m'y opposer. Quel parti prendrai-je? Voici des balances, je ferai pencher le plateau du côté que je voudrai.

— Faites-le pencher de mon côté, dit Trent.

— Voilà qui est fait, mon cher Fred, répondit Quilp qui tendit sa main fermée, puis l'ouvrit comme s'il en laissait tomber quelque objet pesant. Le poids est dans le plateau, il l'entraîne. Faites attention ! »

Après avoir échangé encore quelques mots à voix basse, ils revinrent à la table. Fred éveilla Richard Swiveller et lui apprit qu'il était temps de partir. Richard, à cette bonne nouvelle, se leva vivement. Le nain et Fred se dirent encore deux mots du succès assuré de leur plan, puis on souhaita le bonsoir à Quilp, qui grimaça un adieu.

## XXIII

Ce ne fut que lorsqu'ils se sentirent épuisés de fatigue et hors d'état de continuer à marcher que le vieillard et l'enfant osèrent s'arrêter et s'asseoir à la lisière d'un petit bois.

Il se passa quelque temps avant que Nelly pût rassurer son compagnon craintif et lui rendre le calme nécessaire.

« Nous voici à l'abri de tout danger, dit-elle, et nous n'avons plus rien à craindre, mon cher grand-papa.

— Rien à craindre!... répéta le vieillard. Rien à craindre! Et s'ils m'arrachaient d'auprès de toi? Je ne crois plus personne, pas même Nell!

— Oh! ne parlez pas ainsi, répliqua l'enfant. Car si jamais quelqu'un vous fut fidèle et dévoué, c'est moi. Et je sais bien que vous n'en doutez pas.

— Comment alors, dit le vieillard, qui regarda autour de lui d'un air craintif, comment pouvez-vous avoir le cœur de me dire que nous sommes en sûreté, lorsqu'on me cherche de tous les côtés, lorsqu'on peut venir ici au moment même où nous parlons?

— Parce que je suis bien sûre que personne ne nous a suivis. Jugez-en par vous-même, cher grand-papa, et voyez comme tout est calme. Nous sommes seuls ensemble, et libres d'aller où il nous plaira. Vous dites que vous n'êtes pas en sûreté! Pourrais-je donc être si tranquille et le serais-je si vous aviez à craindre quelque danger?

— Oh oui! oh oui! » dit-il en lui pressant la main, mais sans cesser de regarder autour de lui avec anxiété.

Quand ils furent bien reposés, ils se levèrent, et prirent une allée ombreuse qui devait les mener à travers les bois. Comme ils cheminaient en avant, écartant les buissons qui bordaient l'allée, la sérénité que Nelly avait d'abord feint d'éprouver pénétra véritablement dans son cœur ; le vieillard cessa de jeter derrière lui des regards d'effroi, il montra même plus d'assurance et de gaieté, car plus ils s'enfonçaient dans le sein de l'ombre verte, plus ils sentaient que l'esprit de Dieu était là et répandait la paix sur eux.

Enfin le sentier devint plus clair, la marche plus libre ; ils atteignirent la limite du bois et se trouvèrent sur une grand'route. Ils la suivirent quelque temps et entrèrent bientôt dans une ruelle ombragée par deux rangées d'arbres si serrés et si touffus, que leurs cimes se rejoignaient en berceau et formaient une arcade au-dessus de l'étroit sentier. Un poteau mutilé indiquait que cette ruelle menait à un village situé à trois milles, et ce fut vers ce village que les voyageurs se dirigèrent.

C'était un lieu modeste. Les hommes et les enfants s'amusaient à jouer au cricket sur le gazon. Les regards s'attachèrent sur Nelly et sur le vieillard qui erraient en cherchant un humble asile. Dans un petit jardin, devant sa chaumière, se trouvait tout seul un homme âgé. Les voyageurs éprouvaient un certain embarras à l'aborder, car c'était le maître d'école, et au-dessus de sa fenêtre le mot ÉCOLE était tracé en lettres noires sur un écriteau blanc. C'était un homme pâle, d'un extérieur simple ; il portait un habit usé et étriqué, et se tenait assis parmi ses fleurs et ses ruches, fumant sa pipe sous le petit portique, devant sa porte.

Tandis qu'ils étaient là, incertains, à peu de distance, ils le virent de temps en temps se plonger dans une sombre méditation, puis poser sa pipe et faire deux ou trois tours dans son jardin, s'approcher ensuite de la porte et regarder du côté de la pelouse, puis reprendre sa pipe en soupirant et s'asseoir de nouveau dans la même attitude pensive.

Comme aucune autre personne ne paraissait et que la nuit commençait à tomber, Nelly s'arma enfin de résolution. Elle fit une révérence au maître d'école et lui dit qu'ils étaient de pauvres voyageurs : ils cherchaient un abri pour la nuit, et ils le payeraient selon leurs faibles moyens. Le maître d'école la regarda avec attention pendant qu'elle parlait ; il mit sa pipe de côté, et se leva aussitôt.

« Si vous pouviez nous indiquer un endroit, dit l'enfant, nous vous en serions bien reconnaissants.

— Vous venez de faire une longue route? demanda le maître d'école.

— Très longue, répondit Nelly

— Vous commencez de bonne heure à voyager, mon enfant, dit-il en posant amicalement la main sur la tête de Nelly. C'est votre petite-fille, mon brave homme?

— Oui, monsieur, s'écria le vieillard; c'est l'appui et la consolation de ma vie.

— Entrez ici, » dit le maître d'école.

Sans autres préliminaires, il les mena dans une petite classe qui servait indifféremment de salle à manger et de cuisine, en leur disant qu'ils étaient les bienvenus et pourraient rester chez lui jusqu'au lendemain matin. Avant même qu'ils l'eussent remercié, il étendit sur la table une grosse nappe bien blanche, y posa des couteaux et des assiettes, et, mettant sur la table du pain, de la viande froide et un pot de bière, il les invita à manger et à boire.

En s'asseyant, Nelly jeta un regard autour d'elle. Il y avait deux bancs entaillés et tout tachés d'encre, et une petite chaire perchée sur quatre pieds. Le principal ornement des murs consistait en sentences morales parfaitement transcrites en belle écriture ronde, et en un certain nombre d'additions et de multiplications fort bien chiffrées; tout cela venait évidemment de la même main.

« Eh bien! dit le vieux maître d'école, remarquant que l'attention de Nelly était attirée par ces spécimens, voilà une belle écriture, n'est-ce pas, ma chère petite?

— Très belle, monsieur, répondit-elle modestement. Est-ce la vôtre?

— La mienne! s'écria-t-il, en tirant ses lunettes et en les ajustant sur son nez pour mieux jouir d'un triomphe toujours cher à son cœur. Oh non! je ne pourrais pas écrire aujourd'hui comme cela. Non! tous ces tableaux sont de la même main, une petite main, plus jeune que la vôtre, mais pourtant très habile. Oh oui! une petite main! ajouta le pauvre maître d'école avec un soupir. Un enfant bien supérieur à tous ses camarades, à l'étude comme au jeu. Comment se fait-il qu'il se soit tant attaché à moi? Que je l'aime, il n'y a rien d'étonnant à cela; mais qu'il m'aime aussi, lui!... »

Ici le maître d'école s'arrêta; il retira ses lunettes pour les essuyer, car les verres s'en étaient obscurcis.

« J'espère que vous n'avez aucun motif d'être inquiet pour lui, monsieur? dit Nelly avec anxiété.

— Non, pas précisément, ma chère. Je comptais le voir ce soir sur la pelouse. Il était toujours le premier au cricket. Mais il y sera sans doute demain.

— Est-ce qu'il a été malade? demanda l'enfant avec la sympathie de son âge.

— Malade! oui, un peu indisposé. On dit qu'il a eu du délire hier, ce cher enfant, et aussi la veille; mais c'est inévitable avec ce genre de maladie : ce n'est pas un mauvais symptôme; il n'y a pas là de mauvais symptôme. »

L'enfant se tut. Le maître d'école alla à la porte et regarda attentivement dehors. Les ombres de la nuit s'épaississaient, et tout était tranquille.

Le maître d'école alluma une chandelle, assujettit le contrevent de la fenêtre et ferma la porte. Mais, après avoir pris ces soins et s'être assis en silence, au bout de quelques instants il décrocha son chapeau et dit à Nelly qu'il avait besoin de sortir pour aller aux nouvelles, qu'elle l'obligerait si elle voulait bien rester là jusqu'à ce qu'il fût de retour. L'enfant le lui promit et le brave homme sortit.

Nelly resta assise et immobile pendant une demi-heure et même davantage, toute seule, toute seule, car elle avait décidé son grand-père à aller se coucher, et elle n'entendait que le tic-tac d'une vieille horloge et le sifflement du vent à travers les arbres.

Lorsque le maître d'école revint, il reprit sa place au coin de la cheminée, mais demeura silencieux pendant longtemps. Enfin il se tourna vers Nelly et, d'une voix douce, il l'invita à vouloir bien, cette nuit, faire une prière pour un enfant malade.

« Mon élève favori! dit le pauvre maître d'école, en fumant sa pipe qu'il avait oublié d'allumer, et en regardant tristement les exemples collés sur les murs; oui, c'est sa petite main qui a fait tout cela... et tout amaigrie par la maladie! Pauvre petite... petite main! »

## XXIV

Nelly se leva dès l'aurore et descendit à la chambre où ils avaient soupé la veille. Déjà le maître d'école était sorti. Elle s'empressa de bien nettoyer la pièce, et elle venait de finir ses rangements, quand l'excellent homme rentra.

« Comment va-t-il? demanda Nelly. J'espère qu'il va mieux.

— Non, répondit le maître d'école, qui secoua la tête avec mélancolie; il ne va pas mieux. On dit même qu'il va plus mal.

— Cela me fait bien de la peine, monsieur. »

Le pauvre maître d'école parut reconnaissant de cette marque de sympathie; mais il n'en fut pas moins triste, car il se hâta d'ajouter, pour s'étourdir, qu'il y a souvent des gens qui s'inquiètent mal à propos et font le mal plus grand qu'il n'est.

Nelly lui offrit de préparer le déjeuner, qu'ils prirent tous les trois ensemble quand le vieillard fut descendu. En ce moment le maître d'école remarqua que son hôte paraissait extrêmement agité et devait avoir besoin de repos.

« Si le voyage que vous avez à faire est long, dit-il, et si vous n'êtes pas trop pressé, vous pourrez tout à votre aise passer ici une autre nuit; cela me ferait plaisir, mon ami. »

Le vieillard consulta Nelly du regard, et Nelly crut bien faire d'accepter. Elle était heureuse de témoigner sa gratitude au bon maître d'école en s'acquittant avec zèle de tous les soins domestiques nécessaires au modeste cottage. Cette tâche achevée, Nelly tira de son panier un ouvrage d'aiguille, et s'assit sur un tabouret, près du treillage, où le chèvrefeuille de jardin et le chèvrefeuille sauvage croisaient leurs rameaux flexibles et se glissaient ensemble jusque dans la salle pour y répandre leur parfum exquis. Son grand-père se chauffait dehors aux rayons du soleil, respirant la senteur des fleurs, et suivant d'un regard nonchalant la marche des nuages, que poussait le léger souffle du vent.

Les écoliers arrivèrent à la file, et prirent place sur les deux bancs.

A l'extrémité du premier banc, le poste d'honneur dans l'école, la place du petit élève malade restait vide. Alors commença le bourdonnement des leçons apprises par cœur et récitées, les chuchotements, les jeux dissimulés, tout le bruit, tout le tapage d'une école ; et, au milieu du vacarme, le pauvre maître, la douceur et la simplicité en personne, s'efforçait vainement de fixer son esprit sur les devoirs du jour, et d'oublier son petit ami.

Nelly était assise auprès de la fenêtre, occupée de son ouvrage, mais faisant attention à ce qui se passait, bien qu'intimidée parfois par la turbulence des écoliers. Après la récitation des leçons, on commença l'exercice d'écriture. Comme il n'y avait qu'un pupitre, celui du maître, chaque élève vint s'y asseoir à son tour et y griffonner des lignes toutes tortues, tandis que le maître se promenait de long en large. La classe était moins bruyante. Le maître s'approchait pour regarder par-dessus l'épaule de celui qui écrivait, en lui disant avec douceur de remarquer comme les lettres étaient formées sur les modèles collés le long du mur. Il lui faisait admirer les pleins et les déliés, en lui recommandant de chercher à les imiter.

Il interrompait ensuite la leçon pour leur répéter ce que l'enfant malade avait dit la nuit précédente et combien il regrettait de n'être pas encore revenu parmi eux.

Quand l'horloge sonna midi, il leur dit :

« Je pense, mes amis, que je vous donnerai aujourd'hui demi-congé, par extraordinaire. »

A cette nouvelle, les écoliers poussèrent des clameurs d'enthousiasme ; le maître, on le voyait, remuait les lèvres, mais sans pouvoir se faire entendre. Cependant, comme il agitait la main pour réclamer le silence, les élèves eurent la complaisance de se taire, aussitôt que les poumons du plus vigoureux de la troupe n'en purent plus, à force de crier.

« Promettez-moi d'abord, dit le maître, de n'être pas trop bruyants, ou bien, si vous voulez faire du bruit, de vous en aller hors du village. Je suis sûr que vous ne voudriez pas casser la tête à votre ancien et fidèle camarade. »

Ici s'éleva un murmure général pour protester contre toute intention de troubler le repos du malade.

« N'oubliez donc pas mes recommandations, dit le maître; mes chers amis, c'est une faveur personnelle que je vous demande. Amusez-vous, mais souvenez-vous que tout le monde n'a pas le bonheur d'être aussi bien portant que vous. Allons, adieu !

— Merci, monsieur ! — adieu, monsieur ! » Ces mots furent prononcés une foule de fois sur tous les tons, et les enfants sortirent lentement et sans bruit.

NELLY ÉTAIT ASSISE AUPRÈS DE LA FENÊTRE.

Vers la nuit, une vieille femme traversa le jardin en se traînant; et ayant rencontré le maître d'école à sa porte, elle l'avertit de se rendre immédiatement chez la dame West, et de partir sans l'attendre, au plus vite. Le maître et Nelly étaient au moment d'aller faire un tour ensemble; et, sans quitter la main de l'enfant, il se précipita dehors, laissant la messagère le suivre comme elle pourrait.

Ils s'arrêtèrent à la porte d'une chaumière : le maître frappa doucement. La porte fut ouverte aussitôt ; ils entrèrent dans une chambre où un petit groupe de femmes en entouraient une, plus âgée que les autres, qui pleurait amèrement, se tordait les mains et s'abandonnait à des mouvements convulsifs.

« Chère dame, dit le maître d'école qui prit une chaise auprès d'elle, eh quoi ! est-il donc si mal ?

— Il s'en va grand train, s'écria la vieille femme ; mon petit-fils se meurt ! Et tout cela par votre faute. Certes, je ne vous laisserais pas approcher de lui en ce moment, s'il n'avait témoigné un si vif désir de vous voir. Voilà où vous l'avez réduit avec votre belle instruction. Oh ! mon Dieu ! mon Dieu ! que faire ?

— Ne dites pas qu'il y ait de ma faute, répondit le bon maître d'école. Je ne vous en veux pas, ma chère dame. Non, non ! vous êtes accablée, et vous ne pensez pas ce que vous dites. Je suis sûr que vous le pensez pas.

— Que si, répliqua la vieille femme, je le pense tout à fait. S'il ne s'était pas consumé sur les livres, parce qu'il avait peur de vous, il serait maintenant gai et bien portant. Je le sais bien, allez ! »

Sans répliquer par un seul mot, par un seul regard de reproche, le maître suivit la vieille garde-malade, qui était venue le chercher et qui arrivait à l'instant, dans une autre chambre, où l'enfant qu'il chérissait se trouvait à demi habillé et étendu sur un lit.

C'était un très jeune garçon, presque un petit enfant. Ses cheveux bouclés ombrageaient son front, et ses yeux étaient extrêmement brillants ; mais leur éclat tenait plus du ciel que de la terre. Le maître d'école s'assit près de lui, et, se penchant vers l'oreiller, lui murmura son nom. L'enfant tressaillit, lui caressa le visage avec sa main, lui enlaça le cou de ses bras amaigris, en s'écriant que c'était son cher bon ami.

« Oui, je le suis, je l'ai toujours été, Dieu le sait ! dit le pauvre maître d'école.

— Quelle est cette jeune fille ? demanda l'enfant à la vue de Nelly. Je n'ose l'embrasser, de peur de lui communiquer mon mal. Priez-la de me serrer la main. »

Nelly s'approcha en sanglotant et prit dans ses mains la petite main languissante que l'enfant malade retira au bout de quelques moments, en se laissant retomber doucement.

« Vous souvenez-vous du jardin, Harry, dit à demi-voix le maître d'école pour le tenir éveillé, car il semblait s'assoupir; vous souvenez-vous comme vous le trouviez agréable le soir? Il faut vous dépêcher d'y revenir, car je crois que toutes les fleurs vous regrettent. Je les trouve moins brillantes qu'auparavant. Vous y viendrez bientôt, mon cher petit, le plus tôt possible, n'est-ce pas? »

L'enfant sourit doucement, tout doucement, et posa sa main sur la tête grise de son ami. Il remua aussi les lèvres, mais sans parler; il n'en sortit pas un son, pas un seul.

Ensuite l'enfant, ayant repris quelques forces, demanda si la jeune fille était encore là, parce qu'il voulait la voir.

Elle s'avança et pressa sa main inerte qui pendait sur le couvre-pied. Les deux vieux amis, les deux camarades, car ils l'étaient, bien que l'un fût un homme et l'autre un enfant, s'unirent dans un long embrassement; puis le petit écolier se retourna du côté de la muraille et s'endormit pour toujours.

## XXV

Nelly, le cœur brisé, s'éloigna avec le maître d'école du chevet de l'enfant et retourna à la chaumière. Elle eut soin de cacher au vieillard la cause réelle de son chagrin et de ses larmes; car l'enfant mort n'avait qu'une grand'mère, comme elle n'avait qu'un grand-père, et il ne laissait qu'une parente âgée pour pleurer sa perte prématurée.

Dans ses rêves de la nuit suivante elle revit le petit écolier, non pas couché dans son cercueil, non pas couvert de terre, mais au milieu des anges et souriant avec joie.

Le soleil, qui dardait dans la chambre ses rayons bienfaisants, l'éveilla. Il ne restait plus qu'à prendre congé du pauvre maître d'école et à recommencer le pèlerinage.

Tandis qu'ils faisaient leurs préparatifs de voyage, la classe avait commencé. Dans la salle obscure retentissait le même bruit que la veille, un peu plus tempéré peut-être, mais si peu que rien. Le maître d'école quitta sa chaire et accompagna ses hôtes jusqu'à la porte.

Nelly lui présenta d'une main tremblante et avec hésitation l'argent que la dame lui avait donné aux courses pour payer ses fleurs, toute confuse dans ses remerciements, en pensant à la modicité de son offrande, et rougissant de lui donner si peu. Mais il la força à garder son argent, et, s'étant baissé pour l'embrasser sur la joue, il rentra dans sa maison.

A peine les voyageurs avaient-ils fait une douzaine de pas, que le maître d'école était revenu sur le seuil de sa porte. Le vieillard retourna sur ses pas pour lui presser les mains ; Nelly en fit autant.

« Bonne chance et bon voyage ! dit le pauvre maître d'école. Me voilà seul encore. Si un jour vous repassez par ici, n'oubliez pas la petite école du village.

— Nous ne l'oublierons jamais, monsieur, répondit Nelly ; jamais nous ne perdrons la mémoire de vos bontés. »

Ils avaient fini par laisser loin derrière eux le village, et ils n'en voyaient plus que la fumée à travers les arbres. Alors ils pressèrent le pas ; leur dessein était de gagner la grand'route et de la suivre, à la grâce de Dieu.

L'après-midi était devenu une belle soirée lorsqu'ils arrivèrent à un endroit où la route formait un grand détour à travers une lande. Sur les limites de cette lande, et près d'une haie qui la séparait des champs cultivés, était une caravane au repos ; nos voyageurs, qui n'avaient pu la voir de loin à cause de la position qu'elle occupait, tombèrent dessus si soudainement, qu'ils n'auraient pu l'éviter quand bien même c'eût été leur intention.

Ce n'était pas un de ces chariots délabrés, sales, poudreux, comme on en voit tant, mais une petite maison posée sur des roues, avec des rideaux blancs en basin aux croisées, et des jalousies vertes encadrées dans des panneaux d'un rouge vif. Deux chevaux en bon état, dételés, paissaient l'herbe fraîche. Devant la porte ouverte, ornée d'un marteau de cuivre bien luisant, était assise une grosse dame de bonne mine, coiffée d'un chapeau à larges nœuds de rubans.

Cette dame se donnait la jouissance de prendre son thé. Tout l'attirail nécessaire pour ce petit repas était posé sur un tambour recouvert d'une serviette blanche, y compris une bouteille d'un caractère suspect, et une tranche de jambon froid. C'est là qu'était assise, comme à la meilleure table du monde, la dame errante, occupée à prendre son thé et à regarder le paysage. Comme la dame portait en ce moment sa tasse à ses lèvres, elle n'aperçut pas d'abord les voyageurs qui s'approchaient d'elle. Ce fut seulement après avoir englouti sa ration abondante et posé sa tasse, qu'elle vit un vieillard et une jeune fille s'avancer lentement, et la contempler d'un air d'admiration modeste, mais affamée. Elle leur fit signe d'approcher.

L'enfant lui expliqua alors qu'ils se rendaient par cette route à la ville la plus proche, avec l'intention d'y passer la nuit, et elle lui demanda s'il y avait loin jusque-là. La dame lui répondit que la ville était à huit milles.

Ce renseignement peu encourageant déconcerta Nelly, qui ne put retenir une larme en mesurant du regard la route envahie par l'obscurité de la nuit tombante. Le grand-père ne se plaignit pas, mais il fit entendre un profond soupir.

La maîtresse de la caravane s'occupait à ranger sa tasse et sa théière pour desservir la table ; mais remarquant l'air d'anxiété de l'enfant, elle hésita et suspendit l'opération. Nelly la salua, la remercia de son obligeance, prit la main du vieillard et s'éloigna. Déjà elle avait fait une cinquantaine de pas, quand la dame lui cria de revenir.

« Plus près, plus près encore ! dit-elle, en l'invitant à gravir les degrés de la plate-forme. Avez-vous faim, mon enfant ?

— Pas beaucoup... Mais nous sommes fatigués, et puis c'est... c'est encore bien loin.

— C'est égal. Que vous ayez faim ou non, vous ne serez pas fâchée de prendre un peu de thé. Je suppose que cela ne vous déplaira pas, mon vieux monsieur ? »

Le grand-père ôta humblement son chapeau et la remercia. La dame l'engagea à monter aussi sur la plate-forme. Mais comme le tambour n'eût pas été une table commode pour deux couverts, ils redescendirent et s'assirent sur l'herbe. Là elle leur présenta le plateau à thé, du pain et du beurre, le morceau de jambon, en un mot elle les servit comme elle-même, à l'exception de la bouteille suspecte, qu'elle avait déjà glissée furtivement dans sa poche.

Pendant qu'ils mangeaient d'un fort grand appétit, la dame mit pied à terre et, les mains jointes par derrière, elle se promena de long en large, d'un pas mesuré et d'un air majestueux, imprimant à son vaste chapeau une ondulation extraordinaire. Par instants, elle considérait la caravane avec une satisfaction muette, surtout les panneaux rouges et le marteau de cuivre. Quand elle fut rassasiée de cet exercice, elle s'assit sur les degrés et appela :

« George ! »

Là-dessus un homme en blouse de charretier, qui avait tout vu de derrière la haie, invisible et présent, écarta les branches qui le cachaient et répondit à l'appel.

« Nous ne sommes pas trop chargés, George, n'est-ce pas ? lui demanda la dame.

— Pourquoi me dites-vous cela ?

— Si nous prenions avec nous ces deux voyageurs, cela ferait-il une grande surcharge pour les chevaux ?

— Dame, ce serait tout de même une surcharge, dit George mal satisfait.

— Cela ferait-il une grande surcharge ? répéta la maîtresse. Ils ne doivent pas être bien lourds.

— Leur poids à tous deux, madame, dit George, en les mesurant du regard comme un homme qui calcule en lui-même à une demi-once près, leur poids vaudrait à peu de chose près celui d'Olivier Cromwell. »

Nelly fut très surprise de voir cet homme calculer si exactement le poids d'un personnage qui, d'après ce qu'elle avait lu dans les livres, avait vécu à une époque si éloignée. Mais elle ne s'appesantit pas sur ce sujet, toute joyeuse d'apprendre que son grand-père cheminerait avec elle dans la caravane ; elle en remercia la dame de tout son cœur. Elle l'aida vivement à ranger les tasses et tout ce qui avait servi à leur repas. Pendant ce temps, on avait attelé les chevaux.

Nelly et son grand-père, ravis d'une si bonne aubaine, montèrent dans la voiture. Leur protectrice ferma la porte et s'assit près de

LA DAME LEUR PRÉSENTA LE PLATEAU A THÉ.

son tambour à une fenêtre ouverte. George releva le marchepied et s'installa sur son siège. La caravane partit avec un grand bruit de ressorts, de grincements de roues et d'essieux.

## XXVI

La dame était donc assise à sa fenêtre ; la petite Nell et son grand-père se tenaient de l'autre côté, pendant que le véhicule allait cahin-caha, et perçait lentement l'obscurité de la route. D'abord les deux voyageurs parlèrent peu et se bornèrent à chuchoter ; mais, se familiarisant bientôt avec le lieu où ils se trouvaient, ils s'enhardirent à causer plus librement, et s'entretinrent du pays qu'ils traversaient et des divers objets qui s'offraient à leur vue. Le vieillard finit par s'endormir. La dame s'en aperçut ; elle invita alors Nelly à venir s'asseoir auprès d'elle.

« Eh bien ! mon enfant, dit-elle, comment trouvez-vous cette manière de voyager ?

— Fort agréable, madame, » répondit Nelly.

Cependant, au lieu de continuer la conversation, la dame considéra longtemps l'enfant en silence. Se levant ensuite, elle alla prendre dans un coin un grand rouleau de toile, large d'une aune environ, et l'étala sur le fond de la voiture, en le déroulant avec son pied jusqu'à ce qu'il s'étendît d'un bout à l'autre de la caravane.

« Mon enfant, dit-elle, lisez-moi cela. »

Nelly se promena tout le long du rouleau, lisant à haute voix l'inscription suivante, tracée en énormes lettres noires :

FIGURES DE CIRE DE JARLEY.

« C'est moi, dit la dame. Je suis mistress Jarley. »

La dame déroula ensuite un autre tableau, portant cette inscription :

*Cent figures de grandeur naturelle.*

Un troisième tableau avec cette inscription :

*La plus merveilleuse collection de figures vivantes en cire qu'il y ait dans le monde entier.*

Puis plusieurs tableaux plus petits, avec des incriptions telles que celles-ci :

*Ouverture de l'Exposition. — La véritable et unique Jarley. — Collection sans rivale de Jarley. — Jarley fait les délices de la grande et de la petite noblesse. — Jarley est sous le patronage de la famille royale.*

« Est-ce que les figures de cire sont ici, madame? demanda Nelly.

— Juste Ciel! mon enfant, y pensez-vous? Comment pouvez-vous imaginer qu'une telle collection tiendrait ici où vous voyez tout ce qu'il y a, excepté l'intérieur d'un petit buffet et de quelques coffres! Ma collection est partie dans d'autres caravanes pour les salles d'exposition, et elle y sera livrée au public après-demain. Puisque vous allez dans la même ville, vous verrez, j'espère, ma collection.

— Je ne resterai pas, je pense, dans la ville, madame.

— Vous n'y resterez pas! s'écria mistress Jarley. Alors, où donc allez-vous?

— Je... je ne le sais pas bien; je ne suis pas fixée.

— Voulez-vous dire par là que vous courez le pays sans savoir où vous allez?... En vérité, vous êtes de singulières gens! Quelle est donc votre profession?

— Nous sommes pauvres, madame, et nous errons au hasard. Nous n'avons rien à faire. Je voudrais bien que nous fussions occupés.

— Vous m'étonnez de plus en plus, dit encore Mme Jarley, après être restée quelque temps aussi muette que ses figures de cire. Eh bien! alors, quel titre prenez-vous donc? Vous ne seriez pas des mendiants, par hasard?

— En vérité, madame, je ne crois pas que nous soyons autre chose.

— Bonté divine! Je n'ai jamais entendu rien de semblable. Qui aurait jamais cru cela? »

Après cette exclamation, la dame garda si longtemps le silence, que Nelly se demanda avec crainte si elle ne jugeait pas que sa dignité fût compromise à jamais pour avoir accordé sa protection à une créature aussi misérable, et pour s'être oubliée jusqu'à converser avec elle. Cette idée ne se trouva que trop confirmée par l'accent de la dame, lorsqu'elle rompit le silence et dit :

« Et cependant vous savez lire, et peut-être même écrire?

— Oui, madame, répondit timidement Nelly, craignant de l'offenser de nouveau par cet aveu.

— Eh bien! moi, je ne sais ni l'un ni l'autre.

— Vraiment? » dit Nelly.

Mme Jarley retomba dans un silence méditatif. Ce silence dura assez longtemps pour que Nelly jugeât à propos de regagner l'autre fenêtre et de reprendre sa place à côté de son grand-père.

Enfin Mme Jarley sortit de son accès de méditation; ayant invité George à venir sous la fenêtre près de laquelle elle était assise, elle s'entretint longtemps avec lui à voix basse. Cette conférence étant terminée, la dame retourna la tête et fit signe à Nelly de s'approcher.

« Et le vieux monsieur aussi, dit mistress Jarley, car j'ai besoin de m'entendre avec lui. Maître, voudriez-vous d'une bonne position pour votre petite-fille? Si cela vous est agréable, je puis la mettre à même d'en trouver une. Qu'est-ce que vous dites de ça?

— Je ne puis la quitter, répondit le vieillard. Nous ne pouvons nous séparer. Que deviendrais-je sans elle?

— J'aurais cru que vous étiez en âge de prendre soin de vous-même, maintenant ou jamais, dit aigrement la dame.

— Il ne le peut plus, dit tout bas l'enfant; je crains qu'il ne puisse plus jamais... Je vous en prie, ne lui parlez pas durement. »

Puis elle ajouta à haute voix :

« Nous vous sommes très reconnaissants, mais nous ne nous séparerions pas l'un de l'autre, quand on nous donnerait à nous partager toutes les richesses du monde. »

Après une pause pénible pour tous, Mme Jarley mit encore une fois la tête à la fenêtre et eut une nouvelle conférence avec George. Mais cette fois ils paraissaient s'entendre avec plus de difficulté que la première. Enfin cependant ils tombèrent d'accord, et Mme Jarley s'adressa de nouveau au vieillard.

« Si vous êtes réellement disposé à travailler, on trouverait aisément à vous employer à épousseter les figures, à recevoir les contremarques, et ainsi de suite. Ce que je demande à votre petite-fille, c'est de montrer les figures au public; elle ne tardera pas à les connaître. Ce n'est pas là une proposition ordinaire, soyez-en persuadé; il s'agit des figures de cire de Jarley, n'oubliez pas cela. La besogne est facile et même agréable. »

Mme Jarley ajouta que, pour le salaire, elle ne s'engageait à rien déterminer, jusqu'à ce qu'elle eût pu suffisamment juger du savoir de Nelly et se faire une idée exacte de la manière dont la jeune fille s'acquitterait de ses fonctions. Mais elle promit de leur fournir à tous les deux la nourriture et le logement et, en outre, donna sa parole que la nourriture serait aussi saine qu'abondante.

Nelly et son grand-père se consultèrent; pendant ce temps, Mme Jarley, les mains croisées par derrière, arpentait la caravane du même pas dont elle avait marché sur la route après avoir pris son thé; son attitude indiquait une dignité rare et une haute estime de soi-même.

« Eh bien! mon enfant? s'écria Mme Jarley, qui s'arrêta en voyant Nelly se tourner de son côté.

— Nous vous sommes très obligés, madame, dit Nelly, et nous acceptons votre offre de grand cœur.

— Et vous n'en aurez pas de regret, repartit mistress Jarley, j'en suis bien sûre. Maintenant que tout est arrangé, nous allons manger un morceau, voilà l'heure du souper. »

Enfin la caravane arriva aux portes d'une ville dont les rues étaient paisibles et solitaires, car minuit allait sonner, et tout le monde était au lit. Comme il était trop tard pour se rendre à la salle d'exposition, les voyageurs détournèrent la caravane vers un grand terrain nu, qui était contigu à la vieille porte de la ville, et ils se disposèrent à y passer la nuit, près d'une autre caravane, qui portait sur son panneau officiel le grand nom de Jarley.

Cette voiture, étant vide, fut assignée au vieillard pour lui servir de chambre à coucher cette nuit, et c'est dans ses murs de bois que Nelly fit à son grand-père le meilleur lit possible, avec tout ce qu'elle trouva sous sa main. Quant à elle, Mme Jarley lui offrit sa propre voiture de voyage, comme marque signalée de la faveur et de la confiance de sa bourgeoise.

## XXVII

A l'heure où Nelly s'éveilla le lendemain, Mme Jarley était debout, déjà décorée de son grand chapeau et activement occupée à préparer le déjeuner. Elle accueillit de fort bonne grâce les excuses de Nelly pour s'être levée si tard, et lui dit qu'elle ne l'eût pas réveillée quand bien même elle eût dormi jusqu'à midi.

« Il vous était nécessaire, ajouta-t-elle, après votre fatigue, de dormir tout votre compte, et de vous reposer complètement. C'est un grand privilège de votre âge de pouvoir jouir d'un sommeil aussi profond! »

Le repas achevé, Nelly aida la dame à laver les tasses et les plats et les remit en place. Ensuite mistress Jarley drapa sur ses épaules un châle d'une couleur extrêmement éclatante, pour aller faire une tournée par les rues de la ville.

Nelly se rendit à la salle d'exposition dans la voiture. Après un long trajet, la caravane arriva enfin. Nelly descendit devant un groupe d'enfants ébahis qui la prenaient pour une des figures du musée de curiosités, et l'on aurait eu bien de la peine à leur faire entendre que son grand-père ne fût pas, lui aussi, un chef-d'œuvre de mécanique en cire. Les caisses furent déchargées sans encombre et emportées avec grand soin pour être ouvertes par Mme Jarley en personne. Elle les déballa, assistée de George, et d'un autre homme en culotte de velours, avec un chapeau de feutre gris orné de billets d'entrée. Les caisses contenaient des festons rouges, franges et baldaquins, destinés à la décoration de la salle.

Tous se mirent à l'œuvre sans perdre de temps, et avec une activité prodigieuse. Quand les festons et guirlandes eurent été disposés avec toute l'élégance désirable, la prodigieuse collection fut découverte. Alors, sur une plate-forme élevée de deux pieds au-dessus du sol, tout autour de la salle, avec une corde cramoisie à hauteur d'appui pour les séparer du public indiscret, apparurent diverses figures brillantes de personnages illustres, les unes isolées, les autres en groupes ; elles étaient revêtues de costumes éclatants de tous les pays et de tous les siècles ; elles se tenaient plus ou moins d'aplomb sur leurs pieds ; leurs yeux étaient tous grands ouverts, leurs narines très gonflées, les muscles de leurs jambes et de leurs bras très prononcés.

Lorsque Nelly eut épuisé les formules de l'enthousiasme qu'elle avait éprouvé à la vue de ce spectacle, Mme Jarley ordonna qu'on la laissât seule avec l'enfant. Alors elle s'assit au centre, dans un fauteuil, s'arma d'une baguette d'osier dont elle se servait depuis longtemps pour montrer les figures, et se mit en devoir d'instruire Nelly de son rôle. Au bout de deux heures, Nelly fut parfaitement familiarisée avec l'histoire de l'établissement, et jugée digne de servir de cornac à toutes les figures de cire ou de cicerone aux visiteurs.

Mme Jarley témoigna vivement la satisfaction que lui causait cet heureux résultat, et elle mena sa jeune amie, son élève chérie, voir les dispositions prises à l'entrée. Là on avait converti le passage en un bosquet de drap de billard où figuraient les inscriptions dont nous avons parlé précédemment, ainsi qu'une table richement ornée qu'on avait placée à la partie supérieure pour Mme Jarley elle-même. C'était de ce trône que Mme Jarley devait présider à tout et recevoir l'argent de la recette, en compagnie de Sa Majesté le roi George II, de M. Grimaldi le clown, de Marie Stuart, reine d'Écosse, d'un gentleman anonyme de la secte des Quakers, et de M. Pitt, tenant à la main un modèle exact du bill pour l'impôt des portes et fenêtres. A l'extérieur, on voyait dans le petit portique de l'entrée une nonne d'une grande beauté récitant son chapelet, tandis qu'un brigand, avec une chevelure des plus noires et un teint des plus pâles, faisait en ce moment une tournée dans la ville en tilbury, un portrait de femme à la main.

## XXVIII

Mme Jarley avait, sans contredit, un esprit inventif. Parmi les moyens variés qu'elle employait pour attirer des visiteurs à son exposition, elle n'oublia pas la petite Nelly. Le léger tilbury dans lequel le brigand faisait habituellement ses excursions fut brillamment orné de drapeaux et de bannières; le bandit y conserva sa place, mais Nelly fut installée sur un coussin à côté de lui. On avait eu soin d'entourer l'enfant de fleurs artificielles, et, dans cet équipage, elle fut promenée lentement à travers la ville, distribuant des prospectus, au son du tambour et de la trompette. La beauté de Nelly, jointe à sa grâce et à sa timidité, produisit une sensation profonde dans la petite ville de province.

Mme Jarley s'en aperçut. De peur que Nelly ne diminuât de valeur, la dame ne tarda pas à envoyer le brigand faire de nouveau son excursion tout seul, et elle garda l'enfant dans la salle d'exposition pour y expliquer les figures toutes les demi-heures, à la vive satisfaction de l'auditoire ébahi. Ces séances étaient d'un intérêt supérieur, à cause du grand nombre d'élèves des pensionnats qui s'y pressaient, Mme Jarley n'ayant rien négligé pour se concilier leur faveur, en modifiant, par exemple, la physionomie et le costume de M. Grimaldi, le clown, pour lui faire représenter M. Lindley Murray occupé à composer sa *Grammaire anglaise*, et en faisant d'une coquine, célèbre par quelque assassinat, l'innocente Mme Hanna More. La ressemblance parfaite de ces deux personnages fut attestée par miss Monflathers, qui était à la tête du principal pensionnat et externat de la ville.

Bien que ses fonctions fussent passablement laborieuses, Nelly trouvait dans la maîtresse de la caravane une personne bienveillante et pleine d'attentions. Non seulement Mme Jarley avait un soin particulier pour tout ce qui concernait son propre confort, mais elle voulait aussi qu'autour d'elle chacun eût sa part de bien-être. Comme la popularité de Nelly lui valait de la part du public diverses petites libéralités sur lesquelles sa maîtresse ne prélevait aucun tribut, comme son grand-père, qui savait se rendre utile, était également bien traité, Nelly n'avait aucun sujet d'inquiétude auprès de Mme Jarley.

Un dimanche soir, jour de repos, Nelly et son grand-père sortirent pour faire un tour ensemble. Depuis quelque temps ils

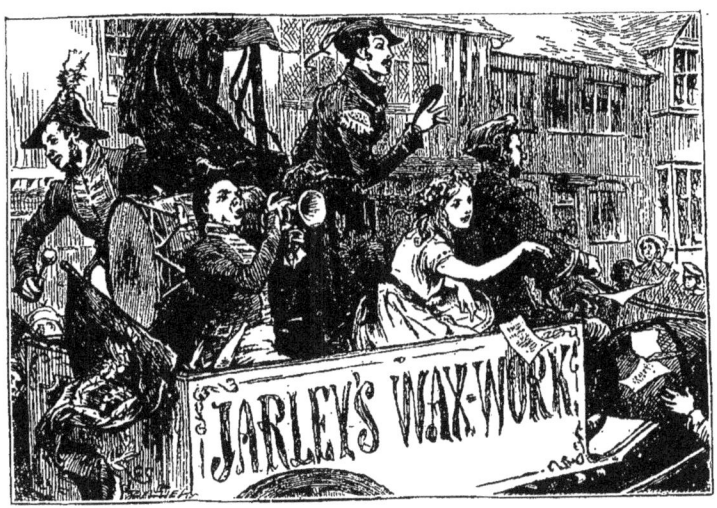

NELLY DISTRIBUAIT DES PROSPECTUS.

avaient été étroitement : renfermés la beauté et la chaleur de l'atmosphère les y encourageant, ils poussèrent leur promenade assez loin.

L'ombre était descendue par degrés, le ciel était devenu subitement triste et sombre, excepté sur le point de l'horizon où le soleil, se couchant dans toute sa gloire, amoncelait l'or et le feu. Le vent commençait à mugir en sourds murmures ; à mesure que le soleil se retirait, emmenant le jour avec lui, des nuages noirs s'amoncelaient, apportant dans leur sein le tonnerre et les éclairs.

De grosses gouttes de pluie ne tardèrent pas à tomber. Tantôt on entendait le sourd grondement du tonnerre éloigné, tantôt l'éclair fendait la nue et dissipait pour un moment l'obscurité profonde.

Craignant de s'abriter sous un arbre ou contre une haie, le vieillard et l'enfant hâtèrent le pas sur la grande route. Trempés par la pluie qui tombait avec force, étourdis par les éclats de la foudre, éblouis par le feu des éclairs répétés, ils allaient passer devant une maison isolée, sans se douter qu'elle fût si près, quand un homme qui se tenait sur le pas de la porte les invita gaiement à venir se mettre à l'abri.

« Qu'est-ce que vous avez donc à passer si vite, hein? ajouta l'homme en fermant la porte; et il les mena par un couloir à une chambre de derrière.

— Nous n'avions pas aperçu cette maison, monsieur, répondit Nelly.

— Ce n'est pas étonnant, reprit l'homme, avec de pareils éclairs qui vous donnent dans les yeux. Tenez, ce que vous avez de mieux à faire, c'est d'entrer ici vous asseoir près du feu pour vous sécher un peu. Si vous n'avez besoin de rien, vous ne prendrez rien, voilà tout. C'est ici une auberge, mais cela ne fait rien. Le *Vaillant Soldat* est bien connu, Dieu merci!

— Cette maison s'appelle le *Vaillant Soldat*, monsieur? demanda Nelly.

— Je croyais que tout le monde le savait. D'où donc venez-vous, pour ne point connaître le *Vaillant Soldat* aussi bien que le catéchisme de la paroisse? C'est ici le *Vaillant Soldat*, tenu par James Groves, le brave Jem Groves, un homme d'une moralité sans tache, et qui a, par-dessus le marché, un bon jeu de quilles à l'abri de la pluie! »

Comme la nuit était fort chaude, on avait tiré un grand paravent au milieu de la salle, pour servir d'abri contre l'ardeur du feu. Il sembla que, de l'autre côté du paravent, quelqu'un avait élevé des doutes sur l'honorabilité de M. Groves, et donné lieu, en conséquence, à cette apologie personnelle, car M. Groves témoigna son mécontentement en appliquant un bon coup sur le paravent avec le revers de ses doigts, puis il attendit qu'on lui fît une réponse.

ELLE DÉCHIVAIT LES FIGURES TOUTES LES DEMI-HEURES.

Pour toute réponse, une voix haute et rude ordonna à M. Gróves de cesser son tapage et d'allumer une chandelle.

« Nell, ils jouent aux cartes ! dit tout bas le vieillard, ému tout à coup. Ne les entendez-vous pas ?

— Mouchez cette chandelle, dit la voix ; c'est à peine si je puis distinguer les figures dans mon jeu ; et puis, fermez vivement ce volet, voulez-vous ? Par le tonnerre qu'il fait, votre bière ne sera pas fameuse. Partie gagnée : sept shillings six pence pour moi, vieil Isaac. Première manche.

— Les entendez-vous, Nell, les entendez-vous ? murmura de nouveau le vieillard, dont l'ardeur s'accrut au tintement de l'argent sur la table.

— Je n'ai jamais vu d'orage comme celui-ci, dit une voix aigre et fêlée, de la plus désagréable nature, après un coup de tonnerre qui avait ébranlé la maison ; ma foi, non, je n'ai jamais vu rien de semblable, depuis la nuit où le vieux Luc Withers gagna treize fois de suite par la rouge.

— Ah ! répliqua la grosse voix, pour ce qui est des gains du vieux Luc, en gros et en détail, quelques années avant, je me souviens d'un temps où il était le moins chanceux et le plus malheureux des hommes. Jamais il ne secouait un cornet de dés, jamais il ne jetait une carte sans être dépouillé, étrillé, plumé comme un pigeon.

— Entendez-vous ce qu'il dit ? murmura le vieillard, l'entendez-vous, Nell ? »

L'enfant vit avec un mélange de surprise et d'effroi que le maintien de son grand-père avait subi un changement complet. Son visage était tout enflammé ; son teint était animé, ses yeux brillants, ses dents serrées, sa respiration courte et haletante. Sa main, qu'il avait appuyée sur le bras de sa petite-fille, tremblait si violemment que Nelly en tremblait elle-même comme la feuille.

« Vous êtes témoin, murmura-t-il en portant son regard en avant, que c'est toujours là ce que j'ai dit ; que je le savais bien, que j'en rêvais, que j'en étais sûr, et que cela devait être !... Combien d'argent avons-nous, Nell ? Voyons ! Je vous ai vu de l'argent hier. Combien en avons-vous ? Donnez-le-moi !

— Non, non, mon grand-père, laissez-le-moi, dit l'enfant

effrayée. Éloignons-nous d'ici. Ne faites pas attention à la pluie, je vous en prie, éloignons-nous.

— Donnez-le-moi, vous dis-je, répliqua brusquement le vieillard... Chut ! chut ! ne pleure pas, Nell. Si je t'ai parlé avec rudesse, ma chère, c'est sans le vouloir. C'était pour ton bien. Je t'ai fait du tort, Nell, mais je réparerai cela, je le réparerai... Où est l'argent?

— Ne le prenez pas, dit l'enfant, je vous en prie, ne le prenez pas. Pour notre salut à tous deux, laissez-moi le garder ou le jeter. Il vaut mieux le jeter que de vous le donner. Partons ! partons !

— Donne-moi l'argent, il faut que je l'aie. Là, là, ma chère Nell. C'est cela, va, je t'enrichirai un jour, mon enfant, je t'enrichirai, ne crains rien. »

Elle tira de sa poche une petite bourse. Il la prit avec la même impatience fébrile qui respirait dans ses paroles, et, sans perdre un instant, il se dirigea vers l'autre côté du paravent. Il eût été impossible de l'arrêter ; l'enfant dut se résigner et le suivre de près.

L'aubergiste avait posé une lumière sur la table et était occupé à tirer le rideau de la fenêtre. Les individus que Nelly et le vieillard avaient entendus étaient deux hommes qui avaient devant eux un jeu de cartes et quelques pièces d'argent. Ils marquaient à la craie leurs parties sur le paravent même. L'homme à la voix rauque était un gros compère d'âge moyen, avec d'épais favoris noirs, des joues pleines, une bouche mal faite, et un cou de taureau qui prenait ses aises dans un mouchoir rouge mal attaché. L'autre, celui que son compagnon avait appelé Isaac, offrait une apparence plus chétive : il était voûté, avec la tête dans les épaules, très laid, et son regard sournois avait quelque chose de bas et de sinistre.

« Eh bien ! mon vieux monsieur, dit Isaac, est-ce que vous nous connaissez ? Ce côté du paravent n'est pas public, monsieur.

— J'espère qu'il n'y a pas d'indiscrétion..., répliqua le vieillard.

— Si fait, monsieur; si fait, il y a de l'indiscrétion, dit l'autre, interrompant brusquement le vieillard ; il y a de l'indiscrétion à venir déranger deux gentlemen en tête à tête... Mais, au fait, mon vieux monsieur, peut-être ne songiez vous qu'à demander poliment si vous ne pourriez avoir l'honneur de faire une partie avec nous?

— C'est justement cela ! s'écria le vieillard. C'était bien ma pensée, je ne demande pas autre chose.

— J'en étais sûr, » dit l'autre.

Et, s'adressant à son compère :

« Qui sait même si le gentleman, allant au-devant de notre refus de jouer seulement pour l'honneur, ne voulait pas nous demander poliment à jouer de l'argent? »

Le vieillard répondit en secouant sa petite bourse dans sa main contractée; il la posa sur la table et s'empara des cartes avec l'avidité d'un avare qui saisit de l'or.

« Oh! très bien! dit Isaac, si c'était là ce que désirait monsieur, on peut le satisfaire. Cette petite bourse appartient à monsieur? Une très jolie petite bourse! Elle est un peu légère, mais il y a encore de quoi s'amuser une demi-heure.

— Nous pourrons jouer à quatre et nous associer, Groves, dit le gros homme. Tenez, voilà un siège. »

L'aubergiste, qui n'en était pas à son coup d'essai, s'approcha de la table et prit un siège. Nelly, désespérée, tira son grand-père à part et le supplia encore une fois de partir.

« Venez, grand-père, nous pouvons être si heureux!

— Oui, nous serons heureux, répliqua vivement le vieillard. Laisse-moi faire, Nell. C'est dans les cartes et les dés que sont nos moyens de bonheur. Les petits ruisseaux font les grandes rivières. Ici il n'y a pas grand'chose à gagner, mais avec le temps nous gagnerons davantage. Je ne veux que doubler mon argent; et je te donnerai tout, ma mignonne.

— Que Dieu nous assiste! s'écria l'enfant. Oh! quel malheur que nous soyons venus ici!

— Chut! fit le vieillard, en posant sa main sur la bouche de Nelly. La fortune n'aime pas le bruit; ne lui adressons pas de reproches, ou bien elle nous tournera le dos. J'en ai souvent fait l'expérience. »

Alors le vieillard approcha une chaise de la table; les trois autres partenaires étant prêts, le jeu commença.

## XXIX

Le résultat de la partie fut qu'Isaac gagna seul. Il empocha son gain de l'air d'un homme qui s'était attendu à ce résultat, et qui n'en éprouvait ni plaisir ni surprise.

Le vieillard, en voyant sa bourse vide et les autres joueurs levés de table, tenait encore ses regards attachés sur les cartes. Il les taillait comme on les avait taillées précédemment, et il les retournait en les jetant pour voir quel jeu auraient eu ses adversaires si la partie avait continué. Cette observation l'absorbait tout entier, quand M. Groves, qui était en train de fumer avec ses amis, fit cette observation :

« Savez-vous quelle heure il est? Minuit passé!

— Et il pleut toujours, ajouta le gros homme.

— Le *Vaillant Soldat*, tenu par Jem Groves, dit l'aubergiste citant son enseigne. Bons lits, bon logis à pied et à cheval, et pas cher. Minuit passé.

— Il est bien tard, dit tristement Nelly; je voudrais bien que nous fussions partis plus tôt. Que va-t-on penser de nous? Il sera deux heures au moins quand nous arriverons. Qu'est-ce qu'il nous en coûterait, monsieur, si nous nous arrêtions ici?

— Deux bons lits, trente-six sous; souper et bière, vingt-cinq sous, total : trois francs cinq. »

Nelly avait encore sa pièce d'or; en conséquence, après une assez longue hésitation, elle se décida à rester. Elle prit donc à part son grand-père et lui proposa de coucher à l'auberge, en lui disant qu'elle avait gardé assez d'argent pour payer leur dépense.

« Si je l'avais eu, cet argent, murmura le vieillard; si j'avais su cela il y a seulement cinq minutes!

— Nous resterons ici si cela vous convient, dit Nelly, en se tournant vivement vers l'aubergiste.

— Je crois que c'est prudent, dit M. Groves. On va vous servir à souper sur-le-champ. »

Comme Nelly et son grand-père devaient quitter la maison le lendemain de très bonne heure, l'enfant était pressée de payer leur dépense avant qu'ils allassent se coucher. Mais, sentant la nécessité de soustraire son petit trésor à la connaissance de son grand-père, et ne pouvant payer sans changer, elle tira secrètement sa pièce d'or de l'endroit où elle l'avait cachée, et la présenta à l'aubergiste, derrière son comptoir, lorsqu'elle eut saisi une occasion de le suivre hors de la salle.

« Voulez-vous, s'il vous plaît, lui dit-elle, me changer cette pièce? »

James Groves éprouva une assez vive surprise. Il considéra la guinée, la fit sonner, regarda l'enfant, puis contempla de nouveau la pièce d'or, comme s'il avait eu l'intention de lui demander d'où elle tenait cela. Cependant, la pièce étant bonne, il pensa en aubergiste prudent que les informations n'étaient pas son affaire. Il changea donc la guinée et, prélevant l'écot, donna le surplus à Nelly. Après cela, le vieillard et elle montèrent se coucher.

Une fois seule, Nelly ne se trouva pas fort à son aise, car elle se figurait que quelqu'un l'avait épiée pendant qu'elle changeait la pièce d'or, et que ce quelqu'un devait être son grand-père.

Malgré ses efforts pour dompter ses craintes ou les oublier, du moins un moment, l'anxiété que lui avaient inspirée les aventures de la nuit lui revenait toujours. La passion d'autrefois s'était réveillée dans le cœur du vieillard, et Dieu seul savait où elle pourrait l'entraîner encore. Quelle inquiétude leur absence n'avait-elle pas dû causer déjà chez Mme Jarley? Peut-être s'était-on mis à leur recherche. Le lendemain matin, leur pardonnerait-on, ou bien les mettrait-on à la porte, livrés de nouveau à l'abandon? Oh! pourquoi s'étaient-ils arrêtés dans cette misérable maison? Combien il eût mieux valu, à tout risque, continuer leur chemin!

Enfin le sommeil s'appesantit sur ses paupières, un sommeil souvent interrompu, agité, où, dans ses rêves, il lui semblait qu'elle tombait du haut de quelque tour et dont elle s'éveillait en sursaut avec de grandes terreurs. Un sommeil plus profond succéda au premier, et alors, qu'est-ce?... Quelqu'un dans la chambre!

Oui, il y avait quelqu'un.

Alors Nelly, muette d'horreur, vit son grand-père s'approcher de son lit, et, la croyant endormie, fouiller dans ses vêtements et s'emparer de l'argent que l'aubergiste lui avait rendu sur sa pièce d'or!

## XXX

Le lendemain, à son réveil, elle se disposa à aller rejoindre son grand-père. Mais avant, elle fouilla dans sa poche et reconnut que son argent lui avait été enlevé. Il ne lui restait pas même une pièce de dix sous.

Déjà le vieillard était prêt; au bout de quelques minutes ils se mirent en route. L'enfant crut s'apercevoir qu'il évitait son regard et semblait attendre qu'elle lui parlât de sa perte.

Au bout de quelque temps, elle dit au vieillard :

« Grand-père, j'ai quelque chose à vous dire, voulez-vous m'écouter?

— Oui, oui, j'écoute, répondit le vieillard sans la regarder, une jolie petite voix, je t'assure, et que j'aime toujours à entendre. C'est comme si j'entendais ta mère, pauvre enfant.

— Eh bien! laissez-moi vous persuader, oh! laissez-moi vous persuader, dit Nelly, de ne plus songer désormais ni aux gains ni aux pertes, et de ne pas poursuivre d'autre fortune que celle que nous pouvons acquérir ensemble.

— C'est ce que je fais aussi; oui, nous la poursuivrons ensemble, répliqua le grand-père, qui regardait encore de côté et semblait concentré en lui-même : la sainteté du but peut justifier l'amour du jeu.

— Avons-nous été plus malheureux, reprit l'enfant, depuis que vous avez renoncé à ces habitudes et que nous voyageons ensemble? N'avons-nous pas été plus à notre aise et plus heureux depuis que nous n'avons plus notre vieille maison pour abri? Qu'avons-nous à regretter dans cette triste maison, où votre esprit était en proie à tant de tourments?

— Elle dit vrai, murmura le vieillard, du même ton qu'auparavant. Il ne faut pas que cela change mes idées; mais c'est la vérité, nul doute, c'est la vérité.

— Rappelez-vous seulement comme nous avons vécu depuis la belle matinée où nous avons quitté cette maison, jusqu'à ce jour. Rappelez-vous seulement comme nous avons vécu depuis que nous nous sommes affranchis de toutes ces misères; que de jours calmes, que de nuits paisibles nous avons goûtées, que de douces heures nous avons connues, de quel bonheur enfin nous avons joui! Étions-nous fatigués, avions-nous faim, bientôt nous étions reposés, et notre sommeil n'en était que plus profond. Songez à toutes les belles choses que nous avons vues, et combien nous y avons trouvé de plaisir. Et d'où venait cet heureux changement? »

Il l'arrêta d'un signe de la main et l'invita à ne pas continuer la conversation, parce qu'il avait à réfléchir. Au bout de quelque temps, il l'embrassa sur la joue, en la priant encore de se taire, et continua de marcher, regardant au loin devant lui, et parfois s'arrêtant pour fixer sur le sol des regards sombres, comme s'il eût cherché péniblement à réunir ses pensées en désordre. Une fois Nelly vit des larmes mouiller ses paupières. Après quelques moments de marche silencieuse, il prit la main de Nelly, comme il avait l'habitude de le faire, sans que rien dans son air trahît la violence et l'exaltation auxquelles il avait été en proie; et puis, petit à petit, par degrés insensibles, il retomba dans son état de docilité, se laissant conduire par Nelly.

Lorsqu'ils furent de retour au sein de la merveilleuse collection, Mme Jarley n'était pas encore levée. Tout en ayant éprouvé, la veille, de l'inquiétude à leur égard, ayant même veillé jusqu'à onze heures pour les attendre, elle s'était mise au lit, pensant que, retenus par l'orage à quelque distance du logis, ils avaient recherché l'abri le plus proche et ne pourraient revenir que le lendemain matin.

Aussitôt Nelly se mit, avec la plus grande activité, à décorer et à disposer la salle, et elle eut la satisfaction d'avoir achevé sa tâche et même fait sa petite toilette avant que Mme Jarley se mît à table pour déjeuner.

Le soir même, comme Nelly le craignait, son grand-père se glissa dehors; il ne revint qu'au milieu de la nuit. Accablée par ces pensées, fatiguée de corps et d'esprit, elle était seule, assise dans un coin, et veillait, en comptant les minutes, jusqu'au moment où il arriva, n'ayant plus un sou, harassé, attristé, mais toujours sous l'empire de sa passion dominante.

« Donne-moi de l'argent, dit-il d'un ton farouche comme ils allaient se coucher. J'ai besoin d'argent, Nell. Un jour je te le rendrai avec un riche intérêt; mais tout l'argent qui tombe dans tes mains doit m'appartenir. Ce n'est pas pour moi que je le réclame, mais je veux m'en servir pour toi. Rappelle-toi cela, Nell, je veux m'en servir pour toi! »

Que pouvait faire l'enfant, sachant ce qu'elle savait, sinon de lui remettre jusqu'au dernier sou de son petit gain, de peur qu'il ne fût tenté de voler leur bienfaitrice? Si elle s'avisait de révéler la vérité, elle avait peur qu'on ne le traitât en aliéné; si elle ne lui donnait pas d'argent, il s'en procurerait lui-même. D'un autre côté, en lui en fournissant, elle nourrissait le feu qui le dévorait et l'empêchait peut-être de se guérir de sa manie. Partagée entre ces réflexions, épuisée par le poids d'un chagrin qu'elle n'osait avouer, torturée par d'innombrables craintes durant les absences du vieillard, redoutant également son éloignement et son retour, elle vit les couleurs de la santé s'effacer de ses joues, ses yeux perdre leur éclat, son cœur se briser tous les jours. Ses peines d'autrefois étaient revenues, avec un surcroît de nouvelles agitations et de nouveaux doutes : le jour, elles assiégeaient son esprit; la nuit, elles voltigeaient sur son chevet, elles la persécutaient dans ses rêves.

## XXXI

C'est une petite et sombre maison que celle de M. Sampson Brass. A la fenêtre du parloir de cette petite maison, une petite fenêtre fort sale, pendait de travers un rideau de laine vert fané, tout noir, tout décoloré par le soleil, et tellement usé par ses longs services, qu'il semblait moins destiné à cacher la vue de cette chambre sombre qu'à servir de transparent pour en laisser étudier à l'aise les détails.

Il est vrai qu'il n'y avait pas grand'chose à y contempler. Une table rachitique où s'étalaient avec ostentation de misérables liasses de papiers jaunis et usés à force d'avoir été portés dans la poche; deux tabourets placés face à face aux côtés opposés de ce meuble détraqué; au coin du foyer, un traître de vieux fauteuil boiteux, qui entre ses bras vermoulus avait retenu plus d'un client pour aider à le dépouiller bel et bien.

Mais cette peinture ne se rapporte qu'à la nature morte; elle n'a pas plus d'importance que la plaque fixée sur la porte avec ces mots : *Brass, procureur,* ni que l'écriteau attaché au marteau : *Premier étage à louer pour un monsieur seul.* Le cabinet offrait habituellement deux spécimens de nature vivante, beaucoup plus étroitement liés à ce récit.

L'un était M. Brass lui-même, l'autre était son clerc, son assesseur, son secrétaire, son confident, son conseiller, son démon d'intrigue, son auxiliaire habile à faire monter le chiffre des frais, miss Brass, en un mot, espèce d'amazone ès lois.

Miss Sally Brass était une personne de trente-cinq ans environ. Sa figure était maigre et osseuse. Elle avait un air résolu, fait pour imprimer la terreur dans le cœur de tous ceux qui l'approchaient. Ses traits étaient exactement ceux de son père Sampson. Sous le rapport du teint, miss Brass était blême, d'un blanc sale, mais cette blancheur était agréablement relevée par l'éclat florissant qui couvrait le bout de son nez moqueur. Sa voix était d'un timbre sonore et d'un riche volume; quiconque l'avait entendue une fois ne pouvait plus l'oublier. Elle avait pour costume habituel une robe verte, d'une nuance à peu près semblable à celle du rideau de l'étude, serrée à la taille et se terminant au cou, derrière lequel elle était attachée par un bouton large et massif. Trouvant sans doute que la simplicité et le naturel sont l'âme de l'élégance, miss Brass ne portait ni collerette ni fichu, excepté sur sa tête, invariablement ornée d'une écharpe de gaze brune, semblable à l'aile du vampire fabuleux, et qui, prenant toutes les formes à volonté, formait une coiffure commode et gracieuse.

Telle était miss Brass sous le rapport du physique. Au moral, elle avait un tour d'esprit solide et vigoureux. Depuis sa plus tendre jeunesse, elle s'était consacrée avec une ardeur peu commune à l'étude des lois.

Elle ne s'était pas bornée à la théorie, pour s'arrêter juste où l'utilité pratique commence : bien au contraire, elle savait grossoyer, faire de belles copies, remplir avec soin les vides des pièces imprimées, s'acquitter enfin de toutes les fonctions d'une étude, y compris l'art de gratter une feuille de parchemin, et celui de tailler une plume.

Un matin, M. Sampson Brass, assis sur son tabouret, copiait une pièce de procédure, plongeant avec ardeur sa plume dans le cœur du papier, comme si c'eût été le cœur même de la partie adverse. De son côté, miss Sally Brass, assise également sur son tabouret, taillait une plume, pour transcrire un petit exploit, ce qui était son occupation favorite. Depuis longtemps ils gardaient le silence. Ce fut miss Brass qui le rompit, en ces termes :

« Aurez-vous bientôt fini, Sammy?

— Non, répondit le frère ; j'aurais fini si vous m'aviez aidé en temps utile.

— C'est cela, s'écria miss Sally, vous avez besoin de moi, n'est-ce pas, quand vous allez prendre un clerc !

— Est-ce pour mon plaisir, est-ce par ma propre volonté, que je vais prendre un clerc, querelleuse que vous êtes? dit M. Brass, qui mit sa plume dans sa bouche et qui fit la grimace à sa sœur. Pourquoi me reprochez-vous de prendre un clerc ? Pourquoi me tourmentez-vous encore au sujet de ce clerc, après m'en avoir déjà parlé trois heures hier au soir ? Est-ce ma faute, à moi ?

— Tout ce que je sais, répliqua miss Sally avec un sourire sec, c'est que si chaque client qui vous arrive nous force à prendre un clerc, que nous en ayons besoin ou non, vous feriez mieux d'abandonner les affaires, de vous faire rayer du rôle, et de liquider le plus tôt possible.

— Est-ce que nous possédons un autre client tel que lui ? répondit Brass. Voyons, répondez à cela.

— Comment l'entendez-vous? Est-ce pour la figure ?

— Pour la figure! s'écria Sampson Brass avec un ricanement amer, en se levant pour prendre le registre des assignations. Voyez ceci : Daniel Quilp, esquire... Daniel Quilp, esquire... Daniel Quilp esquire, tout du long. Faut-il que je renonce à une pratique comme celle-là, ou bien que je prenne le clerc qu'il me recommande en me disant : C'est l'homme qu'il vous faut ! hein? »

Miss Sally ne daigna point répliquer; elle sourit de nouveau et continua sa besogne.

« Mais je sais ce qu'il en est, reprit M. Brass après quelques moments de silence. Vous craignez de ne plus avoir autant que par le passé la main aux affaires. Croyez-vous que je ne m'en aperçoive pas?

— Vos affaires n'iraient pas loin sans moi, répondit la sœur d'un ton d'importance. Tenez, au lieu de me provoquer sottement comme cela, vous feriez mieux de songer à continuer votre besogne. »

Sampson Brass, qui au fond du cœur redoutait sa sœur, se remit à écrire en boudant, ce qui ne le dispensa pas de l'entendre.

« Si j'avais décidé, ajouta-t-elle, que le clerc ne viendrait pas, vous savez bien qu'il ne pourrait pas venir; par conséquent, ne dites point de sottises. »

M. Brass accueillit cette observation avec une douceur exemplaire; seulement, il fit remarquer à voix basse qu'il n'aimait pas ce genre de plaisanterie, et qu'il saurait un gré infini à miss Sally de vouloir bien s'abstenir de le tourmenter.

A quoi miss Sally répliqua qu'elle avait du goût pour cet amusement, et qu'elle n'avait nullement l'intention de se refuser ce petit plaisir.

Comme M. Brass ne paraissait pas se soucier d'envenimer les choses en prolongeant la discussion, tous deux se remirent pacifiquement à l'œuvre.

Tandis qu'ils fonctionnaient à qui mieux mieux, le jour de la fenêtre fut brusquement intercepté. M. Brass et miss Sally levaient les yeux pour reconnaître la cause de cette obscurité soudaine, lorsque le châssis fut lestement soulevé du dehors, et Quilp passa sa tête par l'ouverture.

« Holà ! dit-il en se tenant sur la pointe du pied au bord de la fenêtre et en plongeant ses regards dans la pièce, y a-t-il quelqu'un à la boutique ? Y a-t-il ici quelque gibier du diable ? Y a-t-il un Brass à vendre ? hein !

— Ah ! ah ! ah ! fit l'homme de loi avec une hilarité forcée. Oh ! parfait ! parfait ! parfait ! Quel homme excentrique ! D'honneur, quelle humeur charmante !

— N'est-ce pas là ma chère Sally ? croassa le nain en lançant une œillade grotesque à la belle miss Brass. N'est-ce pas là la justice, moins son bandeau sur les yeux, son épée et ses balances ? N'est-ce pas là le bras redoutable de la Loi ?

— Quelle étonnante verve d'esprit ! s'écria M. Brass ; sur ma parole, c'est extraordinaire !

— Ouvrez la porte, dit Quilp. Je vous amène mon homme. C'est le clerc qu'il vous faut, un phénix, l'as d'atout, quoi ! Dépêchez-vous d'ouvrir la porte, ou bien, s'il y a près d'ici un autre homme de loi, et si, par hasard, il est à sa fenêtre, il va vous le voler... »

Probablement la perte du phénix des clercs, même en faveur d'un confrère, d'un rival, n'eût que très médiocrement affligé le cœur de M. Brass ; toutefois, simulant un grand zèle, il se leva de son siège, alla à la porte, l'ouvrit, et introduisit son client, qui tenait par la main M. Richard Swiveller en personne.

« Ce jeune étranger, dit Quilp, est M. Swiveller, mon ami intime, un gentleman de bonne famille et d'un grand avenir, mais qui, ayant eu le malheur de commettre des folies de jeunesse, s'estime heureux de remplir quelque temps les fonctions de clerc, fonctions humbles dans toute autre étude, mais ici très dignes d'envie. Quelle délicieuse atmosphère il va respirer... »

Si Quilp parlait dans un sens littéral de la délicieuse atmosphère de l'étude de M. Brass, il est certain que ce lieu avait un fumet particulier, un goût de renfermé et d'humidité ; il y avait en outre une odeur décidée de rats, de souris et de moisissure.

« M. Swiveller, reprit Quilp, étant habitué dans sa pratique de l'agriculture à semer de la folle avoine, juge, en homme prudent, miss Sally, qu'après tout mieux vaut la moitié d'une croûte que pas de croûte du tout. Il juge en homme prudent que c'est quelque chose aussi de sortir d'embarras ; en conséquence il accepte les offres de votre frère. Brass, M. Swiveller est donc à vous à partir de ce moment.

— Je suis enchanté, monsieur, dit M. Brass, vraiment enchanté. M. Swiveller, monsieur, est heureux d'avoir votre amitié. Vous devez être fier, monsieur, d'avoir l'amitié de M. Quilp. »

Dick murmura quelques mots comme pour dire qu'il n'avait jamais manqué d'amis ni d'une bouteille à leur offrir, et il risqua son allusion favorite à « l'aile de l'amitié qui jamais ne mue, comme les plumes d'un oiseau ». Mais toutes ses facultés parurent absorbées par la contemplation de miss Sally Brass; il ne pouvait détacher d'elle son regard morne et stupéfait.

« Je suppose, dit le nain qui se tourna vivement vers son ami Brass, que M. Swiveller va entrer immédiatement en fonctions. C'est aujourd'hui lundi.

— Immédiatement, monsieur, si cela vous convient, répondit Brass.

— Où M. Swiveller siégera-t-il ? demanda Quilp en promenant ses regards de tous côtés.

— Nous achèterons pour lui un autre tabouret, monsieur, répondit Brass. Nous n'avions pas prévu que nous aurions un gentleman avec nous, jusqu'au jour où vous avez eu la bonté de nous engager à en prendre un; et notre mobilier n'est pas considérable. Nous verrons à nous procurer un nouveau siège, monsieur. En attendant, si M. Swiveller veut prendre le mien et s'exercer la main à faire une belle copie de cette signification, comme je dois sortir et rester dehors toute la matinée...

— Venez avec moi, dit Quilp. J'ai à vous entretenir de quelques affaires. Avez-vous un peu de temps à perdre?

— Est-ce que c'est perdre du temps que de l'employer à sortir avec vous, monsieur? Il faudrait que je fusse bien occupé pour n'avoir pas le temps de sortir avec vous. Il n'est pas donné à tout le monde, monsieur, de pouvoir jouir et profiter de la conversation de M. Quilp. »

Après leur départ, Dick était resté penché sur son pupitre dans un véritable état de stupéfaction, contemplant fixement la belle Sally, comme si c'eût été un animal curieux, unique dans son espèce. Longtemps encore il regarda miss Sally; cloué à sa place, il ne voyait pas autre chose, il ne pensait pas à autre chose.

Pendant ce temps, miss Brass, plongée dans son état de frais et déboursés, ne s'occupait nullement de Dick, mais elle griffonnait en faisant craquer sa plume, traçant les caractères avec un plaisir évident, et travaillant à toute vapeur. Dick était devenu stupide de perplexité, se demandant comment il pouvait se trouver dans la compagnie d'un monstre aussi étrange, et si ce n'était pas un rêve dont il aurait bien voulu s'éveiller. Enfin il poussa un profond soupir et commença à retirer lentement son habit.

M. Swiveller ayant donc ôté son habit, le plia avec le plus grand soin, sans quitter un instant des yeux miss Sally; alors il revêtit une jaquette bleue à double rang de boutons dorés qui, dans l'origine, lui avait servi pour des parties de plaisir aquatiques, mais que, ce matin-là, il avait apportée pour son travail du bureau. Toujours contemplant miss Sally, il se laissa tomber en silence sur le siège de M. Brass. Mais là il éprouva une rechute de découragement et de faiblesse et, appuyant son menton sur sa main, il ouvrit des yeux si grands, si grands, qu'il ne semblait pas possible qu'ils se refermassent jamais.

## XXXII

Au bout d'un certain temps, c'est-à-dire après deux heures environ d'un travail assidu, miss Brass se leva, lia ses papiers en dossier avec un ruban de coton rouge et, plaçant le tout sous son bras, elle sortit de l'étude.

A peine M. Swiveller avait-il quitté son tabouret et s'était-il mis à danser en hurlant comme un sauvage, heureux de se sentir seul, qu'il fut troublé dans ce joyeux exercice. La porte s'était rouverte, la tête de miss Sally venait de reparaître.

« Je sors, dit miss Brass.

— Très bien, madame, répondit Richard.

— Si quelqu'un vient à l'étude, prenez-en note et dites que le monsieur qu'on demande est absent pour le moment.

— Je n'y manquerai pas, madame. »

Alors M. Swiveller s'assit dans le fauteuil des clients et s'y abandonna à ses réflexions. Puis il fit quelques tours en long et en large et revint au fauteuil.

« Je suis donc le clerc de Brass! dit-il. Le clerc de Brass! moi! Et aussi le clerc de la sœur de Brass, clerc d'un dragon femelle! Parfait! parfait! Qu'est-ce que je serai après? »

Après un silence pensif, M. Swiveller récapitula les circonstances qui l'avaient amené où il était.

« Quilp m'offre cette place et me dit qu'il peut me l'assurer. J'aurais gagé tout ce qu'on aurait voulu que Fred n'entendrait pas de cette oreille-là, et c'est lui, à mon profond étonnement, qui pousse Quilp et me presse d'accepter... Fatalité numéro un. Ma tante de province me coupe les vivres, elle m'écrit une lettre affectueuse pour m'annoncer qu'elle a fait un testament nouveau, et qu'elle me déshérite... Fatalité numéro deux. Plus d'argent, pas de crédit; rien à attendre de Fred qui semble avoir tourné tout d'un coup; ordre de quitter mon ancien appartement... Troisième, quatrième, cinquième, sixième fatalités! Sous le poids de tant de fatalités, quel homme peut être considéré comme disposant de son libre arbitre? Un homme n'est pas tenu de se mettre à lui-même le pied sur la gorge. Si sa destinée le jette à bas, à la bonne heure, il faut bien qu'il se résigne, en attendant que sa destinée le relève. Je suis content que la mienne ait pris sur elle toute la responsabilité; je n'ai rien à y voir, je me défends de toute complicité avec elle, j'ai le droit de me mettre au-dessus de cela. Aussi, nous verrons lequel de nous deux, de moi ou du sort, se lassera le premier. »

Laissant là le sujet de sa décadence avec ces réflexions qui ne manquaient certes pas de profondeur, M. Swiveller mit de côté le désespoir pour prendre l'humeur sans souci d'un clerc irresponsable.

Comme pour se donner un maintien dégagé, ce qu'on appelle de l'aplomb, il se mit à examiner l'étude plus en détail qu'il n'avait eu encore le temps de le faire. Il feuilleta les livres, scruta la bouteille à l'encre; il farfouilla dans les papiers, grava quelques emblèmes sur la table avec la lame acérée du canif de M. Brass, et écrivit son nom à l'intérieur du seau à charbon, qui était en bois. Ayant, par ces formalités, pris possession en règle de ses fonctions de clerc, il ouvrit la fenêtre et s'y appuya nonchalamment jusqu'à ce qu'un marchand de bière ambulant vînt à passer. Il lui commanda de poser son plateau sur le rebord de la fenêtre et de lui servir une pinte de porter doux, qu'il but sur place et paya aussitôt, avec la pensée de jeter les bases d'un crédit futur et de préparer les choses à cet effet, sans perdre une minute. M. Swiveller reçut coup sur coup quatre petits saute-ruisseaux, porteurs de commissions d'affaires de la part de trois ou quatre procureurs, compères de M. Brass; il les reçut et les renvoya d'un air qui sentait la connaissance approfondie du métier. Après quoi il retourna à son siège et s'exerça la main à faire à la plume des caricatures de miss Brass, en sifflant gaiement.

Pendant qu'il se livrait à cette distraction, une voiture s'arrêta devant la porte, et bientôt un double coup de marteau retentit. Comme ce n'était pas l'affaire de M. Swiveller, puisqu'on ne tirait pas la sonnette de l'étude, il continua de se livrer à sa distraction avec un calme parfait, bien qu'il eût lieu de penser que, sauf lui, il n'y avait âme qui vive à la maison pour répondre aux coups du marteau.

En ceci cependant il se trompait, car, les coups de marteau s'étant réitérés avec une impatience de plus en plus grande, la porte s'ouvrit, quelqu'un monta lourdement l'escalier et entra dans la chambre du premier. M. Swiveller s'émerveillait en se demandant si ce n'était pas une autre miss Brass, une sœur jumelle du dragon, quand on frappa à la porte de l'étude.

« Entrez! dit Richard. Pas de cérémonies. La place ne sera bientôt plus tenable si j'ai encore des chalands. Entrez!

— Voulez-vous venir, s'il vous plaît, dit une voix faible et dolente qu'on entendit dans le couloir, pour montrer l'appartement. »

Dick se pencha par-dessus la table, et aperçut une petite jeune fille, vraie traîneuse de savates, avec un sale et grossier tablier et une bavette qui ne laissaient voir de sa personne que son visage et ses pieds. Elle avait l'air d'être serrée comme dans une boîte à violon.

« Qui êtes-vous? » demanda Dick.

A quoi elle répondit simplement :

« Oh! voulez-vous venir, s'il vous plaît, pour montrer l'appartement? »

Jamais peut-être on n'avait vu une enfant qui, dans son air et ses manières, ressemblât plus à une vieille. Elle devait, selon toute vraisemblance, avoir travaillé depuis le berceau. Elle avait l'air d'avoir aussi grand'peur de Dick qu'elle lui causait d'étonnement à lui-même.

« Je n'ai rien de commun avec l'appartement, répondit M. Swiveller; dites-leur de repasser.

— Oh! voulez-vous venir, s'il vous plaît, pour montrer l'appartement, répliqua la jeune fille. C'est dix-huit shillings par semaine; nous fournissons le linge et la vaisselle, le nettoyage des bottes et des habits est en sus; en hiver, le feu est de quinze sous par jour.

— Pourquoi ne montrez-vous pas l'appartement vous-même? Vous paraissez bien au courant.

— Miss Sally dit qu'il ne faut pas que je le montre, parce que si l'on voyait combien je suis petite, on craindrait de n'être pas bien servi.

— Est-ce qu'ils ne finiront pas par voir que vous êtes petite?

— Oui, mais on aura toujours loué pour une quinzaine, répondit la jeune fille avec un air malin, et les gens n'aiment pas à se déranger une fois qu'ils sont quelque part.

— Le raisonnement est curieux, dit Richard en se levant. Ah çà! qu'est-ce que vous êtes ici? la cuisinière?

— Oui, je fais la cuisine. Je suis aussi femme de chambre. Je fais tout l'ouvrage de la maison.

— Je suppose cependant, pensa M. Swiveller, que Brass, le dragon et moi, nous faisons la plus sale partie de la besogne. »

Il eût sans doute donné un plus libre cours à sa pensée, dans la disposition de doute et d'hésitation où il se trouvait, si la jeune fille n'avait continué à le presser, et si certains coups mystérieux appliqués avec force sur le mur du couloir et sur les marches de l'escalier n'avaient témoigné de l'impatience qu'éprouvait le visiteur. En conséquence, Richard Swiveller, fichant une plume derrière chacune de ses oreilles, et en mettant une autre dans sa bouche comme marques de sa haute importance et de son zèle à remplir ses fonctions, s'élança au dehors pour voir le gentleman qui attendait, et pour entrer en arrangement avec lui.

Il fut quelque temps surpris de découvrir que les coups étaient produits par la malle du gentleman, laquelle était en train de gravir l'escalier, sous les efforts réunis de son propriétaire et du cocher. Or la tâche n'était pas facile, car, d'une part, l'escalier était raide, et, de l'autre, la malle, très pesamment chargée, était bien large

VOULEZ-VOUS VENIR, S'IL VOUS PLAIT, MONTRER L'APPARTEMENT?

deux fois comme l'escalier. Les deux hommes, se heurtant l'un l'autre, appuyant de toutes leurs forces, poussaient la malle le plus énergiquement et le plus vite possible dans toutes sortes d'angles impraticables d'où il n'y avait pas moyen de se tirer. M. Swiveller les suivait lentement par derrière en protestant à chaque marche contre cette manière de prendre d'assaut la maison de M. Sampson Brass.

A ces remontrances le gentleman ne répondait pas un mot; mais lorsque sa malle fut enfin parvenue dans la chambre à coucher, il s'assit dessus et essuya avec son mouchoir son front chauve et son visage. Il avait très grand chaud, et certes il y avait bien de quoi; car, sans parler de l'exercice violent qu'il avait pris en faisant gravir l'escalier à sa malle, il était tout emmitouflé dans des vêtements d'hiver, bien que toute la journée le thermomètre eût marqué dix-neuf degrés à l'ombre.

« Je pense, monsieur, dit Richard Swiveller, retirant sa plume de sa bouche, que vous désirez voir cet appartement.

— Quel prix? dit le gentleman.

— Vingt-cinq francs par semaine, répondit Richard, enchérissant sur les conditions du loyer que lui avait indiquées la servante.

— Je le prends.

— On ne loue pas à moins de deux semaines, ajouta Richard; c'est...

— Deux semaines! s'écria brusquement le gentleman en regardant Swiveller de la tête aux pieds: deux années. J'y resterai deux années! Tenez, voici deux cent cinquante francs. Le marché est conclu. Cocher, vous pouvez partir; vous aussi, monsieur. »

M. Swiveller était tellement confondu en voyant le gentleman agir d'un air aussi délibéré, qu'il restait là à le considérer avec autant de surprise que lui en avait causé la vue de miss Sally. Quant au gentleman, il ne témoignait pas la moindre émotion; bien plus, il se mit avec un calme parfait à dérouler le châle qui était noué autour de son cou et à tirer ses bottes. Dégagé de cet attirail, il défit successivement les autres parties de son habillement, les plia les unes après les autres et les rangea en ordre sur sa malle. Alors il abaissa les jalousies, ferma les rideaux, remonta sa montre, toujours avec la même lenteur méthodique.

« Emportez le billet de deux cent cinquante francs, dit-il en avançant la tête hors des rideaux, et que personne ne vienne me déranger avant que j'aie sonné. »

Les rideaux se refermèrent, et, au bout d'un instant, on entendit ronfler le gentleman.

## XXXIII

En rentrant chez lui, M. Brass reçut le rapport de son clerc avec beaucoup de satisfaction, et se mit à examiner soigneusement le billet de deux cent cinquante francs. Il résulta de cet examen que le billet était bien en effet du gouverneur de la Compagnie de la Banque d'Angleterre, en bonne et due forme, ce qui accrut considérablement la joie de M. Brass. Miss Brass fût fâchée que le gentleman étranger eût obtenu l'appartement à si bon compte; à son avis, le voyant si facile en affaires, M. Swiveller aurait dû doubler ou tripler le prix.

Le lendemain, c'est-à-dire le deuxième jour d'exercice pour M. Swiveller, M. Brass, miss Sally et M. Swiveller écrivaient depuis longtemps en silence. Le silence était si profond, que le nouveau clerc, qui avait besoin d'excitation pour travailler, s'endormit à plusieurs reprises et écrivit, les yeux fermés, des mots étranges en caractères inconnus. Tout à coup miss Sally rompit la monotonie qui régnait dans l'étude en ouvrant sa tabatière, où elle prit une pincée de tabac qu'elle aspira bruyamment, et en disant que c'était la faute de M. Swiveller.

« Qu'est-ce qui est ma faute ? demanda Richard.

— Vous savez bien, dit miss Brass, que le locataire n'est pas encore levé; qu'on ne l'a ni vu ni entendu depuis qu'il s'est mis au lit hier dans l'après-midi.

— Eh bien ! madame, je suppose qu'il est libre de dormir tranquillement tout son soûl, ou plutôt tout son *comptant* pour ses deux cent cinquante francs.

— Ah ! je commence à croire qu'il ne se réveillera jamais.

— C'est une circonstance remarquable, dit Brass, qui mit de côté sa plume; oui, une circonstance remarquable. Monsieur Richard, si l'on venait à trouver ce gentleman pendu à la colonne du lit, ou si quelque autre accident désagréable de ce genre se produisait, vous voudrez bien vous rappeler, monsieur Richard, que ce billet de deux cent cinquante francs vous a été remis comme acompte sur le payement d'un loyer de deux ans? Gravez cela dans votre esprit, monsieur Richard ; vous ferez bien d'en prendre note, monsieur, dans le cas où vous seriez appelé comme témoin. »

M. Swiveller prit une grande feuille de papier ministre et, avec un air de profonde gravité, il commença à écrire une petite note dans un coin.

Ensuite il tendit le papier à M. Brass, qui avait quitté son siège et marchait de long en large dans l'étude.

« Ah ! ah ! voilà la note, dit M. Brass, qui venait de jeter les yeux sur le papier. Très bien. Maintenant, monsieur Richard, le gentleman vous a-t-il dit autre chose ?

— Non.

— Êtes-vous sûr, monsieur Richard, dit le procureur d'un ton solennel, que le gentleman n'ait rien dit?

— Pas un mot, que je sache, monsieur.

— Pouh! pouh! Le diable m'emporte, monsieur Richard, vous êtes bien simple ! s'écria Brass avec un sourire. Le gentleman n'a-t-il dit, par exemple, ajouta le procureur avec une sorte d'aisance et de bonhomie (je n'affirme pas qu'il ait rien dit de semblable, songez-y bien ; je veux seulement vous en rafraîchir la mémoire), a-t-il dit, par exemple, qu'il était étranger à Londres ; qu'il n'était ni en humeur ni en état de fournir aucun renseignement; qu'il jugeait que nous avions le droit d'en exiger, et que, dans le cas où quelque chose lui arriverait, à un moment quelconque, il désirait que ses effets fussent, par provision, considérés comme m'appartenant, pour me dédommager un peu de l'embarras et de l'ennui que j'aurais à éprouver. En un mot, reprit Brass d'un ton encore plus doucereux, en l'acceptant comme locataire en mon nom, pendant mon absence, n'avez-vous pas entendu traiter à ces conditions?

— Certainement non, répondit Richard.

— Eh bien ! alors, s'écria Brass en lui lançant un regard de reproche, je suis d'avis que vous vous êtes mépris sur votre vocation, et que vous ne serez jamais un homme de loi ! »

Il ne se passa rien de mémorable jusqu'au dîner de M. Swiveller.

C'était à trois heures ; mais il semblait au pauvre clerc qu'il y avait au moins trois semaines qu'il attendait. Au premier son de l'horloge, Richard s'éclipsa. Au dernier coup de cinq heures, il reparut, et l'étude se parfuma, comme par enchantement, d'une odeur de genièvre et d'écorce de citron.

« Monsieur Richard, dit Brass, cet homme n'est pas encore levé. Rien ne peut l'éveiller. Que faut-il faire, monsieur ?

— Moi, je le laisserais dormir tout du long, répondit Richard.

— Dormir tout du long, monsieur, quand il dort déjà depuis vingt-six heures ! Nous avons remué au-dessus de sa tête, à l'étage supérieur, toutes sortes de coffres et de meubles ; nous avons frappé à double carillon à la porte de la rue. Mais rien n'a pu réveiller cet homme ! Montons tous ensemble l'escalier et faisons un dernier effort. Si la tentative ne réussit pas, nous aurons recours à des mesures plus énergiques... »

M. Swiveller y consentit. Armé de son tabouret et d'une grande règle, il se transporta avec son patron à l'étage supérieur. Miss Brass y était déjà, occupée à agiter une sonnette de toutes ses forces. Mais son carillon ne produisait pas le moindre effet sur le mystérieux locataire.

« Je ne puis apercevoir que le rideau du lit, murmura Brass, l'œil appliqué au trou de la serrure. Est-ce que c'est un homme robuste, monsieur Richard ?

— Très robuste.

— Ce serait une circonstance extrêmement fâcheuse s'il s'élançait tout à coup sur nous. Laissez l'escalier libre. Je n'ai pas peur de lui : il trouverait à qui parler ; mais je suis le maître de la maison, et comme c'est à moi à faire respecter les lois de l'hospitalité... Holà ! hé ! holà ! holà ! »

Tandis que M. Brass, l'œil à la serrure, poussait ces cris pour attirer l'attention de son locataire, tandis que miss Brass, de son côté, ne laissait aucun repos à la sonnette, M. Swiveller plaça son tabouret contre le mur, près de la porte, y monta en se tenant bien effacé, de telle sorte que l'étranger, s'il se ruait au dehors, le dépassât dans sa fureur, sans l'apercevoir, et il commença à exécuter un bruyant roulement avec sa règle sur le panneau supérieur de la porte.

Soudain la porte fut débarrassée au dedans et ouverte avec violence. La petite servante alla se cacher dans la cave au charbon; miss Sally ne fit qu'un saut jusqu'à sa chambre à coucher; M. Brass, qui ne brillait pas par le courage, courut jusqu'à la rue voisine.

Pendant ce temps, M. Swiveller, debout sur son tabouret, s'aplatissait de son mieux contre la muraille, et suivait du regard, non sans inquiétude, les mouvements du gentleman qui s'était montré sur le seuil de la porte, grondant et jurant d'une manière terrible. Il tenait ses bottes à la main et semblait avoir l'intention de les lancer à tout hasard à travers l'escalier. Cependant notre homme abandonna cette idée, et il s'en retournait à sa chambre en grondant encore avec colère, quand ses yeux rencontrèrent ceux de Richard, qui se tenait sur ses gardes.

«Est-ce *vous* qui faisiez cet horrible tapage ? demanda le gentleman.

— Je jouais ma partie dans le concert, répondit Richard, l'œil fixé sur le locataire, et faisant voltiger gentiment sa règle dans sa main droite, comme pour montrer à l'étranger ce qu'il avait à attendre de lui dans le cas où il voudrait se livrer à quelque acte de violence.

« Comment avez-vous eu cette impudence, hein? » dit le gentleman.

Dick, pour toute explication, lui demanda si c'était convenable de la part d'un gentleman de dormir vingt-six heures d'un trait, et si le repos d'une aimable et vertueuse famille ne pouvait pas peser de quelque poids dans la balance.

« Et moi, mon repos n'est-il donc rien? s'écria l'étranger.

— Et le leur, n'est-il donc rien non plus, monsieur? répliqua Richard. Je ne veux pas vous faire de menaces, monsieur, la loi ne permet pas les menaces, car menacer est un délit prévu par la loi; mais si vous agissez encore de la sorte, prenez garde que le coroner une autre fois ne commence par vous enterrer dans le cimetière le plus voisin, avant que vous vous soyez seulement éveillé. Nous avons eu peur que vous ne fussiez mort, monsieur, ajouta Richard en sautant légèrement à terre; au bout du compte, nous ne pouvons permettre à un gentleman de s'établir dans cette maison pour dormir comme deux locataires, sans payer pour cela un extra.

— En vérité! s'écria le locataire.

— Oui, monsieur, en vérité, répliqua Richard, s'abandonnant à sa destinée et disant tout ce qui lui passait par la tête, on ne saurait prendre une telle quantité de sommeil dans un seul lit; et, si vous voulez dormir ainsi, vous devez payer sur le pied d'une chambre à deux lits! »

Au lieu d'être jeté par ces observations dans un plus grand accès de colère, le locataire partit d'un violent éclat de rire et regarda M. Swiveller avec des yeux étincelants. C'était un homme au visage brun, hâlé par le soleil, et dont la face paraissait plus brune encore et plus hâlée par le contraste d'un bonnet de coton blanc. Comme on voyait bien que c'était un personnage irascible, M. Swiveller se sentit fort soulagé en le trouvant de si belle humeur, et, pour l'encourager à persister dans cette disposition d'esprit, il sourit à son tour.

Le locataire, dans l'irritation qu'il avait éprouvée en se voyant réveillé si brusquement, avait un peu trop poussé son bonnet de coton sur le côté de sa tête chauve. Cela lui donnait un certain air tapageur et excentrique que M. Swiveller pouvait observer maintenant à son aise et qui le charma fort. Il exprima donc, par manière de raccommodement, l'espérance que le gentleman allait se lever, et qu'à l'avenir il ne le ferait plus.

« Venez, impudent drôle! »

Telle fut la réponse du locataire, qui rentra dans sa chambre. M. Swiveller l'y suivit, laissant le tabouret dehors, mais conservant la règle en cas de surprise. Il ne tarda pas à s'applaudir de sa prudence, quand le gentleman, sans donner aucune explication, ferma la porte à double tour.

« Voulez-vous boire quelque chose? demanda l'étranger.

M. Swiveller répondit qu'il avait tout récemment apaisé les angoisses de la soif, mais qu'il était tout prêt à prendre un « modeste rafraîchissement », si les matériaux se trouvaient sous la main. Sans qu'un mot de plus fût prononcé de part ou d'autre, le locataire tira de sa grande malle une sorte de temple en argent, brillant et poli, qu'il plaça sur la table avec de grandes précautions. M. Swiveller suivait tous ses mouvements avec un vif intérêt.

L'étranger mit un œuf dans un petit compartiment de ce temple, dans un autre du café, dans un troisième un bon morceau de beefsteak cru, qu'il prit dans une boîte d'étain bien propre; enfin il versa de l'eau dans une quatrième case. Ensuite il mit le feu à une lampe à esprit-de-vin placée sous le temple. Il baissa les couvercles des petits compartiments, puis il les releva, et alors il se trouva que, par une opération merveilleuse et invisible, le beefsteak fut rôti, l'œuf cuit, le café à point, en un mot le déjeuner tout prêt.

« Voici de l'eau chaude, dit le locataire, en la passant à M. Swiveller avec autant d'aplomb que s'il avait eu devant lui un fourneau de cuisine; voici d'excellent rhum, du sucre et un verre de voyage. Faites le mélange et hâtez-vous. »

Dick obéit, portant tour à tour son regard du temple qui était sur la table, et où tout semblait se faire, à la grande malle qui semblait tout contenir. Le locataire déjeuna en homme trop habitué à ces sortes de miracles pour seulement y penser.

« Le maître de la maison est un homme de loi, n'est-il pas vrai? » dit-il.

Dick fit un signe de tête. Le rhum lui paraissait exquis.

« La maîtresse de la maison, qui est-elle?

— Un dragon, » répondit Richard.

Le gentleman, peut-être pour avoir fait rencontre de ces sortes d'animaux dans le cours de ses voyages, ou peut-être par innocence s'il était célibataire, ne témoigna aucune surprise, mais il demanda simplement :

« Sa femme ou sa sœur?

— Sa sœur.

— Tant mieux pour lui; il pourra s'en débarrasser quand il lui plaira. »

Après un moment de silence, l'étranger ajouta :

« Quant à moi, j'aime à agir à ma guise, à me coucher quand cela me convient, à me lever quand il m'en prend la fantaisie, à rentrer, à sortir selon mon idée, à ne point subir de questions, à n'être point entouré d'espions. Il n'y a qu'une servante, ici?

— Oui, et une toute petite.

— Une toute petite! Très bien; la maison me conviendra, n'est-ce pas?

— Oui.

— Ce sont des requins, je suppose ? »

Dick fit un signe d'assentiment et acheva de vider son verre.

« Instruisez-les de mon caractère, dit l'étranger en se levant. S'ils m'ennuient, ils perdront un bon locataire. Qu'ils me connaissent sous ce rapport, cela leur suffit. S'ils veulent en savoir davantage, ce sera me donner congé. Il vaut mieux que nous nous soyons d'abord entendus sur ce sujet. Adieu ! »

M. Brass et miss Sally étaient aux aguets, au trou de la serrure. Comme, malgré tous leurs efforts, ils n'avaient pu attraper un seul mot de la conversation, ils entraînèrent Richard à l'étude, afin d'y entendre son rapport.

Ce rapport, M. Swiveller le leur fit exact en ce qui concernait les volontés et le caractère du gentleman, mais poétique au sujet de la grande malle, dont il fit une description plus remarquable par l'éclat de l'imagination que par la stricte peinture de la vérité. Il déclara, avec nombre d'affirmations solennelles, qu'elle contenait un échantillon de toute espèce de mets délicieux et des meilleurs vins connus de nos jours ; en outre, qu'elle avait la faculté d'agir au commandement, sans doute par un mouvement de pendule. Il leur donna aussi à entendre que l'appareil culinaire pouvait, en deux minutes un quart, rôtir une belle pièce d'aloyau de bœuf pesant environ six livres *bon poids*, comme il l'avait vu de ses propres yeux et reconnu au flair ; il avait vu aussi, de quelque façon que cela se produisît, l'eau frémir et bouillonner en aussi peu de temps que le gentleman n'en mettait à cligner de l'œil. Toutes ces circonstances réunies l'amenaient à conclure que le locataire était ou un grand magicien, ou un grand chimiste, tous les deux peut-être, et que son séjour dans la maison ne pourrait manquer de jeter un jour beaucoup d'éclat sur le nom de Brass et d'ajouter un nouvel intérêt à l'histoire de Bevis-Marks.

## XXXIV

Depuis quelques semaines, le gentleman occupait son appartement, refusant toujours d'avoir aucun rapport avec M. Brass ou avec miss Sally, mais choisissant invariablement M. Swiveller comme intermédiaire. Son fondé de pouvoirs était donc devenu dans la famille Brass un personnage d'une haute importance, par suite de l'influence qu'il exerçait sur cet hôte mystérieux, avec qui il pouvait négocier bien ou mal, tandis que personne autre ne pouvait l'approcher.

A part même cette source de popularité, M. Swiveller en avait dans la maison une autre non moins agréable et qui pouvait lui faire espérer un grand adoucissement dans sa position : il avait trouvé grâce aux yeux de miss Sally Brass.

Il égayait l'étude par ses fragments de chansons et ses joyeuses plaisanteries; il faisait des tours d'escamotage avec les encriers et les boîtes de pains à cacheter; il lançait et ressaisissait trois oranges avec une seule main; il tenait en équilibre les tabourets sur son menton et les canifs sur son nez, et se livrait à cent autres exercices aussi spirituels.

C'est par ces délassements que Richard, en l'absence de M. Brass, échappait à l'ennui de sa captivité. Ces qualités aimables, dont miss Sally dut la découverte au hasard, produisirent peu à peu sur elle une telle impression, qu'elle engagea M. Swiveller à se reposer comme si elle n'eut pas été là; et M. Swiveller, qui n'y avait pas de répugnance, ne demanda pas mieux.

Une amitié fraternelle s'établit ainsi entre eux. M. Swiveller s'habitua à traiter miss Sally comme l'eût traitée son frère Sampson, ou comme lui-même il eût traité un autre clerc. Il lui confiait son secret quand il voulait aller chez le vieux marchand du coin, ou même jusqu'à Newmarket acheter des fruits, du *gingerbeer*, des pommes cuites et jusqu'à un modeste *rafraîchissement*, que miss

Brass partageait sans scrupule. Souvent il l'amenait à se charger, en sus de sa propre besogne, de celle qu'il aurait dû faire, et, pour la récompenser, il lui appliquait une bonne tape sur le dos, en s'écriant qu'elle était un bon diable, un charmant petit chat, un vieux lapin, et autres aménités pareilles, compliments que miss Sally prenait très bien et recevait avec une satisfaction indicible.

Une circonstance toutefois troublait à un haut degré l'esprit de

UNE AMITIÉ FRATERNELLE S'ÉTABLIT ENTRE EUX.

M. Swiveller. C'est que la petite servante restait toujours confinée dans les entrailles de la terre, sous Bevis Marks, et n'apparaissait jamais à la surface, à moins que le locataire ne sonnât; alors elle répondait à l'appel, puis disparaissait de nouveau. Jamais elle ne sortait, ni ne venait à l'étude; jamais elle n'avait la figure débarbouillée; jamais elle ne quittait son grossier tablier, ni ne se mettait à une fenêtre, ni ne se tenait à la porte de la rue pour respirer un brin d'air; enfin elle ne se donnait ni repos ni distraction. Personne ne venait la voir, personne ne parlait d'elle; personne ne songeait à elle.

« Il est inutile, pensait un jour Dick, d'interroger le dragon. Je vois que si je lui adressais une question à ce sujet, cela romprait notre bonne entente. »

En ce moment même, le dragon essuyait sa plume à sa robe verte et quittait son siège.

« Où allez-vous, mon vieux camarade? lui demanda M. Swiveller.

— Je vais dîner, répondit le dragon.

— Dîner!... pensa M. Swiveller; ceci est une autre affaire. Je serais curieux de savoir si la petite servante a jamais rien à manger. »

Ayant suivi furtivement le dragon jusque dans les entrailles de la terre, il put s'assurer par ses propres yeux que la petite servante avait à manger juste de quoi ne pas mourir de faim, et que, si le dragon lui ménageait la nourriture, elle ne lui ménageait ni les rebuffades, ni les coups!

## XXXV

Entre autres singularités, le locataire des Brass s'était pris d'une passion extraordinaire pour le spectacle de Polichinelle. Si le bruit de la voix de Polichinelle, même à distance éloignée, arrivait à Bevis Marks, le gentleman, fût-il au lit et endormi, se levait en sursaut, s'habillait à la hâte, courait à l'endroit où se trouvait son héros favori, et revenait à la tête d'une longue procession de badauds, au milieu desquels se trouvait le théâtre ambulant avec ses propriétaires.

Immédiatement les tréteaux se dressaient en face de la maison de M. Brass; le gentleman s'établissait à la fenêtre du premier étage, et la représentation commençait, avec son joyeux tapage de fifre, de tambour et d'acclamations, à la consternation profonde de la population laborieuse qui habitait ce quartier silencieux. Au moins pouvait-on espérer que, la pièce une fois achevée, comédiens et auditoire se disperseraient; mais l'épilogue était aussi fâcheux que la pièce elle-même; car le Diable n'était pas plus tôt mort, que le gentleman appelait dans sa chambre le directeur des marionnettes et son aide, et les régalait de liqueurs fortes. Alors il avait avec eux une longue conversation dont le sujet échappait à toute créature humaine. Pendant ce temps-là les petits garçons frappaient à coups de poing sur le tambour et imitaient Polichinelle avec leurs voix grêles.

« Allons, dit M. Brass un après-midi, voilà deux jours passés sans Polichinelle. J'espère que notre homme a épuisé son caprice ! »

Il avait parlé trop tôt. Tout à coup, il prêta l'oreille d'un air inquiet, et, reconnaissant une voix familière, il appuya sa tête sur sa main, leva les yeux au plafond et laissa tomber ces mots d'une voix gémissante :

« En voici encore un ! »

En ce moment, le gentleman venait d'ouvrir sa fenêtre. Puis il ouvrit sa porte, descendit vivement l'escalier et courut tête nue vers l'endroit d'où partait l'appel de Polichinelle. Bientôt il revint, ayant à ses trousses le théâtre, les artistes et une foule compacte de spectateurs. Celui qui montrait les marionnettes disparut à la hâte sous la toile, tandis que son compagnon, debout à l'un du côtés du théâtre, examinait l'auditoire avec une expression de tristesse remarquable.

Le drame tirait à sa fin et tenait enchaînée, comme à l'ordinaire, l'attention des spectateurs, quand le locataire invita, selon l'usage, les directeurs des marionnettes à monter chez lui.

« Tous les deux ! cria-t-il de sa fenêtre, en voyant qu'un seul, celui qui faisait mouvoir les figures, un gros petit homme, se disposait à obéir à l'appel. J'ai besoin de vous parler. Montez tous les deux.

— Venez, Tommy, dit le petit homme.

— Je ne suis pas causeur, répondit l'autre. Dites-lui ça. Je n'ai pas besoin de vous accompagner pour causer avec lui.

— Ne voyez-vous pas, répliqua le petit homme, que le gentleman tient à la main une bouteille et un verre ?

— Que ne le disiez-vous d'abord ? s'écria l'autre avec une vivacité soudaine. Eh bien ! qu'est-ce qui vous arrête ? Voulez-vous que le gentleman nous attende toute la journée ? Ce serait bien poli, ma foi ! »

Tout en le chapitrant, le personnage, qui n'était autre que M. Thomas Codlin, poussa M. Short, pour passer le premier, et arriva avant lui à l'appartement du gentleman.

« Eh bien! mes braves gens, dit le gentleman, vous avez fort bien joué. Qu'est-ce que vous voulez prendre? »

Le gentleman montra du doigt une couple de chaises, et invita MM. Codlin et Short à s'asseoir.

« Vous êtes bien hâlés par le soleil, leur dit-il. Est-ce que vous venez de voyage? »

Un signe de tête et un sourire affirmatif furent la réponse de M. Short; M. Codlin corrobora cette réponse par un autre signe de tête et un petit gémissement, comme s'il eût senti encore le poids du théâtre sur ses épaules.

Cependant le gentleman avait rempli deux verres avec le contenu d'une bouteille placée sur la table, et les leur avait présentés en bonne et due forme.

« Vous fréquentez les foires, les marchés, les courses, je suppose.

— Oui, monsieur, répondit Short, nous avons visité à peu près tout l'ouest de l'Angleterre.

— J'ai parlé à des hommes de votre profession qui venaient du nord, de l'est et du sud, dit le gentleman, mais jusqu'à présent je n'en avais pas rencontré qui vinssent de l'ouest.

— Chaque été, monsieur, dit Short, nous faisons notre tournée dans l'Ouest. On a bien de la misère, allez, à passer des jours et des mois sous la pluie et dans la boue, et souvent sans gagner un sou dans sa journée.

— Permettez-moi de remplir encore votre verre.

— Si c'est un effet de votre bonté, monsieur, il n'y a pas de refus, dit M. Codlin, qui se hâta de pousser son verre en avant et d'écarter celui de Short. C'est moi qui suis le souffre-douleur, monsieur, dans tous nos voyages, comme dans toutes nos haltes. En ville ou à la campagne, qu'il pleuve ou qu'il fasse sec, que le temps soit chaud ou froid, c'est Tom Codlin qui est toujours là pour pâtir, et encore Tom Codlin qui ne doit pas se plaindre. Oh non! Short a le droit de se plaindre, mais si Codlin murmure un tant soit peu, oh Dieu! à bas Codlin! on crie aussitôt : à bas Codlin!

Il n'a pas la permission de murmurer, il n'est pas là pour ça !

— Codlin n'est pas sans utilité, dit à son tour Short avec un regard malin. Mais il ne sait pas toujours tenir ses yeux tout grands ouverts. Quelquefois il s'endort, c'est connu. Souvenez-vous des dernières courses, Tommy.

— Ne cesserez-vous jamais de taquiner les pauvres gens ? dit Codlin. Est-ce que par hasard je dormais quand je vous ai, d'un coup de filet, ramassé sept francs vingt-cinq ? J'étais bien à mon poste, au contraire; mais on ne peut pas avoir les yeux de vingt côtés à la fois, comme un paon qui fait la roue; je voudrais bien vous y voir. Si je me suis laissé attraper par ce vieillard et par cette enfant, vous avez fait de même ; ainsi ne me jetez pas ça au nez.

— Vous ferez aussi bien de briser là, Tom, dit Short. Ce n'est pas un sujet bien intéressant pour lui, n'est-ce pas ?

— Au contraire, s'écria vivement le gentleman, le sujet est pour moi plein d'intérêt. Vous êtes les deux hommes que j'ai si longtemps cherchés et dont j'ai besoin. Où sont-ils, ce vieillard et cette enfant dont vous parlez ?

— Monsieur ! dit Short avec hésitation, en tournant les yeux vers son ami.

— Le vieillard et sa petite-fille qui ont voyagé avec vous, où sont-ils ? Parlez, vous ne vous en repentirez pas, cela vous rapportera peut-être plus que vous ne croyez. Ils vous ont quittés, dites-vous, à ces courses, si j'ai bien compris. On a retrouvé leur trace jusque-là, mais c'est là qu'on l'a perdue. N'avez-vous pas quelque renseignement à me donner, quelque idée de ce qu'ils peuvent être devenus, pour m'aider à les retrouver ?

— Je vous l'avais toujours dit, Thomas, s'écria Short en se tournant vers son ami avec un regard d'abattement, qu'on ne manquerait pas de chercher après ces voyageurs !

— *Vous* l'avez dit !... répliqua M. Codlin. Et moi, n'ai-je pas toujours dit que cette innocente enfant était la plus intéressante créature que j'eusse jamais vue ? ne disais-je pas toujours que je l'aimais, que j'en raffolais ? La jolie créature ! il me semble l'entendre encore : « C'est Codlin qui est mon ami, ce n'est pas Short. Short est un brave homme, disait-elle, je n'ai pas à me plaindre de

Short ; il cherche à me faire plaisir, je l'avoue ; mais Codlin m'aime comme la prunelle de ses yeux, sans que ça paraisse. »

En répétant ces paroles avec une grande émotion, M. Codlin se frottait le bout du nez avec le bout de sa manche et, secouant tristement la tête, il donna à entendre au gentleman que, depuis le moment où il avait perdu les traces de son cher petit dépôt, il avait perdu, du même coup, tout repos et tout bonheur.

« Bon Dieu ! dit le gentleman, en arpentant la chambre, ai-je donc enfin trouvé ces hommes pour découvrir seulement qu'ils ne peuvent me fournir des renseignements... ?

— Une minute, dit Short, un homme nommé Jerry, qui conduit une troupe de chiens, m'a appris par hasard, en route, qu'il avait vu le vieillard en compagnie d'une collection de figures de cire qui voyage, et qu'il ne connaît pas. Comme le vieillard et l'enfant nous avaient quittés furtivement, qu'on n'avait plus entendu parler d'eux, et qu'on les avait vus ailleurs que dans le pays où nous étions, je ne m'inquiétai pas davantage à ce sujet, et je ne fis pas d'autres questions à Jerry. Mais il y aurait moyen, si vous voulez...

— Cet homme est-il à Londres ? demanda impatiemment le gentleman. Parlez donc vite.

— Non, il n'y est pas, mais il y arrivera demain, répondit vivement Short. Il loge dans la même maison que nous.

— Eh bien ! amenez-le-moi. Voici un louis pour chacun de vous. Si, par votre secours, je réussis à retrouver ceux que je cherche, je vous en donnerai vingt fois plus. Revenez me voir demain. Maintenant, donnez-moi votre adresse et laissez-moi. »

## XXXVI

Kit s'était, comme on pense, familiarisé de plus en plus avec M. et mistress Garland, M. Abel, le poney, Barbe, et peu à peu il en était venu à les considérer tous, tant les uns que les autres, comme ses amis particuliers, et Abel Cottage comme sa propre maison.

Ne croyez pas cependant que Kit, dans sa nouvelle demeure, où il avait trouvé bonne table et bon gîte, se mit à penser avec dédain à la mauvaise chère et au pauvre mobilier de son ancien logis. Qui mieux que Kit se fût souvenu de ceux qu'il avait laissés dans cette maison, bien que ce ne fussent qu'une mère et deux enfants? Quel père vantard eût, dans la plénitude de son cœur, raconté plus de hauts faits de son enfant prodige que Kit n'en racontait tous les soirs à Barbe au sujet du petit Jacob ? Et même, s'il eût été possible d'en croire les récits qu'il faisait avec tant d'emphase, y eut-il jamais une mère comme la mère de Kit, du moins au témoignage de Kit, ou bien y eut-il jamais autant d'aisance, au sein même de la pauvreté, que dans la pauvreté de la famille de Kit?

Kit reportait constamment ses regards en arrière avec une reconnaissance profonde, avec l'inquiétude de l'affection, et souvent il dictait de grande lettres pour sa mère, et y plaçait un shilling, ou dix-huit pence, ou d'autres petites douceurs qu'il devait à la libéralité de M. Abel. Parfois, lorsqu'il venait dans le voisinage, il avait l'autorisation d'entrer pour quelques instants chez sa mère. Quelle joie, quel orgueil ressentait mistress Nubbles! Avec quel tapage le petit Jacob et le poupon exprimaient leur satisfaction !

Bien que Kit jouît d'une haute faveur auprès de la vieille dame, de M. Garland, d'Abel et de Barbe, il est certain qu'aucun membre de la famille ne lui témoignait plus de sympathie que l'opiniâtre poney; celui-ci, le plus obstiné, le plus volontaire peut-être de tous les poneys du monde, était entre les mains de Kit le plus doux et le plus facile des animaux.

En peu de temps, Kit avait acquis une habileté parfaite dans la direction de l'écurie; il ne tarda pas non plus à devenir un jardinier passable, un valet de chambre soigneux dans la maison, et un secrétaire indispensable pour M. Abel, qui chaque jour lui donnait de nouvelles preuves de confiance et d'estime.

Un matin, Kit conduisit M. Abel à l'étude du notaire, comme cela lui arrivait souvent; et, l'ayant laissé devant la maison, il allait se rendre à une remise de louage située près de là, quand M. Chukster sortit de l'étude et cria : « Whoa-a-a-a ! » appuyant longtemps sur cette finale, afin de jeter la terreur dans le cœur du poney, et de mieux établir la supériorité de l'homme sur les animaux.

« Montez, *Snob*, dit très haut M. Chukster s'adressant à Kit. Vous êtes attendu là dedans.

— M. Abel aurait-il oublié quelque chose ? demanda Kit, qui s'empressa de mettre pied à terre.

— Pas de question, jeune Snob, mais entrez et voyez. Whoa-a-a! voulez-vous bien rester tranquille !... Si ce poney était à moi, comme je vous le corrigerais ! »

Lorsque Kit frappa à la porte de l'étude, ce fut le notaire en personne qui s'empressa d'ouvrir.

« Ah ! très bien !... Entrez, Christophe, dit M. Witherden.

— C'est là ce jeune homme? demanda un gentleman âgé, mais encore robuste et solide.

— Lui-même, dit M. Witherden. C'est à ma porte qu'il a rencontré mon client, M. Garland. J'ai lieu de croire que c'est un brave garçon, et que vous pouvez ajouter foi à ses paroles. Permettez-moi de faire entrer M. Abel Garland, monsieur, son jeune maître, mon élève en vertu d'un contrat d'apprentissage et, de plus, mon meilleur ami.

— Votre serviteur, monsieur, dit l'étranger à M. Abel.

— Je suis bien le vôtre, répliqua M. Abel d'une voix flûtée. Vous désirez parler à Christophe, monsieur ?

— En effet, je le désire. Le permettez-vous ?

— Parfaitement.

— L'affaire qui m'amène n'est pas un secret, ou plutôt, je veux dire qu'elle ne doit pas être un secret *ici*, ajouta l'étranger, remarquant que M. Abel et le notaire se disposaient à s'éloigner. Elle concerne un marchand d'antiquités chez qui travaillait ce garçon, et à qui je porte un profond intérêt. J'ai fait des recherches dans le voisinage de la maison qu'habitait son ancien maître, et c'est comme cela que j'ai appris qu'il avait eu ce garçon à son service. Je me suis rendu chez sa mère; elle m'a adressé ici comme au lieu le plus proche où je pourrais le trouver. Tel est le motif de la visite que je vous fais ce matin. »

S'étant alors tourné vers Kit, il lui dit :

« Si vous pensez, mon garçon, que je poursuis ces recherches sinon pour trouver et servir ceux que je désire rencontrer, vous me faites injure, et vous vous faites illusion. Ne vous y trompez donc pas, mais fiez-vous à moi. »

Kit fut alors mis sur la sellette et longuement questionné par l'inconnu sur son ancien maître et sur sa petite-fille, sur leur genre de vie solitaire, leurs habitudes de retraite et leur stricte réclusion. Toutes les questions et toutes les réponses portèrent sur les sorties nocturnes du vieillard, sur l'existence isolée de l'enfant pendant ces heures d'absence, sur la maladie du grand-père et sa guérison, sur la prise de possession de la maison par Quilp, et sur la disparition soudaine du vieillard et de Nelly.

Ensuite l'étranger demanda à M. Witherden de lui accorder quelques minutes d'entretien particulier.

M. Witherden consentit. Ils entrèrent dans le cabinet du notaire, où ils causèrent un quart d'heure environ, après quoi ils revinrent à l'étude.

« Je ne veux pas vous retenir davantage, dit l'étranger à Kit, en lui mettant un écu dans la main. Mais pas un mot de tout ceci, sinon à votre maître et à votre maîtresse.

— Ma mère serait bien contente de savoir..., dit Kit en hésitant.

— Contente de savoir quoi ?

— Quelque chose... d'agréable pour miss Nelly.

— En vérité ? Eh bien ! vous pouvez l'en instruire, si elle sait garder un secret. Mais, du reste, songez-y, pas un mot de ceci à aucune autre personne. N'oubliez pas mes recommandations. Soyez discret.

— Comptez sur moi, monsieur, dit Kit. Je vous remercie, monsieur, et vous souhaite le bonjour. »

Le gentleman, dans son désir de bien faire comprendre à Kit l'absolue nécessité de la discrétion, le suivit jusque sur le pas de la porte de la rue, pour lui répéter ses recommandations. Or il arriva qu'en ce moment M. Richard Swiveller, qui passait par là, tourna les yeux de ce côté, et aperçut à la fois Kit et son mystérieux ami.

C'était un simple hasard, dont voici la cause. M. Chukster, étant un gentleman d'un goût cultivé et d'un esprit raffiné, appartenait à la loge des Glorieux Apollinistes, dont M. Swiveller était président perpétuel. M. Swiveller, conduit dans cette rue en vertu d'une commission que lui avait confiée M. Brass, et apercevant un membre de sa Glorieuse Société qui veillait sur un poney, traversa la rue pour donner à M. Chukster cette fraternelle accolade qu'il est du devoir des présidents perpétuels d'octroyer à leurs cosociétaires. A peine lui avait-il serré les mains que, levant les yeux, il aperçut le gentleman de Bevis Marks en conversation avec Christophe Nubbles.

« Oh! oh! dit-il, qui est là ?

— C'est un monsieur qui est venu voir mon patron ce matin, répondit Chukster; je n'en sais pas davantage; je ne le connais ni d'Ève ni d'Adam.

— Au moins, savez-vous son nom? »

A quoi M. Chukster répondit, avec l'élévation de langage particulière aux membres de la Société des Glorieux Apollinistes, qu'il voulait être « éternellement sanctifié » s'il s'en doutait seulement.

« Tout ce que je sais, mon cher, ajouta-t-il en se passant les doigts dans les cheveux, c'est que ce monsieur est cause que je suis debout ici depuis vingt minutes, et que pour cette raison je le hais d'une haine mortelle et impérissable, et que, si j'en avais le temps, je le poursuivrais jusqu'aux confins de l'éternité. »

Tandis qu'ils discouraient ainsi, celui qui faisait le sujet de leur entretien, et qui, par parenthèse, n'avait pas paru reconnaître M. Richard Swiveller, rentra dans la maison. Kit rejoignit les deux causeurs; M. Swiveller lui adressa, sans plus de succès, une série de questions sur l'étranger.

« C'est un excellent homme, monsieur, répondit Kit; c'est tout ce que j'en sais. »

« Hum! se dit M. Swiveller après réflexion, ceci est étrange. Rien que des mystères dans la maison Brass. Cependant je prendrai conseil de ma raison. Jusqu'à présent tout le monde a été admis à mes confidences, mais maintenant je pense que je ferai bien de n'agir que par moi-même. C'est étrange, fort étrange! »

## XXXVII

Toute cette journée, quoiqu'il dût attendre M. Abel jusqu'au soir, Kit s'abstint d'aller voir sa mère, bien décidé à ne pas anticiper le moins du monde sur les plaisirs du lendemain, mais à laisser venir ce flot de délices. Car le lendemain serait un jour de congé consacré à un tourbillon d'amusements, et où le petit Jacob apprendrait quel goût ont les huîtres, et ce que c'est que le spectacle. Et puis, le lendemain était aussi le jour de congé de Barbe; et la mère de Barbe devait être de la partie : elle devait prendre le thé avec la mère de Kit, pour faire connaissance avec elle!

Dès le matin, la mère de Barbe arriva en s'extasiant sur la beauté du temps. Cela ne l'avait pas empêchée d'ailleurs de se munir d'un grand parapluie, car c'est un meuble sans lequel les gens de cette catégorie sortent rarement aux jours de fête.

C'est quand ils furent tous sur l'impériale de la diligence qu'il fallait les voir rire à cœur joie en repassant tous ces bonheurs dans leur esprit, et s'apitoyer sur les gens qui n'ont pas de jour de congé.

Quant à la mère de Kit, n'aurait-on pas dit qu'elle était de bonne famille et qu'elle avait été toute sa vie une grande dame? Elle était sous les armes, pour les recevoir, avec tout un attirail de théières et de tasses qui eût brillé dans une boutique de porcelaine. On n'était pas assis depuis cinq minutes, et la mère de Kit disait que la mère de Barbe était exactement la personne qu'elle s'était figurée; la mère de Barbe disait la même chose de la mère de Kit; la mère de Kit complimentait la mère de Barbe sur sa fille, et la mère de Barbe complimentait la mère de Kit sur son fils; Barbe elle-même était au mieux avec le petit Jacob; mais aussi jamais enfant ne sut mieux que lui accourir quand on l'appelait, ni se faire comme lui des amis.

La journée s'était écoulée, pour ainsi dire, sans qu'on s'en aperçût, et voilà qu'il était l'heure de songer au spectacle. On avait fait, en vue de cette solennité, de grands préparatifs en châles et en chapeaux ; sans compter un mouchoir plein d'oranges et un autre rempli de pommes, qu'ils eurent quelque peine à nouer, car les fruits rebelles avaient une tendance à s'échapper par les coins. Enfin, tout étant prêt, ils partirent d'un bon pas. La mère de Kit tenait par la main le plus petit des enfants, qui était terriblement éveillé. Kit conduisait le petit Jacob et donnait le bras à Barbe. Cela faisait dire aux deux mères qui venaient par derrière qu'ils semblaient tous ne faire qu'une seule et même famille.

Enfin il arrivèrent au théâtre : c'était le cirque d'Astley. A peine se trouvaient-ils depuis deux minutes devant la porte fermée encore, que le petit Jacob fut rudement pressé par la foule, que le poupon reçut plusieurs meurtrissures, que le parapluie de la mère de Barbe fut emporté à vingt pas et lui revint par-dessus les épaules de la foule, que Kit frappa un individu sur la tête avec le mouchoir rempli de pommes, pour avoir poussé violemment mistress Nubbles, et qu'il s'éleva à ce sujet une vive rumeur. Mais lorsqu'ils eurent passé le contrôle et se furent frayé un chemin, au péril de leurs vies, avec leurs contremarques à la main, lorsqu'ils furent bel et bien dans la salle, assis à des places aussi bonnes que s'ils les avaient retenues d'avance, toutes les fatigues précédentes furent considérées comme un jeu, peut-être même comme une partie essentielle des plaisirs du spectacle.

Quel éclat se répandit autour d'eux lorsque la longue et lumineuse rangée des quinquets de la rampe monta lentement ! et quel transport fébrile, quand la petite sonnette retentit et que l'orchestre attaqua vivement l'ouverture avec roulement de tambours et accompagnement harmonieux de triangle !

Et le spectacle donc, ce fut bien autre chose ! Tout était délicieux, splendide, surprenant. Le petit Jacob applaudissait à s'en écorcher les mains ; il criait : « Encore ! » à la fin de chaque scène, même quand tout fut terminé. La mère de Barbe, dans son enthousiasme, frappa de son parapluie sur le plancher, au point d'user le bout jusqu'au coton.

Mais qu'est-ce que tout cela, oui tout cela, en comparaison de la prodigalité folle de Kit, lorsqu'il entra dans une boutique d'huîtres avec autant d'aplomb que si c'eût été son domicile, et, sans daigner regarder le comptoir ni l'homme qui y était assis, conduisit sa société dans un cabinet garni de rideaux rouges, d'une nappe et d'un huilier complet, et qu'il ordonna à un gentleman qui avait des favoris, et qui, en qualité de garçon, l'avait appelé « Monsieur », lui Christophe Nubbles, d'apporter trois douzaines de ses plus grandes huîtres et de se dépêcher. Oui, Kit dit à ce gentleman de se dépêcher; et non seulement le gentleman dit qu'il allait se dé-

KIT CONDUISAIT LE PETIT JACOB ET DONNAIT LE BRAS A BARBE.

pêcher, mais il revint en courant apporter les pains les plus tendres, le beurre le plus frais et les huîtres les plus grandes qu'on eût jamais vues. Ensuite il apporta un pot de bière, sur un nouvel ordre de Kit.

On se mit alors à souper de bon appétit; et voilà que Barbe, cette petite folle de Barbe, dit qu'elle ne pourrait pas manger plus de deux huîtres; tout ce qu'on obtint d'elle, avec des efforts incroyables, ce fut qu'elle en mangeât quatre. En revanche, sa mère et celle de Kit s'en acquittèrent à merveille ; elles mangèrent, rirent et s'amusèrent si bien, que Kit, rien qu'à les voir, se mit à rire et à manger de la même façon par la force de la sympathie. Mais ce qu'il y eut de plus prodigieux dans cette nuit de fête, ce fut le petit Jacob, qui absorbait les huîtres comme s'il était né et venu au monde pour cela. Il y versait le poivre et le vinaigre avec une dextérité au-dessus de son âge, et finit par bâtir une grotte sur la table avec les écailles. Il n'y eut pas jusqu'au poupon qui de toute la soirée ne ferma pas l'œil, restant là paisiblement assis, s'efforçant de fourrer dans sa bouche une grosse orange et regardant avec satisfaction la lumière du gaz.

En résumé, jamais il n'y eut de plus charmant souper ; et lorsque Kit eut demandé, pour finir, un verre de quelque chose de chaud, et proposé de boire à la santé de M. et de mistress Garland, nous pouvons dire qu'il n'y avait pas dans le monde entier six personnes plus heureuses.

## XXXVIII

Le lendemain matin, Kit se leva de si bonne heure, qu'il avait étrillé le poney et l'avait rendu aussi luisant qu'un cheval de course avant que M. Garland fût descendu pour déjeuner. La vieille dame, le vieux monsieur et M. Abel lui firent compliment de son activité. A son heure accoutumée, ou plutôt à la minute, à la seconde, car il était la ponctualité en personne, M. Abel partit pour prendre la diligence de Londres ; Kit et le vieux gentleman allèrent travailler au jardin. Ce jour-là, ils avaient à tailler la vigne en cordons : Kit monta jusqu'à la moitié d'une échelle courte et se mit à couper les bourgeons et à attacher les branches à coups de marteau, tandis que le vieux gentleman, suivant avec attention tous ses mouvements, lui tendait les clous et les chiffons au fur et à mesure qu'il en avait besoin. La vieille dame les regardait comme à l'ordinaire.

« Eh bien, Christophe, dit M. Garland, vous avez donc acquis un nouvel ami ?

— Pardon, monsieur, je n'ai pas entendu, répondit Kit en abaissant les yeux vers le pied de l'échelle.

— Vous avez acquis un nouvel ami dans l'étude, à ce que m'a appris M. Abel.

— Oh! oui, monsieur, oui. Il a agi très généreusement avec moi, monsieur.

— J'en suis ravi, répliqua le vieux gentleman avec un sourire. Il est disposé à agir encore bien plus généreusement, Christophe.

— Vraiment, monsieur? C'est trop de bonté de sa part, mais je n'en ai pas besoin, pour sûr, dit Kit, frappant fortement sur un clou rebelle.

— Il désire beaucoup vous avoir à son service... Prenez donc garde à ce que vous faites ; sinon vous allez tomber et vous blesser.

— M'avoir à son service, monsieur ! s'écria Kit qui s'était arrêté tout court dans sa besogne pour se retourner sur l'échelle avec l'agilité d'un faiseur de tours. Mais, monsieur, je pense bien qu'il n'a pas dit cela sérieusement.

— Au contraire, il l'a dit très sérieusement, d'après sa conversation avec M. Abel.

— On n'a jamais vu ça, murmura Kit, regardant tristement son maître et sa maîtresse. Cela m'étonne bien de la part de ce monsieur; je ne le comprends pas.

— Vous voyez, Christophe, dit M. Garland, c'est une affaire d'importance pour vous, et vous ferez bien d'y réfléchir. Ce gentleman peut vous donner de meilleurs gages que moi ; je ne dis pas vous traiter avec plus de douceur et de confiance : j'espère que vous n'avez pas à vous plaindre de vos maîtres ; mais certainement il peut vous faire gagner plus d'argent.

— Après, monsieur? dit Kit.

— Attendez un moment, interrompit M. Garland ; ce n'est pas tout. Vous avez été un fidèle serviteur pour vos anciens maîtres, je le sais, et si le gentleman les retrouvait, comme il s'est proposé de le faire par tous les moyens possibles, je ne doute pas qu'étant à son service, vous n'en soyez bien récompensé. En outre, ajouta M. Garland avec beaucoup de force, vous aurez le plaisir de vous trouver de nouveau en rapport avec des personnes auxquelles vous semblez porter un attachement si grand et si désintéressé. Songez à tout cela, Christophe, et ne vous pressez pas trop inconsidérement dans votre choix. »

Kit ressentit un coup violent à l'intérieur, au moment où ce dernier argument caressait doucement sa pensée et semblait réaliser toutes ses espérances, tous ses rêves d'autrefois. Mais cela ne dura qu'un instant, et son parti fut bientôt pris. Il répondit que le gentleman ferait bien de chercher ailleurs, et qu'il aurait aussi bien fait de commencer par là.

« Comment a-t-il pu s'imaginer, monsieur, que j'irais vous quitter pour m'en aller avec lui, dit Kit, se retournant après avoir donné quelques coups de marteau. Il me prend donc pour un *imbécile?*

— C'est ce qui pourra bien arriver, Christophe, si vous repoussez son offre, répliqua gravement M. Garland.

— Eh bien ! comme il voudra, monsieur. Que m'importe ce qu'il pensera? Pourquoi m'en embarrasserais-je, monsieur, quand je sais que je serais un imbécile, et encore bien pis que ça, si je laissais là le meilleur maître, la meilleure maîtresse qu'il y ait jamais eu; qui m'ont recueilli dans la rue quand j'étais pauvre, quand j'avais faim, quand peut-être j'étais plus pauvre et plus dénué que vous ne le croyez vous-même, monsieur. Et pourquoi? pour m'en aller avec ce gentleman ou tout autre? Si jamais miss Nell revenait, madame, ajouta Kit en se tournant tout à coup vers sa maîtresse, ah ! ce serait autre chose. Et si, par hasard, *elle* avait besoin de moi, je vous prierais de temps en temps de me laisser travailler pour elle, quand toute ma besogne serait finie à la maison. Mais si elle revient, je sais bien qu'elle sera riche, comme le répétait toujours mon vieux maître; et, une fois riche, elle n'aurait pas besoin de moi ! Non, non, dit encore Kit, en secouant la tête d'un air chagrin, j'espère qu'elle n'aura jamais besoin de moi..., et cependant je serais bien heureux de la revoir ! »

En ce moment Barbe accourut annoncer qu'on était venu de l'étude apporter une lettre, qu'elle remit entre les mains de son maître, tout en laissant paraître quelque étonnement à la vue de la pose d'orateur que Kit avait prise.

« Oh ! dit le vieux gentleman après avoir lu la lettre ; faites entrer le messager. »

Tandis que Barbe s'empressait d'exécuter cet ordre, M. Garland se tourna vers Kit pour lui dire que l'entretien en resterait là, et que si Kit éprouvait de la répugnance à se séparer d'eux, ils n'en éprouvaient pas moins à se séparer de lui. La vieille dame s'associa chaudement aux sentiments exprimés par son mari.

« Si pour le moment, Christophe, ajouta M. Garland en jetant un regard sur la lettre qu'il tenait à la main, le gentleman désirait vous emprunter pour une heure ou deux, ou même pour un ou plusieurs jours, quelque temps enfin, nous devrions consentir, nous à vous prêter, vous à ce qu'on vous prêtât. Ah ! ah ! voici le jeune gentleman. Comment vous portez-vous, monsieur ? »

Ce salut s'adressait à M. Chukster, qui, avec son chapeau tout à fait penché sur le côté et ses longs cheveux qui en débordaient, s'avançait d'un air fanfaron.

« J'espère que votre santé est bonne, monsieur, répondit-il. J'espère que la vôtre est également bonne, madame. Une charmante petite bonbonnière, monsieur. Un délicieux pays, en vérité.

— Vous venez sans doute prendre Kit ? demanda M. Garland.

— J'ai pour cela un cabriolet qui m'attend à votre porte, » répondit le maître clerc.

On servit quelques rafraîchissements au maître clerc, et quand il se fut rafraîchi à loisir, il déclara qu'il était prêt à partir. Au bout de quelques instants, M. Chukster et Kit roulaient sur le chemin de Londres, Kit perché sur le siège, à côté du cocher, et M. Chukster assis dans un coin, à l'intérieur de la voiture, les deux pieds perchés à chacune des portières.

En arrivant à la maison du notaire, Kit se rendit dans l'étude, où M. Abel l'invita à s'asseoir et à attendre, car le gentleman qui l'avait fait demander était sorti et ne rentrerait peut-être pas de sitôt. Ce n'était que trop vrai. Kit, en effet, avait eu le temps de dîner, de prendre son thé et de lire les pages les plus intéressantes de l'*Almanach des vingt-cinq mille adresses;* plus d'une fois même il avait failli s'endormir avant le retour du gentleman. Enfin ce dernier arriva en toute hâte.

Il commença par s'enfermer avec M. Witherden, et M. Abel fut invité à assister à la conférence, en attendant que Kit, fort en peine de savoir ce que l'on voulait de lui, fût à son tour appelé dans le cabinet du notaire.

« Christophe, dit le gentleman en s'adressant à lui au moment où il entrait, j'ai retrouvé votre vieux maître et votre jeune maîtresse.

— Impossible, monsieur !... Comment ! vous les auriez retrouvés? répondit Kit, dont les yeux brillèrent de joie. Où sont-ils, monsieur? Dans quel état sont-ils, monsieur? Sont-ils... sont-ils près d'ici

— Loin d'ici, répliqua le gentleman en secouant la tête. Mais je dois partir cette nuit pour les ramener, et j'ai besoin que vous m'accompagniez.

— Moi, monsieur ? » s'écria Kit plein de surprise et de joie.

Le gentleman se tourna vers le notaire, et lui dit d'un air pénétré :

« Le lieu indiqué par l'homme aux chiens est... à combien d'ici? Vingt lieues, je crois?

— Vingt ou vingt-trois lieues.

— Hum ! si nous allons un bon train de poste, toute la nuit, nous pourrons y arriver dès demain matin. Maintenant, voici la question : Comme ils ne me connaissent pas, et comme l'enfant, que Dieu la bénisse ! pourrait penser qu'un étranger qui court à sa recherche a des projets contre la liberté de son grand-père, puis-je rien faire de mieux que d'emmener ce garçon qu'ils connaissent assez bien tous les deux pour le reconnaître tout de suite, afin de leur donner par là l'assurance de mes intentions amicales?

— Vous ne pouvez rien faire de mieux, répondit le notaire. Il faut absolument que vous preniez Christophe avec vous.

— Je vous demande pardon, dit Kit, qui avait prêté attentivement l'oreille à ces paroles; mais si c'est là votre raison, j'ai peur de vous être plus nuisible qu'utile. Pour miss Nelly, monsieur, *elle* me connaît bien, et elle aurait confiance en moi, bien certainement; mais le vieux maître, je ne sais pourquoi, messieurs, ni moi ni personne, n'a plus voulu me voir depuis sa maladie. Miss Nelly elle-même m'a dit que je ne devais plus me présenter devant son grand-père. Je craindrais donc de gâter tout ce que vous feriez. Je donnerais tout au monde pour vous suivre, mais vous ferez mieux de ne point me prendre avec vous, monsieur.

— Là! encore une difficulté! s'écria l'impétueux gentleman : y eut-il jamais un homme aussi embarrassé que moi? N'y a-t-il donc personne qui les ait connus, personne en qui ils aient confiance? La vie retirée qu'ils ont menée m'empêchera-t-elle donc de trouver quelqu'un pour servir mon dessein?

— N'y a-t-il personne, Christophe? demanda le notaire.

— Personne, monsieur, répondit Kit. Ah! mais si, pardon, il y a ma mère.

— Eh bien, alors, où est cette femme? dit avec impatience le gentleman, qui prit son chapeau. Pourquoi n'est-elle pas ici? Pourquoi ne se trouve-t-elle jamais là quand on a besoin d'elle? »

En un mot, le gentleman allait s'élancer hors de l'étude, déterminé à s'emparer de force de la mère de Kit, à la jeter dans une chaise de poste et à l'enlever, quand M. Abel et le notaire réussirent par leurs efforts réunis à conjurer ce nouveau mode de rapt. Ils l'arrêtèrent par la puissance de leurs raisonnements et lui démontrèrent qu'il était plus convenable de sonder Kit pour savoir de lui si sa mère consentirait à entreprendre si précipitamment ce voyage.

A ce sujet, Kit exprima quelques doutes, le gentleman s'abandonna à de violentes démonstrations, et M. Abel ainsi que le notaire prononcèrent à l'envi des discours pour l'apaiser. Le résultat de la conférence fut que Kit promit au nom de sa mère qu'à deux heures de là elle serait prête pour l'expédition projetée, et s'engagea à l'amener chez le notaire tout équipée pour le voyage, avant même l'expiration du terme fixé.

Ayant pris cet engagement assez téméraire, Kit sortit précipitamment.

## XXXIX

« Et maintenant, se dit-il, à mesure qu'il approchait du pauvre logis de sa mère, si elle était sortie! si je ne pouvais pas la trouver!

Cet impatient gentleman me recevrait joliment! Ce qu'il y a de sûr, c'est que je ne vois pas de lumière et que la porte est fermée. Dieu me pardonne, s'il y a là dedans du Petit-Béthel, je voudrais que le Petit-Béthel fût au... fût bien loin d'ici! »

Il frappa deux fois sans obtenir de réponse; une voisine sortit de chez elle au bruit qu'il faisait :

« Qui est-ce qui demande mistress Nubbles? dit-elle.

— C'est moi, dit Kit. Elle est au... Petit-Béthel, je suppose? »

Il prononça avec répugnance le nom de ce conventicule qui lui déplaisait, et appuya sur les mots avec une emphase dédaigneuse.

La voisine fit un signe de tête affirmatif.

« Eh bien! je vous prie, dites-moi où c'est, car je suis venu pour une affaire pressée, et il faut que j'emmène ma mère sur-le-champ, quand bien même elle serait dans la chaire. »

La voisine ne savait pas où était le Petit-Béthel. Mais une commère, qui avait accompagné mistress Nubbles à la chapelle une ou deux fois, fournit à Kit les informations nécessaires : il partit comme un trait et arriva enfin au Petit-Béthel.

Ce lieu n'était pas mal nommé, car c'était vraiment un petit Béthel, un Béthel de dimensions exiguës, avec un petit nombre de petits bancs et une petite chaire, dans laquelle un petit gentleman, cordonnier par état et prophète par vocation, était en train de débiter d'une toute petite voix un tout petit sermon, approprié à l'état moral de l'auditoire qui, s'il était petit par le nombre, était moindre encore par l'attention, la majorité étant parfaitement endormie; la mère de Kit faisait partie de la majorité. Le poupon qu'elle tenait dans ses bras s'était endormi aussi vite qu'elle; quant au petit Jacob, tour à tour on le voyait dormir tout à fait ou s'éveiller en sursaut, selon qu'il était vaincu par le doux attrait du sommeil ou dominé par la crainte d'une allusion personnelle dans le sermon.

« M'y voici donc, pensa Kit, se glissant vers le banc vide le plus rapproché en face de celui de sa mère, de l'autre côté de la petite nef; mais comment faire pour arriver jusqu'à elle ou pour la déterminer à sortir? »

Dans son agitation et son désespoir, Kit promenait ses regards tout autour de la chapelle; les ayant laissé tomber sur un petit siège placé devant la chaire, il eut peine à en croire le témoignage de ses yeux qui lui faisaient voir... Quilp ! Il eut beau se les frotter deux ou trois fois, toujours ils s'obstinaient à lui montrer que Quilp était là. Oui, c'était bien lui, assis sur un petit escabeau, les mains appuyées sur ses genoux et son chapeau posé entre ses jambes; c'était lui, avec cette grimace habituelle, imprimée sur sa laide figure; ses regards étaient attachés au plafond. Assurément, il n'avait pris garde ni à Kit ni à sa mère, et il ne paraissait pas le moins du monde se douter de leur présence; cependant Kit ne put s'empêcher de penser que l'attention du méchant nain était fixée sur eux, et sur eux seulement.

Sous le coup de la stupéfaction que lui avait causée cette vue et de la crainte que ce ne fût le présage de quelque grave échec, de quelque grand chagrin, il comprit toutefois la nécessité de ne pas bayer aux corneilles et de prendre des mesures énergiques pour emmener sa mère.

« Ma foi, pensa-t-il, il faut agir vivement. Eh bien ! en avant ! »

Il sortit donc tout doucement de son banc, et se glissa jusqu'à celui de sa mère; et comme M. Swiveller n'eût pas manqué de le dire, s'il avait été là, il « prit au collet » le poupon sans prononcer une seule parole.

« Chut ! ma mère ! murmura-t-il ensuite. Sortez avec moi; j'ai quelque chose à vous communiquer. »

Elle le suivit un peu à contre-cœur. Une fois dehors, ils marchèrent d'un bon pas. Chemin faisant, Kit raconta ce qui s'était passé chez le notaire, et exposa les raisons pour lesquelles il était venu se jeter au travers des solennités du Petit-Béthel.

« Nous n'avons plus que dix minutes à nous, mère, dit Kit lorsqu'ils eurent atteint le logis. Voici un carton, jetez-y tout ce dont vous aurez besoin, et dépêchez-vous de partir. »

Une voisine obligeante s'était chargée des enfants.

Peu de minutes après l'expiration des deux heures fixées, Kit et sa mère arrivaient devant la porte du notaire, où une chaise de poste attendait déjà.

« Une voiture à quatre chevaux, ce me semble ! dit Kit stupéfait de ces préparatifs. Vous arrivez juste à temps, ma mère. La voici, monsieur. Voici ma mère. Elle est toute prête, monsieur. »

— Fort bien, répondit le gentleman. N'ayez aucune crainte, madame; on aura grand soin de vous. Où est la boîte avec les vêtements neufs et les nécessaires de voyage?

— La voici, dit le notaire. Christophe, mettez-la dans la voiture.

— C'est fini, monsieur, dit Kit, tout est prêt, monsieur.

— Allons, partons! » s'écria le gentleman.

## XL

Pendant une promenade solitaire (car son grand-père ne se promenait plus avec elle), Nelly réfléchissait profondément et tristement à sa vie présente et à l'avenir qui l'attendait. Entre elle et le vieillard il s'était opéré par degrés une séparation plus pénible à supporter qu'aucun des chagrins d'autrefois. Chaque soir, souvent même dans le jour, il s'absentait. Bien que Nelly sût où il allait et pourquoi il s'absentait, cependant le vieillard éludait toute question, se renfermant dans une réserve complète, et fuyait même la présence de sa petite-fille.

Nelly donc, ce soir-là, méditait sur ce changement avec une tristesse empreinte de la teinte mélancolique que la nuit répandait sur toutes choses, lorsque au loin l'horloge d'une église sonna neuf heures. Nelly se dirigea toute pensive vers la ville.

Elle avait atteint un petit pont de bois jeté sur la rivière, quand elle aperçut tout à coup, dans la prairie qu'elle avait à traverser, une lumière rouge. En regardant avec plus d'attention, elle reconnut que, selon toute apparence, cette lumière partait d'un campement de bohémiens. Trop pauvre pour avoir rien à craindre des bohémiens, Nelly continua son chemin. Il lui eût fallu d'ailleurs pour prendre une autre direction allonger considérablement sa route.

Quand elle fut à quelque distance du feu de bivouac, un mouvement de timide curiosité la poussa à y jeter un regard. Entre elle et le foyer il y avait une figure dont le contour se dessinait en courbe marquée sur la clarté du feu. A cette vue, Nelly s'arrêta brusquement. La personne dont la silhouette se dessinait sur le feu venait de se lever et, debout, le corps un peu incliné, elle s'appuyait sur un bâton qu'elle tenait à deux mains. La personne se mit à parler, et Nelly reconnut le son de sa voix !

C'était son grand-père.

Le premier mouvement de Nelly fut d'appeler le vieillard; le second, de se demander quels pouvaient être ses compagnons et dans quelle intention ils se trouvaient réunis en cet endroit. Une crainte vague d'abord, puis un irrésistible désir d'éclaircir ses doutes, rapprocha Nelly du groupe; toutefois elle eut soin de se dissimuler et de se glisser derrière une haie. Elle arriva ainsi à quelques pas du bivouac, et, cachée entre de jeunes arbres, put voir et entendre sans être vue.

Il n'y avait là ni femmes ni enfants, comme elle en avait remarqué dans d'autres camps de bohémiens devant lesquels elle avait passé avec son grand-père, pendant la période où ils avaient erré par les chemins. Tout ce qu'elle vit, ce fut un gipsy d'une taille athlétique, qui se tenait à peu de distance, les bras croisés, appuyé contre un arbre. Tantôt il regardait le feu, tantôt il fixait ses noires prunelles sur trois autres hommes groupés autour du foyer, et dont il suivait la conversation avec le plus vif intérêt. Parmi ces trois hommes était son grand-père. Dans les deux autres, elle reconnut les joueurs de cartes qu'elle avait vus dans l'auberge du *Vaillant soldat :* celui que l'on appelait Isaac List, et son sinistre compagnon.

Nelly n'avait pas entendu le commencement de la conversation, mais les paroles qui lui arrivèrent aux oreilles suffirent pour l'éclairer et la remplir d'horreur et d'effroi.

C'était le gros homme sinistre qui parlait.

«... Si vous êtes persuadé que le temps est venu où la chance peut tourner, et ce n'est que trop sûr; si, d'autre part, vous ne possédez pas les moyens suffisants de la tenter, au moins pour un coup, car vous savez bien que vous n'aurez jamais les fonds nécessaires pour tenir toute une soirée, acceptez l'occasion qui semble tout exprès s'offrir à vous. Empruntez, vous dis-je, et vous rendrez quand vous pourrez.

— Certainement, ajouta Isaac List avec une intention marquée ; si cette bonne dame qui montre les figures de cire a de l'argent et qu'elle le mette dans une boîte d'étain quand elle va se coucher, et qu'elle ne ferme jamais sa porte à clef, de peur du feu, il me semble que la chose serait facile.

— Vous comprenez, Isaac, dit le gros homme ; à toute heure, il y a des étrangers qui vont et viennent par là ; eh bien ! un de ces étrangers aura pu mettre la main sur le magot. Les soupçons auront le champ large, et il n'y a pas de danger qu'on se doute de la vérité !.. Moi, je *lui* donnerais sa revanche jusqu'au dernier farthing qu'il apporterait, quel que fût le montant de la somme !

— Pardon, il faut que je parte, » dit le vieillard qui s'était levé, et qui avait fait deux ou trois pas à la hâte ; puis tout à coup il revint précipitamment, pour ajouter d'une voix rauque : « J'aurai l'argent, tout, jusqu'au dernier sou ! »

« Que Dieu ait pitié de nous ! s'écria en elle-même la pauvre enfant. Que Dieu nous assiste à cette heure d'épreuve ! Oh ! que faire pour le sauver ? »

Les hommes le suivirent longtemps des yeux pendant qu'il s'éloignait lentement, incliné et le dos voûté ; et chaque fois que le vieillard tournait la tête pour regarder en arrière, ce qui lui arrivait souvent, ils agitaient la main ou lui jetaient un cri d'encouragement. Quand il fut hors de la portée de la voix, ils se retournèrent l'un vers l'autre et se hasardèrent à pousser de grands éclats de rire.

Alors la pauvre Nelly courut de toutes ses forces vers le logis, déchirée et ensanglantée par les ronces et les épines, mais le cœur plus cruellement meurtri que le corps ; enfin elle se jeta tout accablée sur son lit.

La première idée qui se présenta à son esprit, ce fut la fuite, la fuite immédiate ; ce fut d'entraîner le vieillard et de mourir de faim au bord de la route plutôt que de laisser son grand-père exposé à de si terribles tentations. Elle se souvint alors, d'après quelques paroles prononcées autour du feu de bivouac, que le crime devait être commis seulement la nuit suivante : elle avait donc le temps nécessaire pour réfléchir et pour aviser à ce qu'il fallait faire. Mais une horrible crainte s'empara d'elle : si en ce moment même le crime allait être commis?.. Elle tremblait à l'idée d'entendre des cris inarticulés et des gémissements percer le silence de la nuit. Elle songeait en frémissant à ce que son grand-père pourrait être poussé à faire, s'il venait à être surpris en flagrant délit, n'ayant à lutter que contre une femme. Supporter une pareille torture, c'était impossible. Nelly se glissa jusqu'à la chambre où se trouvait l'ar-

PARDON, IL FAUT QUE JE PARTE, DIT LE VIEILLARD.

gent; elle ouvrit la porte et regarda. Dieu soit loué! le vieillard n'est pas là, et mistress Jarley dort paisiblement!

L'enfant revint se mettre au lit. Mais comment dormir, comment même se reposer, au milieu de pareilles terreurs qui allaient toujours croissant? A demi vêtue, les cheveux en désordre, elle courut au lit du vieillard, qu'elle éveilla en le saisissant par le poignet.

« Qu'est-ce qu'il y a? s'écria-t-il, tressaillant dans son lit, et fixant ses regards sur cette figure de fantôme.

— J'ai fait un rêve effrayant, dit Nelly avec une énergie qui ne pouvait être produite que par l'excès même de sa terreur, un rêve effrayant, horrible. Ce n'est pas la première fois. Dans ce rêve, il y a des hommes aux cheveux gris, comme vous. Ces hommes sont au milieu d'une chambre obscurcie par la nuit, et ils volent l'or de ceux qui dorment. Debout! debout! »

Le vieillard trembla de tous ses membres et joignit les mains dans l'attitude de la prière.

« Si ce n'est pour moi, dit Nelly, si ce n'est pour moi, au nom du Ciel! debout, pour nous soustraire à de telles extrémités. Ce rêve n'est que trop réel. Je ne puis dormir, je ne puis demeurer ici, je ne puis vous laisser seul dans une maison où l'on fait de ces rêves là. Debout! il faut fuir! »

Il la contemplait comme on contemple un spectre, et elle en avait toute l'apparence, le vieillard tremblait.

« Il n'y a pas de temps à perdre, dit-elle, pas une minute. Debout! venez avec moi!

— Quoi! cette nuit? murmura le vieillard.

— Oui, cette nuit. Demain soir il serait trop tard. Le rêve reviendrait. La fuite seule peut nous sauver. Debout! »

Le vieillard se leva, le front humide, couvert d'une sueur froide, la sueur de l'épouvante, et se courbant devant sa petite-fille, comme si c'était un ange envoyé en mission pour le conduire à sa volonté, il fut bientôt prêt à la suivre. Elle le prit par la main et l'emmena.

Elle l'emmena à sa propre chambre et, le tenant toujours par la main, comme si elle craignait de le perdre un seul instant de vue, elle rassembla son modeste bagage et le suspendit à son bras. Le vieillard reçut d'elle son bissac et son bâton, puis Nelly le fit sortir.

## XLI

Tandis que le vieillard, soumis et abattu, semblait se courber devant elle, se faire humble et petit, comme en présence d'un être supérieur, Nelly éprouvait un sentiment nouveau qui élevait sa nature et lui donnait une énergie et une confiance qu'elle ne s'était jamais connues. Maintenant la responsabilité ne se divisait plus : le poids tout entier de leurs deux existences retombait sur Nelly, et désormais c'était elle qui devait penser et agir pour deux.

« C'est moi qui l'ai sauvé, pensait-elle. Dans tous les dangers, dans toutes les épreuves, je saurai m'en souvenir. »

Ils marchèrent longtemps. La nuit commença à disparaître, la lune à s'effacer, les étoiles à pâlir et à s'obscurcir : le matin, froid comme ces astres sans lumière, se montra lentement. Alors, de

HOLA! DIT L'HOMME, QU'EST-CE QUE C'EST?

derrière une colline, le soleil se leva majestueux, poussant devant lui les brouillards comme de noirs fantômes, et purgeant la terre de ces ombres sépulcrales jusqu'à ce que les ténèbres fussent dissipées. Quand il fut plus haut sur l'horizon, et que ses rayons bienfaisants eurent repris leur chaleur, l'enfant et le vieillard se couchèrent pour dormir sur une berge, tout près d'un cours d'eau.

Un bruit confus de voix, mêlé à ses rêves, réveilla Nelly. Au-dessus d'elle et du vieillard était penché un homme d'un extérieur rude et grossier; deux autres hommes, ses compagnons, regardaient également, du haut d'un grand bateau, pesamment chargé, qui avait été amarré à la berge pendant le sommeil des deux voyageurs. Le bateau n'avait ni rames ni voiles; il était tiré par une couple de chevaux. Ces deux chevaux stationnaient en ce moment sur le chemin de halage, pendant que la corde qui les retenait était détendue et traînait dans l'eau.

« Holà ! dit brusquement l'homme ; qu'est-ce que c'est, hein ?

— Nous étions simplement endormis, monsieur, répondit Nell. Nous avons marché toute la nuit...

— Voilà deux étranges voyageurs, pour marcher toute la nuit, fit observer l'homme qui les avait interpellés d'abord. L'un de vous est un bonhomme trop vieux pour cette sorte de besogne, et l'autre est une petite créature trop jeune. Où allez-vous ? »

Nell hésita, et, à tout hasard, elle montra l'ouest. Là-dessus l'homme lui demanda si elle voulait désigner certaine ville qu'il nomma. Pour éviter de nouvelles questions, Nell dit :

« Oui, c'est cela.

— Eh bien ! vous pouvez venir avec nous si cela vous convient, répliqua l'un d'eux. Nous allons au même endroit que vous. »

Nelly hésita un moment. Mais elle pensa avec terreur, comme cela lui était arrivé plus d'une fois, que les misérables qu'elle avait surpris avec son grand-père pourraient, dans leur ardeur pour le gain, suivre les traces des fugitifs, ressaisir leur influence sur le vieillard et mettre la sienne à néant. Elle se dit qu'au contraire s'en aller avec les bateliers, c'était supprimer tout indice de leur itinéraire. En conséquence, elle se décida à accepter l'offre. Le bateau se rapprocha de la rive, et avant que Nelly eût eu le temps de se livrer à un examen plus approfondi de la question, son grand-père et elle étaient à bord et glissaient doucement sur le canal.

A une heure assez avancée de l'après-midi, on s'arrêta à une espèce de débarcadère. Nell apprit avec découragement d'un des bateliers que ceux-ci ne comptaient pas atteindre le but de leur course avant le lendemain, et que, si elle n'avait pas de provisions, elle ferait bien de s'en procurer en cet endroit. Elle ne possédait que quelques sous, sur lesquels elle avait dû déjà acheter du pain : il lui fallait ménager soigneusement ce petit pécule, au moment où elle se dirigeait avec son grand-père vers une ville entièrement inconnue pour eux, et qui ne leur offrirait aucune ressource. Un peu de pain, un morceau de fromage, ce furent là toutes ses emplettes. Munie de ces provisions modestes, elle remonta dans le bateau. Au bout d'une demi-heure de halte, employée par les mariniers à boire au cabaret, on se remit en marche.

Ces hommes avaient emporté à bord de la bière et de l'eau-de-vie; grâce aux libations qu'ils avaient faites précédemment et à celles qu'ils firent ensuite, ils furent bientôt en bon train de devenir ivres et de se quereller. Nell évita de se tenir dans la petite cabine, obscure et malpropre. Résistant aux offres réitérées et pressantes que les hommes leur faisaient à ce sujet, elle alla s'asseoir à l'air libre avec le vieillard à côté d'elle. Elle entendait, le cœur palpitant, les discussions violentes de ces êtres grossiers. Ah! combien elle eût préféré pouvoir mettre pied à terre, lui fallût-il marcher toute la nuit!

Cependant la nuit était venue. Bien que l'enfant ressentît l'impression du froid, pauvrement vêtue comme elle l'était, elle détournait cependant ses pénibles pensées de sa propre souffrance, et les portait tout entières sur les moyens d'assurer leur existence; le même esprit qui l'avait soutenue la nuit précédente, la soutenait encore en ce moment. Elle voyait son grand-père endormi tranquillement auprès d'elle et pur du crime auquel il avait été poussé par la folie. C'était une grande consolation pour elle.

Enfin le matin parut. Il ne fit pas plus tôt clair qu'une forte pluie commença à tomber. Comme Nelly ne pouvait supporter l'odeur malsaine de la cabine, les mariniers la couvrirent avec quelques morceaux de toile à voile et de prélart, ce qui suffit pour la tenir à sec et abriter même le grand-père. A mesure que le jour avançait, la pluie redoublait de violence. Vers midi, elle prit un caractère d'intensité à ne pas laisser espérer qu'elle pût cesser ou diminuer de toute la journée.

Peu à peu le bateau approchait du lieu de sa destination. L'eau devenait plus profonde et plus trouble; d'autres bateaux venant de la ville se rencontraient souvent avec nos voyageurs. Les chemins couverts de cendre de charbon et les baraques de briques éclatantes indiquaient le voisinage d'une grande ville manufacturière; il était facile de voir qu'on était déjà dans les faubourgs, à en juger par les rues et les maisons semées çà et là, et par la fumée qui s'échappait des fourneaux lointains. Puis les toits amoncelés, les masses de bâtiments tremblant sous l'effort laborieux des machines, dont les craquements retentissaient à l'intérieur avec un grand bruit.

Le bateau fut amarré dans la partie du port à laquelle il était destiné. L'enfant et son grand-père allèrent par une ruelle sombre jusqu'à une rue pleine de monde. Là, ils restèrent au milieu du bruit et de l'agitation sous des flots de pluie, aussi étranges dans leur attitude, aussi embarrassés que s'ils eussent daté de cent ans auparavant, et que, tirés du milieu des morts, ils eussent été amenés là par un miracle de résurrection.

## XLII

Ils se retirèrent sous une porte basse et cintrée afin de s'y abriter contre la pluie et, de là, se mirent à examiner la physionomie des passants, pour voir s'ils ne trouveraient pas sur quelque visage un rayon d'encouragement, un sujet d'espérance. Chacun paraissait préoccupé de ses affaires ou de ses plaisirs; nul ne faisait la moindre attention au vieillard ou à sa petite-fille.

Plongée dans cette espèce de rêverie qu'une pareille solitude est bien propre à éveiller, l'enfant continua de tenir sur la foule qui passait ses regards fixés avec un intérêt extraordinaire, qui lui faisait oublier un moment sa position. Mais en proie au froid, à la faim, trempée par la pluie, épuisée de fatigue, n'ayant pas un coin pour reposer sa tête malade, bientôt elle reporta ses pensées sur le but dont elle s'était écartée, mais toujours sans rencontrer personne qui semblât remarquer les deux infortunés ou à qui elle osât adresser un appel. Au bout de quelque temps, ils quittèrent leur lieu de refuge et se mêlèrent à la foule.

Le soir arriva. L'enfant et le vieillard continuèrent d'errer çà et là, moins pressés par les passants, qui étaient devenus plus rares, mais avec le sentiment intérieur de leur solitude même, mais au milieu d'une égale indifférence de la part de ceux qui les entouraient. Vaincue par le froid et l'humidité, malade de corps, malade de cœur jusqu'à la mort, l'enfant avait besoin de sa suprême fermeté, de sa suprême résolution pour avancer même de quelques pas.

Non seulement elle avait à supporter les peines accumulées d'une situation navrante, mais encore il lui fallait essuyer les reproches de son grand-père, qui commençait à murmurer, à se plaindre qu'on lui eût fait quitter leur dernier séjour, et à demander d'y retourner.

« Pourquoi m'avez-vous amené ici? disait le vieillard avec amertume; je ne puis plus supporter ces éternelles rues sans issue. Nous étions bien où nous étions; pourquoi m'avez-vous contraint de partir?

— Parce que je faisais là-bas ce rêve dont je vous ai parlé, voilà tout, répondit l'enfant avec une fermeté passagère, qui bientôt aboutit à des larmes; parce que nous devons vivre parmi les pauvres, sinon mon rêve me reviendra. Cher grand-papa, vous êtes âgé, vous êtes faible, je le sais, mais regardez-moi. Jamais je ne me plaindrai si vous ne vous plaignez pas, et cependant j'ai bien souffert aussi pour ma part. Tenez! voici une vieille porte renfoncée, très sombre, mais sèche et chaude sans doute, car le vent n'arrive pas jusque-là. Ah! mon Dieu! »

Poussant un cri étouffé, elle recula devant une figure noire qui sortit tout à coup de l'endroit obscur dans lequel ils étaient prêts à chercher un refuge, et resta là, à les regarder.

« Parlez encore, dit cette ombre, il me semble que je connais votre voix.

— Non, répondit timidement l'enfant; nous sommes des étrangers, et, n'ayant pas de quoi payer un logement pour la nuit, nous nous disposions à nous arrêter ici. »

Il y avait à quelque distance un quinquet peu lumineux, le seul qui éclairât l'espèce de cour carrée où ils se trouvaient, mais il suffisait pour en montrer la nudité et l'état misérable. Le fantôme noir indiqua du geste cette lumière, et en même temps il s'en approcha, comme pour témoigner qu'il n'avait l'intention ni de se cacher, ni de tendre un piège aux étrangers.

Ce fantôme était un homme misérablement vêtu, barbouillé de

fumée, ce qui le faisait paraître plus pâle qu'il ne l'était peut-être, par le contraste que cette fumée offrait avec la couleur naturelle de son teint. Sa pâleur habituelle, son extérieur chétif ressortaient suffisamment de ses joues creuses, de ses traits allongés, de ses yeux caves, non moins que d'un certain air de souffrance patiemment supportée. Sa voix était rude, mais sans brutalité ; et, bien que son visage fût en partie couvert par une quantité de longs cheveux noirs, l'expression n'en était ni féroce ni cruelle.

« Comment en êtes-vous réduits à chercher ici un abri ? demanda-t-il. Ou plutôt, ajouta cet homme en examinant plus attentivement l'enfant, comment se fait-il que vous cherchiez un abri à cette heure de la nuit ?

— Nos malheurs en sont la cause, » répondit le grand-père.

L'homme dont le regard s'attachait de plus en plus sur Nelly lui répondit :

« Vous ne savez donc pas comme elle est mouillée ? Vous ne savez donc pas que des rues humides ne sont pas un lieu convenable pour elle ?

— Je le sais bien, pardieu ! répliqua le vieillard, mais que puis-je y faire ? »

L'homme regarda de nouveau Nelly et toucha doucement ses vêtements d'où la pluie coulait en petits ruisseaux.

« Tout ce que je puis faire pour vous, c'est de vous réchauffer, reprit-il après une pause, mais rien de plus. Mon logis est dans cette maison, et il montra le passage voûté d'où il était sorti d'abord ; cette enfant y sera bien mieux qu'ici. L'endroit où se trouve le feu n'est pas beau, mais vous pouvez y passer la nuit à votre aise, si du reste vous avez confiance en moi. Voyez-vous, là-haut, cette lumière rouge ? »

Ils levèrent les yeux et aperçurent une lueur terne se détachant sur le fond obscur du ciel ; c'était la pâle réverbération d'un feu à distance.

« C'est près d'ici, dit l'homme. Voulez-vous que je vous y conduise ? Vous alliez dormir sur des briques froides : je puis vous fournir un lit de cendres chaudes, rien de mieux. »

Sans attendre une réponse qu'il lisait d'ailleurs dans leurs regards, il prit Nell dans ses bras, et invita le vieillard à le suivre.

« Nous voilà arrivés, dit l'homme en s'arrêtant devant une porte pour poser Nelly à terre et lui prendre la main. N'ayez pas peur, il n'y a ici personne pour vous faire du mal. »

Ils se trouvaient devant un vaste et haut bâtiment soutenu par des piliers de fonte, avec de grandes ouvertures noires au haut des murs, par lesquelles pénétrait l'air extérieur. Jusqu'au toit retentissait l'écho du battement des marteaux et du mugissement des machines, mêlé au sifflement du fer rouge que l'on plongeait dans l'eau, et à mille bruits étranges qu'on ne pouvait entendre que là.

A travers ces objets extraordinaires et ces rumeurs assourdissantes, leur guide conduisit Nell et le vieillard jusqu'à un endroit plus reculé où une fournaise brûlait nuit et jour, ce qu'ils comprirent du moins au mouvement de ses lèvres, car ils ne pouvaient que le voir parler, sans l'entendre. L'homme qui avait veillé sur le feu et dont le temps était expiré, se retira d'un air satisfait et laissa les voyageurs avec son ami. Celui-ci étendit le petit manteau de Nell sur un tas de cendres, et, indiquant à l'enfant où elle pourrait pendre ses vêtements extérieurs pour les faire sécher, il l'invita, ainsi que le vieillard, à se coucher pour dormir.


## XLIII

Lorsque Nelly s'éveilla, il était nuit encore, et elle ne put savoir combien de temps son sommeil avait duré. Mais elle reconnut qu'elle avait été garantie par quelques vêtements appartenant à des ouvriers, à la fois contre l'air froid qui eût pu s'introduire dans le bâtiment, et contre la chaleur excessive.

Elle se rendormit bientôt. Lorsqu'elle s'éveilla de nouveau, le grand jour brillait à travers les ouvertures du haut des murailles et, glissant en rayons obliques jusqu'à la moitié seulement de l'édifice, il semblait le rendre plus sombre encore que la nuit. Le bruit et le tumulte continuaient de retentir, et les feux impitoyables brûlaient avec autant d'ardeur qu'auparavant; car il n'y avait pas de danger qu'il y eût là, jour ou nuit, un peu de cesse ou de repos.

Leur ami partagea son déjeuner, une petite ration de café et de pain grossier, avec l'enfant et son grand-père ; puis il leur demanda où il se proposaient d'aller. Nell répondit qu'ils avaient envie de gagner quelque campagne éloignée, tout à fait à l'écart des villes et même des villages, et, d'une voix hésitante, elle s'informa de la meilleure direction qu'ils auraient à prendre.

« Je connais peu la campagne, dit-il en secouant la tête ; car, comme nous passons ici toute notre vie devant les bouches de nos fournaises, je vais rarement respirer dehors. Mais il paraît qu'il y a là-bas des endroits comme ça.

— Et est-ce loin d'ici ? dit Nelly.

— Oh ! sûrement oui. Comment pourraient-ils être près de nous et rester verts et frais ? La route s'étend, à travers des milles et des milles, tout éclairée par des feux semblables aux nôtres, une singulière route, allez, toute noire, et qui vous ferait grand'peur la nuit. »

Il leur indiqua alors la direction qu'ils auraient à prendre pour sortir de la ville, puis par où ils devraient aller quand ils seraient arrivés là. Il s'étendit tellement sur les instructions, que Nelly, tout en le remerciant avec chaleur, se mit en devoir de s'éloigner et partit afin de n'en pas entendre davantage.

Comme nos voyageurs allaient atteindre le coin de la ruelle, l'homme arriva, courant après eux ; il serra la main de Nell et y laissa quelque chose, deux vieux sous usés et incrustés de noir de fumée. Qui sait si ces deux sous ne brillèrent pas autant aux yeux des anges que les dons fastueux que l'on a soin d'inscrire sur les tombes ?

## XLIV

L'enfant marchait avec beaucoup de difficulté, tout en s'efforçant de n'en rien laisser paraître ; car les douleurs qu'elle souffrait dans toutes ses articulations étaient des plus vives, et chaque mouvement les accroissait. Mais elles ne lui arrachaient pas une plainte. Tout en marchant très lentement, les voyageurs finissaient par faire un peu de chemin. Ayant traversé la ville, ils commencèrent à s'apercevoir qu'ils étaient bien sur le chemin.

Ils étaient arrivés à un lieu triste où l'on ne voyait pas poindre un seul brin d'herbe, où pas un bouton ne promettait une fleur pour le printemps, où pas une apparence de verdure ne pouvait exister à la surface des mares stagnantes qui, çà et là, s'étendaient à l'aise, à demi desséchées, sur le bord noirci de la route.

A mesure qu'ils pénétraient dans l'ombre de cet endroit lugubre, son influence pénible et accablante pesait davantage sur leurs esprits, qu'elle remplissait d'une cruelle mélancolie. De tous côtés, aussi loin que l'œil pouvait mesurer l'interminable étendue, de hautes cheminées, superposées les unes sur les autres et offrant la répétition invariable de la même forme triste et laide qui est le fond horrible des mauvais rêves, vomissaient leur fumée pestilentielle, obscurcissaient la lumière et salissaient l'air assombri.

Mais la nuit dans ce lieu épouvantable! la nuit, quand la fumée se changea en feu, quand toutes les cheminées vomirent leurs flammes, quand les bâtiments, dont la voûte avait été noire durant le jour, s'éclairèrent d'une lueur rouge avec des figures que, par les ouvertures flamboyantes, on voyait s'agiter çà et là, et qu'on entendait s'appeler mutuellement et échanger des cris sauvages; la nuit, quand le bruit de toutes les étranges machines fut aggravé par l'obscurité, quand les gens qui les desservaient parurent plus sauvages encore, comment une pareille nuit aurait-elle pu apporter aux deux pauvres voyageurs le moindre calme et le moindre repos? Oh! qui dira les terreurs dont cette nuit devait accabler la jeune enfant errante!

Elle se coucha sans qu'il y eût d'abri entre elle et le ciel; et, ne craignant rien pour elle-même, car elle était maintenant au-dessus de la peur, elle éleva vers le ciel une prière pour le pauvre vieillard. Toute faible, toute épuisée qu'elle était, elle se sentait si calme et si résignée, qu'elle ne songeait à rien souhaiter pour elle-même: seulement elle suppliait Dieu de susciter pour lui un ami. Elle s'efforça de se rappeler le chemin qu'ils avaient fait et de découvrir la direction où brûlait le feu auprès duquel ils avaient dormi la nuit précédente. Elle avait oublié de demander son nom au pauvre homme qui s'était fait leur ami; et quand elle mêlait l'humble chauffeur à ses prières, il lui semblait qu'il y aurait de l'ingratitude à ne pas tourner un regard vers le lieu où il veillait.

Un pain d'un sou, c'était tout ce qu'ils avaient mangé dans la journée. C'était bien peu de chose assurément, mais la faim elle-même avait disparu pour Nelly au milieu de la tranquillité extraordinaire qui avait saisi tous ses sens. Elle se coucha donc doucement, et, avec un paisible sourire sur les traits, elle s'assoupit. Ce n'était pas tout à fait le sommeil, et pourtant ce devait être quelque chose comme le sommeil : sinon pourquoi, toute la nuit, une suite de rêves agréables lui offrit-elle l'image du petit écolier?

Le matin arriva. L'enfant se trouva beaucoup plus faible, beaucoup moins en état de voir et d'entendre, et pourtant elle ne se plaignit pas; peut-être n'eût-elle articulé aucune plainte, quand bien même elle n'aurait pas eu, marchant à ses côtés, un motif pour garder le silence. Elle désespérait de se voir jamais délivrée avec son grand-père de ce pays misérable, où l'on était trop pauvre pour faire la charité; elle éprouvait la cruelle conviction qu'elle était très malade, mourante peut-être; mais avec tout cela, ni crainte ni anxiété.

Ils dépensèrent leur dernier sou à acheter un second pain. Une aversion insurmontable pour toute nourriture s'était emparée de Nelly à son insu; il lui fut impossible de prendre sa part de ce pauvre repas. Le grand-père mangea de bon appétit le pain tout entier, et Nelly s'en réjouit.

Leur marche les conduisit à travers les mêmes tableaux que la veille : il n'y eut ni changement ni progrès. Toujours le même air épais, lourd à respirer; toujours le même terrain noir, la même perspective à perte de vue et d'espérance, la même misère, la même détresse. Les objets paraissaient plus sombres, le bruit plus sourd, le pavé plus raboteux, plus inégal; parfois Nelly chancelait, et elle avait besoin de toute sa force morale pour ne point tomber. Pauvre enfant! Ses pieds épuisés de fatigue refusaient de la servir.

Perdant de plus en plus l'espérance ou la force, à mesure qu'ils marchaient, mais gardant tout entière sa ferme résolution de ne témoigner par aucune parole, par aucun regard son état de souffrance, aussi longtemps qu'elle conserverait assez d'énergie pour se mouvoir, Nelly, à travers le reste de ce jour cruel, se contraignit à marcher. Elle ne s'arrêtait même plus pour se reposer aussi fréquemment qu'auparavant, car elle voulait compenser jusqu'à un certain point la lenteur obligée de sa marche.

Le soir s'avançait, mais la nuit n'était point encore descendue quand, passant toujours au milieu des mêmes objets repoussants, ils arrivèrent à une ville populeuse.

Faibles, abattus comme ils l'étaient, les rues de cette ville leur parurent insupportables. Après avoir humblement imploré du secours à un petit nombre de portes et s'être vus repoussés, ils se décidèrent à sortir de ce lieu le plus tôt possible, et à essayer si les habitants de quelque maison isolée auraient plus de compassion pour leur état d'épuisement.

Ils se traînaient le long de la dernière rue, et l'enfant sentait venir le moment où elle ne pourrait plus se soutenir. En ce moment apparut devant eux un voyageur à pied qui suivait la même direction qu'eux. Il portait sur son dos sa valise attachée avec une courroie, et lisait dans un livre qu'il tenait à la main.

Ce n'était pas chose aisée que de le rejoindre et de lui demander assistance, car il marchait rapidement, et il avait de l'avance. Enfin il s'arrêta pour lire avec plus d'attention un passage de son livre.

Animée d'un rayon d'espérance, l'enfant se mit à courir avec son grand-père, et, arrivée près de l'étranger sans avoir éveillé son attention, elle commença à solliciter son assistance par quelques mots prononcés d'une voix faible.

Il tourna la tête; l'enfant joignit les mains, poussa un cri perçant, et tomba sans connaissance aux pieds de l'étranger.


## XLV


C'était le pauvre maître d'école; oui, le pauvre maître d'école en personne. Aussitôt il jeta son livre et son bâton et, s'agenouillant près de Nelly, il essaya de lui rendre l'usage de ses sens. Le grand-père, debout devant lui et incapable d'agir, se tordait les mains et suppliait sa petite-fille, avec toutes les expressions de la plus vive tendresse, de lui parler, ne fût-ce que pour lui dire un seul mot.

« Elle est presque épuisée de fatigue, dit le maître d'école en examinant le visage de Nelly. Vous avez trop présumé de ses forces, mon ami.

— Elle se meurt de besoin ! répondit le vieillard. Je ne me doutais pas qu'elle fût si faible et si malade. »

Le maître d'école, jetant sur lui un regard où il y avait autant de compassion que de reproche, prit l'enfant dans ses bras. Puis, invitant le vieillard à ramasser le petit panier et à le suivre, il emporta rapidement Nelly.

Il se dirigea vers une modeste auberge avec son fardeau inerte ; étant entré à la hâte dans la cuisine, il invoqua pour l'amour de Dieu l'assistance des gens qui s'y trouvaient, et déposa Nelly sur une chaise, devant le feu.

La compagnie, qui s'était levée en désordre à l'approche du maître d'école, fit ce qu'on a l'habitude de faire en pareille circonstance. Chacun ou chacune indiquait son remède, que personne n'apportait.

Cependant l'hôtesse, plus alerte et plus active que les autres, avait compris aussi plus vite les causes de l'accident ; elle ne tarda pas à revenir avec un mélange d'eau chaude et d'eau-de-vie. Elle était suivie de sa servante, qui portait du vinaigre, de la corne de cerf et autres ingrédients de même nature. Ces secours, administrés à propos, mirent l'enfant en état de remercier d'une voix faible, et de tendre sa main au pauvre maître d'école, qui se tenait tout près d'elle, avec l'expression de la plus vive anxiété. Sans laisser la malade prononcer un mot de plus ou remuer seulement un doigt, les femmes la portèrent dans un lit ; puis, après l'avoir chaudement couverte, après lui avoir bassiné les pieds, les avoir enveloppés de flanelle, elles dépêchèrent un exprès au docteur.

Le docteur approuva ce qui avait été fait, et permit à la malade de prendre un peu de nourriture, mais très peu pour commencer.

Pendant qu'on lui préparait à souper, l'enfant tomba dans un sommeil réparateur, d'où l'on fut obligé de la tirer quand le repas fut prêt. Comme elle témoignait une grande anxiété en apprenant que son grand-père était en bas, comme elle paraissait extrêmement troublée à l'idée qu'il resterait séparé d'elle, le vieillard vint souper avec sa petite-fille. On fit encore, sur sa demande, un lit au grand-père dans une chambre intérieure, où il s'installa. Heureusement cette chambre se trouvait communiquer avec celle de Nelly : l'enfant eut soin d'enfermer son compagnon à clef dès que l'hôtesse se fut retirée, et elle se remit au lit le cœur soulagé.

Le maître d'école resta longtemps à fumer sa pipe devant le feu

ELLE EST PRESQUE ÉPUISÉE DE FATIGUE.

de la cuisine. Chacun s'était retiré. Libre de méditer, il pensait, le cœur plein de satisfaction, à cette heureuse chance qui l'avait amené si à propos pour secourir Nelly.

Le rapport du lendemain matin fut que Nelly allait mieux, mais qu'elle était extrêmement faible, qu'il lui faudrait au moins un jour de repos et une alimentation prudemment ménagée avant qu'elle pût reprendre son voyage. Le maître d'école reçut cette communication avec une parfaite tranquillité, disant qu'il avait bien un jour et même deux à consacrer à Nelly, et qu'il attendrait. Comme la malade devait se lever le soir, il se promit de lui faire visite dans sa chambre à une heure fixée, et, sortant avec son livre, il ne revint qu'à l'heure dite.

Il apprit alors à Nelly qu'il avait fait fortune depuis la nuit où il les avait reçus dans son cottage.

« Vraiment? s'écria Nelly avec joie.

— Oh oui! répondit son ami. J'ai été nommé clerc et maître d'école dans un village éloigné. J'aurai huit cent soixante-quinze francs par an!... Huit cent soixante-quinze francs! On m'a alloué des frais de diligence, sur l'impériale, pour toute ma route. Dieu merci, l'on ne me refuse rien. Mais comme j'ai grandement le temps d'arriver à mon nouveau domicile, je fais le voyage à pied. Quel bonheur que j'aie eu cette idée!

— Et nous donc! quel bonheur pour nous! »

La franche et loyale amitié de l'honnête maître d'école, l'affectueuse chaleur de ses paroles et de ses gestes, l'accent de vérité qui animait son langage et son regard, inspirèrent à Nelly une confiance sans limites. Elle lui confessa tout : qu'ils n'avaient ni ami ni parent; qu'elle avait fui avec le vieillard pour le soustraire à la maison des fous et à toutes les tortures qu'il redoutait; que maintenant elle fuyait de nouveau pour le sauver de lui-même; qu'elle cherchait un asile dans quelque campagne écartée, aux mœurs primitives, et où jamais ne se produisît la tentation devant laquelle il avait succombé.

Le maître d'école l'avait écoutée avec une profonde surprise.

« Une enfant!... pensait-il. Une enfant! et avoir héroïquement persévéré à travers toutes les épreuves en butte à la misère et à la souffrance, soutenue seulement par une forte affection et par la conscience du devoir!... Et cependant le monde est plein de ces traits d'héroïsme; ai-je besoin d'apprendre que les plus rudes comme les plus nobles épreuves sont celles que n'enregistre aucun souvenir humain, et qui sont supportées jour par jour avec une constance infatigable? Ah! je ne devrais pas être surpris d'entendre l'histoire de cette enfant! »

Il fut convenu que Nell et son grand-père accompagneraient le maître d'école jusqu'au village où il était attendu, et que ce dernier tâcherait de leur trouver une humble occupation qui pourrait les faire subsister.

« Nous sommes sûrs de réussir, dit gaiement le maître d'école. La cause est trop bonne pour n'être pas gagnée d'avance. »

Ils se disposèrent à continuer leur voyage le lendemain soir. Une diligence, qui suivait justement le même chemin, devait s'arrêter à l'auberge pour changer de chevaux ; le conducteur, moyennant une petite rétribution, donnerait à Nelly une place dans l'intérieur. Le marché fut promptement conclu à l'arrivée de la diligence ; puis la voiture repartit avec l'enfant, confortablement installée parmi les paquets les moins durs, le grand-père et le maître d'école se mirent à côté du conducteur, tandis que l'hôtesse et tous les braves gens de l'auberge jetaient au vent leurs adieux et leurs souhaits affectueux.

Ce fut par une belle et lumineuse matinée d'automne qu'ils arrivèrent au lieu où le maître d'école était attendu. Ils s'arrêtèrent à quelque distance pour en contempler les beautés.

« Voyez, s'écria le maître d'école d'une voix émue, voici l'église ; et ce vieux bâtiment, à côté est la maison d'école, je le parierais. Huit cent soixante-quinze francs par an dans ce charmant endroit ! »

Ils admiraient la teinte grise du vieux porche, les meneaux des fenêtres, les vénérables pierres sépulcrales qui se dessinaient sur la verdure du cimetière, l'ancienne tour, le coq qui la dominait ; le cours d'eau qu'un moulin faisait bouillonner, et au loin les cimes bleuâtres des montagnes du pays de Galles.

« Il faut que je vous laisse ici quelques minutes, dit le maître d'école, rompant enfin le silence d'extase où les tenait leur joie. J'ai une lettre à présenter, des renseignements à demander, vous comprenez. Où vous retrouverai-je ? A cette petite auberge que je vois là-bas ?

— Permettez-nous d'attendre ici, dit Nell. La porte est ouverte. Nous nous assiérons sous le porche de l'église jusqu'à ce que vous soyez de retour.

— C'est un excellent endroit, » dit le maître d'école en les y accompagnant.

Il se débarrassa de sa valise, la plaça sur le banc de pierre et ajouta :

« Soyez sûrs que je reviendrai avec de bonnes nouvelles, et que je ne serai pas longtemps absent. »

Là-dessus, l'heureux maître d'école tira une paire de gants tout battant neufs qu'il avait, durant le voyage, portés dans sa poche, en un petit paquet, et il s'éloigna rapidement, plein d'ardeur et de vivacité.

## XLVI

La mère de Kit et le gentleman impétueux allaient grand train dans la chaise de poste à quatre chevaux. Ils s'arrêtèrent en route pour souper. Pour ce repas, le gentleman demanda tout ce qu'il y avait dans la maison; et parce que la mère de Kit ne pouvait manger de tout à la fois, ni tout manger, il se mit en tête qu'elle devait être malade.

« Vous êtes triste, dit le gentleman, qui ne faisait lui-même que se promener autour de la chambre. Je vois bien ce qui vous préoccupe, madame, vous êtes triste.

— Vous êtes trop bon, monsieur; je ne suis pas triste.

— Je sais que vous l'êtes. J'en suis sûr. J'arrache brusquement cette pauvre femme du sein de sa famille, et je m'étonne de la voir devenir de plus en plus triste! Je suis gentil! Combien d'enfants avez-vous, madame?

— Deux, monsieur, sans compter Kit.

— Des garçons, madame?

— Oui, monsieur.

— Sont-ils baptisés?

— Jusqu'à présent, ils n'ont été qu'ondoyés, monsieur.

— Je serai le parrain de l'un d'eux. Souvenez-vous-en, s'il vous plaît, madame. Vous auriez peut-être besoin de vin chaud, madame?

— Je n'en pourrais boire une goutte, monsieur.

— Vous en avez besoin, répliqua le gentleman. Je vois que vous en avez besoin. J'aurais dû y songer d'abord. »

Aussitôt courant à la sonnette, et demandant du vin chaud avec autant de précipitation que si l'on eût appelé, à l'instant même, au secours d'une personne asphyxiée ou noyée, le gentleman fit avaler à la mère de Kit une rasade de ce breuvage à une si haute température que mistress Nubbles en eut les larmes aux yeux. Puis il l'entraîna de nouveau vers la chaise de poste, où, sans doute par l'effet de cet agréable sédatif, elle ne tarda pas à devenir insensible à l'agitation perpétuelle de son compagnon de voyage, et s'endormit presque tout de suite. Les heureux effets du remède ne furent point de nature passagère; car, bien que la distance fût plus considérable et le voyage plus long que le gentleman ne l'avait prévu, la mère de Kit s'éveilla seulement lorsqu'il fit grand jour, et que les roues de la voiture retentirent sur le pavé d'une ville.

« Nous voici arrivés!... cria le gentleman en baissant toutes les glaces. Droit aux figures de cire, postillon! »

Le postillon qui était sur le cheval de brancard toucha le bord de son chapeau et fit jouer ses éperons de manière à imprimer à l'attelage une allure brillante. Les quatre chevaux partirent au grand galop, et parcoururent les rues avec un fracas qui attira aux fenêtres et aux portes les bonnes gens stupéfaits, et domina même le timbre des horloges publiques, au moment où elles sonnaient huit heures et demie. La voiture s'arrêta devant une porte, autour de laquelle un certain nombre de badauds étaient réunis en groupe.

« Qu'est-ce que c'est?... dit le gentleman en passant la tête par la portière. Qu'est-ce qu'il y a ici?

— Une noce, monsieur, une noce! crièrent plusieurs voix. Hourra! »

Le gentleman, tout hors de lui en se voyant au centre de ce rassemblement bruyant, descendit avec l'aide d'un des postillons, et présenta la main à la mère de Kit. Puis il frappa à la porte.

Un homme qui avait un gros bouquet blanc à la boutonnière ouvrit la porte et regarda d'un air impassible le gentleman en lui disant :

« Eh bien! monsieur, qu'est-ce que vous voulez?

— Qui est-ce qui se marie ici, mon ami? demanda le gentleman.

— C'est moi.

— Vous!... et qui diable épousez-vous?

— De quel droit me faites-vous cette question? répliqua le fiancé en le regardant de la tête aux pieds.

— De quel droit!... s'écria le gentleman, pressant avec plus de force contre son bras celui de mistress Nubbles, car la bonne dame ne semblait songer qu'à s'échapper. D'un droit que vous ne soupçonnez guère. Songez-y, braves gens, si ce particulier a épousé une mineure...

— Fi! fi! cela ne peut avoir lieu.

— Où est l'enfant que vous avez ici? mon brave ami? Elle s'appelle Nelly; où est-elle? »

Comme il faisait cette question, on entendit partir d'une chambre voisine une sorte de cri perçant, et aussitôt une grosse dame, tout habillée de blanc, accourut vers la porte, et vint s'appuyer sur le bras de son fiancé.

« Où est-elle? dit la dame; m'apportez-vous de ses nouvelles? Qu'est-elle devenue? »

Le gentleman se retourna et considéra d'un air de sinistre appréhension, de désappointement et d'incrédulité les traits de l'ex-mistress Jarley, mariée depuis le matin au conducteur Georges. Enfin le gentleman balbutia :

« C'est à vous qu'il faut demander où elle est. Qu'est-ce que vous voulez dire?

— Oh! monsieur! s'écria la mariée, si vous venez ici avec l'intention de lui faire du bien, que n'êtes-vous venu il y a une semaine!

— Elle n'est pas... morte? demanda le gentleman, qui était devenu très pâle.

— Non, monsieur, oh non! ce n'est pas ça?

— Dieu soit loué!... dit-il d'une voix étouffée. Permettez-moi d'entrer. »

La mariée et le marié s'écartèrent pour le laisser entrer. Aussitôt que le gentleman et la mère de Kit furent à l'intérieur, la porte se referma immédiatement.

« Vous voyez en moi, braves gens, dit le gentleman en se tournant vers le nouveau couple, un homme qui tient aux deux personnes qu'il cherche, plus qu'à sa propre vie. Elles ne me reconnaîtraient pas. Mes traits leur sont étrangers; mais si elles sont ici, ou si l'une d'elles s'y trouve, prenez avec vous cette brave femme, afin qu'elles puissent la voir d'abord, car elles la connaissent toutes deux. Si c'est par suite d'une fausse tendresse ou d'une crainte sans fondement que vous refusez de me les montrer, vous pourrez juger de mes intentions lorsque la jeune fille aura reconnu cette femme pour une vieille amie, dévouée à leurs intérêts.

— Je l'avais toujours dit! s'écria la mariée. Je savais bien que ce n'était pas une enfant ordinaire!... Hélas! monsieur, nous sommes dans l'impossibilité de vous renseigner; car, tout ce que nous pouvions faire, nous l'avons fait déjà, mais sans succès. »

Alors le mari et la femme racontèrent au gentleman, dans le plus grand détail, et sans la moindre réticence, tout ce qu'ils savaient au sujet de Nelly et de son grand-père, depuis leur première rencontre jusqu'au moment où ils avaient disparu subitement.

Le gentleman avait écouté tous ces détails de l'air d'un homme accablé par le chagrin et trompé dans son attente. Des larmes lui vinrent aux yeux quand il parla du grand-père, et il parut éprouver une affliction profonde.

L'heureux couple partit dans la caravane avec force cahots pour aller passer sa lune de miel en excursions champêtres, tandis que le gentleman et la mère de Kit se rendaient à un hôtel, pour s'y reposer et pour aviser.

## XLVII

« Une chambre, dit le gentleman.

— Venez de ce côté, monsieur, dit un des garçons.

— Celle-ci convient-elle au gentleman? demanda une voix, en même temps qu'une petite porte latérale contiguë à l'escalier du puits s'ouvrait vivement, et qu'une tête en sortait. Vous y serez très bien.

— C'est trop de bonté!... s'écria la mère de Kit toute confondue de surprise. Qui se serait attendu à cela? »

N'avait-elle pas, en effet, de justes motifs pour être étonnée, en voyant que la personne qui faisait cette gracieuse invitation n'était autre que Daniel Quilp. Il était là à faire des courbettes avec une politesse grotesque, aussi à son aise que s'il eût fait les honneurs de sa propre maison.

« Voulez-vous me faire cet honneur? répéta Quilp.

— J'aime mieux être seul, répondit le gentleman.

— Oh! » fit Quilp.

En même temps, il se rejeta dans la chambre d'un seul bond en refermant la porte sur lui, comme les petits bonshommes des horloges flamandes au moment où l'heure a fini de sonner.

« Comment se fait-il, monsieur, murmura la mère de Kit, que pas plus tard qu'hier soir je l'aie laissé au Petit Béthel?

— Vraiment! dit le gentleman. Garçon, quand ce voyageur est-il arrivé?

— Ce matin, monsieur, par la voiture de nuit.

— Dites-lui de venir ici. Avertissez-le que je serais bien aise d'échanger quelques mots avec lui. »

Le garçon alla exécuter la commission, et reparut presque aussitôt, amenant le nain demandé.

« Votre serviteur, monsieur, dit Quilp. J'espère que vous allez bien. J'espère que vous allez très bien.

— Monsieur Quilp, dit le gentleman, nous nous sommes déjà rencontrés tous deux. Vous pouvez vous souvenir que le jour où, en arrivant à Londres, je trouvai vide et déserte la maison où je me rendais, je vous fus adressé par quelques voisins; je courus à votre recherche sans prendre le temps de me reposer ou de me rafraîchir.

— Oui; quelle précipitation, et cependant quelle allure ferme et vigoureuse!

— Je vous trouvai, reprit le gentleman, en pleine possession, de la manière la plus étrange, de tout ce qui avait appartenu si récemment encore à un autre; et cet autre qui, jusqu'au moment où vous avez mis le pied chez lui, passait pour riche, avait été réduit tout à coup à la misère et expulsé de sa maison.

— Nous avons des témoins pour répondre de nos actes, mon cher monsieur, dit Quilp. Nous avons nos témoins, ne dites pas non plus qu'il a été expulsé! il est parti de sa propre volonté; il a disparu dans la nuit, monsieur.

— Qu'importe! s'écrie le gentleman avec emportement. Il était parti.

— Oui, il était parti, dit Quilp, toujours avec son calme révoltant. Nul doute, il était parti. La seule question, c'était de savoir pour quel endroit. Et c'est encore une question...

— Maintenant, dit le gentleman en le regardant d'un air sévère, que dois-je penser de vous qui, n'ayant voulu me donner aucun renseignement, venez aujourd'hui épier nos pas?

— Moi, vous épier! cria Quilp.

— N'est-ce pas ce que vous faites? répliqua le gentleman arrivé au comble de l'exaspération. N'étiez-vous pas, il y a quelques heures à soixante milles d'ici, dans la chapelle où cette brave femme a l'habitude de dire ses prières?

— Elle y était aussi, je pense, dit Quilp qui avait repris son sang-froid accoutumé. Je pourrais dire, moi, si je me laissais emporter aussi, que c'est vous qui épiez mes pas. Oui, j'étais dans la chapelle. Eh bien, après? J'ai lu dans les livres que les pèlerins ont l'habitude d'aller à une chapelle avant de se mettre en voyage, pour solliciter du ciel un heureux retour. Moi, je vais toujours à la chapelle avant de me mettre en route. En pareille occasion c'est toujours par là que je finis mes préparatifs. Voilà la vérité. »

Il ne fallait pas une grande pénétration pour deviner que Quilp mentait de gaieté de cœur, en dépit de ses mines hypocrites.

« En vérité, il y a de quoi faire tourner la tête, dit le malheureux gentleman; voyons, dites-moi, n'avez-vous pas, pour un motif particulier, cherché à deviner mes projets? ne savez-vous pas dans quelle intention je suis venu ici? et si vous le savez, ne pouvez-vous pas me fournir quelque lumière?

— Vous me croyez donc sorcier, monsieur? dit Quilp en haussant les épaules.

— Allons! c'est bon! Nous nous sommes dit, je le vois, tout ce que nous avions à nous dire, répliqua le gentleman, qui se jeta avec impatience sur un canapé. Je vous prie de nous laisser.

— Volontiers, répondit Quilp, oh! très volontiers. »

Là-dessus le nain battit en retraite et ferma la porte derrière lui.

« Oh! oh! oh! se dit-il quand il eut regagné sa chambre et qu'il se fut assis dans un fauteuil, les poings appuyés sur les hanches. Oh! oh! c'est donc comme cela? mon cher ami, en vé-ri-té? »

Poussant, dans sa joie immodérée, des éclats de rire étouffés et compensant la gêne qu'il avait dû s'imposer récemment par le déploiement de toutes les variétés possibles de laideur sur sa face, M. Quilp se tordit dans son fauteuil, tout en frottant sa jambe gauche, et tomba dans certaine méditation dont il est nécessaire de présenter ici la substance.

D'abord il passa en revue les circonstances qui l'avaient amené à se rendre en ce lieu.

S'étant présenté la veille au soir à l'étude de M. Sampson Brass, en l'absence de ce gentleman et de sa douce sœur, il était tombé sur M. Swiveller, qui en ce moment était occupé à arroser d'un verre de grog au gin l'aride poussière du droit. Malgré la résolution prise par M. Swiveller de garder ses découvertes pour lui et de ne plus confier ses secrets à personne, sous l'empire du grog au gin il apprit à M. Quilp qu'il avait vu le locataire de M. Brass en conférence avec Kit.

Muni de ce renseignement, M. Quilp fut amené à supposer tout d'abord que ledit locataire devait être la même personne qui était déjà venue le trouver; et s'étant assuré que ce soupçon était fondé, il en conclut qu'en se mettant en rapport avec Kit, le gentleman avait pour but de retrouver les traces du vieillard et de l'enfant. Brûlant du désir de savoir ce que tout cela voulait dire, il résolut de serrer de près la mère de Kit, parce qu'elle lui semblait la personne la moins capable de résister à ses artifices et par conséquent la plus propre à se laisser dérober les révélations qu'il convoitait. Prenant donc brusquement congé de M. Swiveller, il courut chez mistress Nubbles. La bonne femme était absente. Il s'informa auprès d'une voisine, on lui enseigna le gisement de la chapelle, où il se rendit aussitôt pour happer la mère de Kit à la fin du service.

Il n'y avait pas un quart d'heure qu'il était assis dans la chapelle, lorsque Kit lui-même apparut. Avec ses yeux de lynx, il suffit au nain d'un moment pour reconnaître qu'il y avait anguille sous roche. Absorbé en apparence et feignant d'être plongé dans une méditation profonde, Quilp étudiait les moindres mouvements de Kit; et quand Kit se fut retiré avec toute sa famille, le nain sortit vivement après lui. Enfin il suivit Kit et mistress Nubbles jusqu'à la maison du notaire, où il apprit d'un des postillons dans quelle ville devait se rendre la chaise de poste. Sachant qu'une diligence partait pour cette ville à l'heure même, et que le bureau n'était qu'à deux pas, il y courut sans autre cérémonie et s'installa sur l'impériale. Arrivé à destination, Quilp s'était mêlé à la foule et avait appris l'objet du voyage du gentleman et ses mécomptes. Une fois nanti de ces renseignements, il s'était éloigné à la hâte et avait gagné l'auberge avant le gentleman.

« Ah! c'est comme ça, mon ami, se dit-il en mordant ses ongles. On me suspecte, on me met de côté, et c'est Kit, n'est-ce pas, qui est l'agent confidentiel. En ce cas, je crains bien d'avoir à lui régler ses comptes. »

Il réfléchit un moment, puis il ajouta :

« Si, ce matin, nous avions trouvé le vieux et l'enfant, j'étais prêt à faire valoir d'assez jolis titres. Quelle bonne aubaine c'eût été pour moi ! Sans ces cafards, ces hypocrites, ce garçon et sa mère, j'eusse aussi facilement enveloppé dans mon filet ce farouche gentleman que mon vieil ami, notre ami commun. Au pis aller, c'est encore une affaire d'or et qu'il ne faut pas perdre. Retrouvons d'abord les fugitifs, et puis nous aviserons… au moyen de vous débarrasser d'un peu du superflu de votre numéraire, mon cher monsieur, tant qu'il y aura des barreaux de prisons, des verrous et des serrures pour tenir en sûreté votre ami ou parent, n'importe. Je hais décidément tous ces gens vertueux ! s'écria le nain en avalant une gorgée d'eau-de-vie, et en faisant claquer ses lèvres. Oui, je les hais tous en général, et chacun en particulier ! »

Dans cette aimable disposition d'esprit, il soulagea son estomac et sa haine en buvant une assez notable quantité d'eau-de-vie, puis, changeant de quartier, il se retira dans un cabaret infime, d'où il établit dans l'ombre tous les moyens d'enquête possibles, afin d'arriver à la découverte du vieillard et de sa petite-fille. Mais tout effort resta inutile. Pas la moindre trace, par le moindre indice qui pût le mettre sur la voie. Les fugitifs, lui dit-on, avaient quitté la ville pendant la nuit, personne ne les avait vus s'éloigner, nul ne les avait rencontrés sur leur chemin, pas un conducteur de diligence, de charrette ou de fourgon n'avait aperçu des voyageurs répondant à ce signalement, pas une âme en un mot qui eût passé près d'eux ou qui eût entendu parler d'eux. Convaincu que pour le moment toute tentative de ce genre était inutile, il confia le soin de son affaire à deux ou trois drôles auxquels il promit une forte récompense, dans le cas où ils lui feraient parvenir quelques renseignements, et il s'en retourna à Londres par la diligence du lendemain.

## XLVIII

Arrivé à Londres, M. Quilp prit la direction de son logis, avec un visage parfaitement calme, et en sifflant. En route il évoquait l'idée des inquiétudes, des terreurs de mistress Quilp qui, n'ayant pas reçu la moindre nouvelle de lui depuis trois grands jours et deux nuits, et n'ayant pas eu préalablement avis de son départ, était sans doute en ce moment dans une mortelle anxiété, en proie au plus vif chagrin.

Cette gracieuse perspective était si bien en rapport avec les goûts du nain, et si agréable pour lui, que, tout en marchant, il en riait à cœur joie, jusqu'à en avoir les larmes aux yeux. De plus en plus joyeux quand il atteignit la rue voisine de sa demeure, il exprima son plaisir par un cri rauque dont fut épouvanté un passant paisible qui marchait devant lui, sans s'attendre à cette surprise. Nouvelle jouissance pour Quilp, et qui augmenta d'autant sa satisfaction.

Telle était l'heureuse disposition d'esprit de M. Quilp lorsqu'il atteignit Tower-Hill. Là, s'étant arrêté à regarder à la croisée de son logis, il la trouva plus splendidement éclairée qu'il n'est d'usage dans une maison en deuil. Il s'approcha plus près encore, écouta attentivement et put entendre plusieurs voix en conversation animée, et dans le nombre il reconnut, outre celle de sa femme et de sa mère, des organes masculins.

« Ah! qu'est-ce que c'est que ça? s'écria-t-il. Est-ce qu'elles reçoivent des visites en mon absence? »

S'étant introduit furtivement dans sa propre maison, il défit ses souliers et se mit en devoir de gravir l'escalier à pas de loup.

La chambre à coucher donnant sur l'escalier n'étant pas fermée, M. Quilp se glissa dans cette pièce et s'établit derrière la porte qui la faisait communiquer avec le salon. Or, comme elle était entrebâillée afin de laisser l'air circuler, et qu'elle avait en outre une fente assez commode dont le nain s'était servi maintes fois pour espionner, et qu'il avait même élargie avec son couteau à cet effet, non seulement il put tout entendre, mais il put voir distinctement tout ce qui se passait.

L'œil appliqué à cette fente propice, il vit M. Brass assis à une table où se trouvaient, outre des plumes, de l'encre et du papier, la cave à liqueurs, sa propre cave avec son propre rhum de la Jamaïque, réservé jusqu'ici pour lui seul! puis de l'eau chaude, des citrons odorants, des morceaux de sucre, tout ce qu'il fallait enfin pour composer un grog délicieux. Avec tous ces matériaux de choix, maître Sampson, qui était loin de méconnaître leurs droits légitimes à son attention, avait composé un grand verre de punch aux vapeurs brûlantes. En ce moment même, il était en train de délayer le breuvage avec une cuiller à thé, et y attachait un regard dans lequel une faible expression de regret était dominée par un rayon de douce et agréable jouissance.

A la même table et appuyée sur ses deux coudes se trouvait mistress Jinivin : elle buvait le punch à larges gorgées, tandis que sa fille, qui n'avait pas positivement des cendres sur la tête, ni un sac de toile sur les épaules, mais bien une tenue décente et un air de chagrin, était à demi couchée dans un fauteuil et adoucissait sa peine en acceptant de temps à autre un peu de ce breuvage bienfaisant. Il y avait encore là deux mariniers qui tenaient des dragues et autres instruments de leur métier : le plaisir qu'ils avaient à boire, leur nez naturellement rouge, leur face enluminée, leur air joyeux, leur présence en un mot, augmentaient, bien loin de le diminuer, l'air de gaieté et de confort qui faisait le vrai caractère de cette réunion.

« Ah! dit M. Brass rompant le silence et levant les yeux au plafond avec un soupir, qui sait s'il ne nous regarde pas d'en haut! Qui sait s'il ne nous contemple pas de... du lieu quelconque où il peut être, et s'il n'a pas les yeux fixés sur nous! Oh! mon Dieu! »

Puis se tournant vers les deux mariniers :

« Alors les recherches ont été tout à fait infructueuses?

— Tout à fait, mon maître.

— Alors, dit M. Brass, il ne nous reste plus qu'à nous résigner... qu'à nous résigner. Ce serait une consolation que d'avoir son corps, une triste consolation.

— Oh! certainement oui, dit vivement mistress Jinivin; si nous l'avions, au moins il ne nous resterait plus de doutes... »

Sampson Brass reprit sa plume.

« Occupons-nous, dit-il, de l'avis et du signalement à publier. Il y a pour nous un plaisir mélancolique à rappeler ses traits. Nous en étions restés aux jambes...

— Jambes torses, s'écria mistress Jinivin.

— Pensez-vous qu'elle fussent torses ? dit Brass d'un air confidentiel. Il me semble les voir encore marchant très écartées, dans la rue, en pantalon de nankin un peu court, sans sous-pieds. Ah! dans quelle vallée de larmes nous vivons! Décidément mettrons-nous *torses?*

— Je pense qu'elles l'étaient un peu, dit mistress Quilp avec un sanglot.

— *Jambes torses*, dit M. Brass, parlant et écrivant à la fois, *la tête grosse, le buste court, les jambes torses.*

— Très torses ! dit mistress Jinivin.

— Non, madame, non, ne mettons pas « très torses », dit Brass avec un pieux respect. N'insistons pas sur les imperfections physiques du défunt. Il est en un lieu, madame, où il ne sera plus question de ses jambes, contentons-nous de mettre *torses*, madame. Je me figure...

— Continuez donc le signalement, monsieur, dit mistress Jinivin avec impatience.

— C'est vrai, madame, c'est vrai ! s'écria Brass. Nous en étions à son nez.

— Nez plat, dit mistress Jinivin.

— Aquilin !... cria Quilp, passant sa tête par l'entre-bâillement de la porte et touchant de sa main le bout de son nez. Aquilin, sorcière que vous êtes ! Le croyez-vous? Appelez-vous ça un nez plat? Osez-vous l'appeler ainsi, hein ?

— Oh! magnifique! s'écria le procureur, par la seule force de l'habitude. Parfait!... Comme il est spirituel ! »

Quilp ne prit point garde à ces compliments, ni à l'air décontenancé et terrifié de Brass, ni aux cris de sa belle-mère qui se sauva hors de la chambre, et de sa femme qui tomba évanouie. L'œil fixé sur Sampson Brass, il alla droit à la table, commençant par le verre du procureur, il en avala le contenu, puis il fit méthodiquement le tour de la table, jusqu'à ce qu'il eût bu les deux autres verres ; ensuite

AQUILIN, CRIA QUILP.

il mit sa cave à liqueurs sous son bras, sans cesser de dévisager Brass de son regard étrange.

— Je ne suis pas encore mort, Sampson, dit-il, non, pas encore ! Et puis, bonsoir, ajouta-t-il avec un geste expressif.

— Bonsoir, monsieur, bonsoir, s'écria le procureur en se retirant à reculons. Quelle heureuse, oh ! oui, quelle bienheureuse surprise ! Ah ! ah ! ah ! Délicieux ! Vraiment délicieux ! »

Le nain attendit que le bruit des exclamations de M. Brass se perdît dans l'éloignement, car M. Brass n'avait pas cessé de les continuer à haute voix tout en descendant l'escalier. Il s'avança alors vers les deux mariniers qui étaient restés immobiles dans une sorte d'étonnement stupide.

« N'avez-vous pas, messieurs, dit-il en tenant avec une grande politesse la porte ouverte, sondé la rivière toute la journée?

— Oui, monsieur, et hier aussi.

— Parbleu! vous vous êtes donné là bien de la peine. Je vous prie de considérer comme à vous tout ce que vous trouverez... sur le corps du noyé! Bonsoir. »

Les deux hommes s'entre-regardèrent; mais sans s'amuser à discuter sur le point en litige, ils se glissèrent hors de la chambre. Après avoir fait si vite maison nette, Quilp ferma les portes; et, tenant toujours précieusement sa cave à liqueurs, en levant les épaules et croisant les bras, il resta à considérer sa femme évanouie, semblable à un cauchemar qui vient de peser sur la poitrine du patient endormi.

## XLIX

Mistress Quilp, revenue enfin de son évanouissement, s'assit en silence, et, tout en pleurant, écouta avec docilité les reproches de son seigneur et maître.

« Ainsi, dit Quilp, vous pensiez que j'étais mort et parti pour toujours? Vous croyiez être veuve, hein? Ah! ah! ah! coquine que vous êtes!

— Vraiment, Quilp, répondit-elle, je suis très fâchée...

— Qui en doute? s'écria le nain. Vous êtes très fâchée! Assurément vous l'êtes.

— Je ne suis pas fâchée de vous voir revenu à la maison, vivant et bien portant; mais je suis fâchée d'avoir été amenée à concevoir l'idée de votre mort. Je me réjouis de vous voir, Quilq; vrai, je m'en réjouis. Comment avez-vous pu vous absenter si longtemps sans me dire un mot ou sans me donner de vos nouvelles? demanda la pauvre petite femme en sanglotant. Comment avez-vous pu être si cruel, Quilp?

— Comment j'ai pu être si cruel? s'écria le nain. Parce que c'était mon idée. C'est encore mon idée. Je serai cruel si cela me plaît. Je vais repartir.

— Oh non !

— Si fait. Je vais repartir. Je sors d'ici à l'instant. Mon projet est d'aller vivre où la fantaisie m'en prendra, à mon débarcadère, à mon comptoir, et de faire le garçon. Vous étiez veuve par anticipation… Eh bien ! moi, je vais, à partir d'aujourd'hui, me faire célibataire.

— Vous ne parlez pas sérieusement, Quilp !… dit la jeune femme en pleurant.

— Je vous dis, ajouta le nain, s'exaltant à l'idée de son projet, que je vivrai en garçon, en sans-souci ; j'aurai à mon comptoir mon logement de garçon, et approchez-vous-en, si vous l'osez. Ne vous imaginez pas que je ne pourrai point fondre sur vous à des heures inattendues, car je vous épierai, j'irai et viendrai, comme une taupe ou une belette. J'ai vu Tom Scott en bas, quand je suis entré. Tom Scott !… Où est-il, ce Tom Scott ?

— Je suis ici, monsieur, cria le jeune gardien du débarcadère, au moment où M. Quilp ouvrait la fenêtre.

— Attendez, chien que vous êtes !… Vous allez avoir à porter la valise d'un célibataire. Faites-moi ma malle, mistress Quilp. »

Mistress Quilp et sa mère se mirent à l'œuvre, pendant que le nain surveillait l'arrangement de sa garde-robe. Après y avoir ajouté, de ses propres mains, une assiette, un couteau, une fourchette, une cuiller, une tasse à thé avec la soucoupe, et divers autres ustensiles de cette nature, il boucla les courroies de sa valise et la mit sur son dos. Ensuite il sortit sans dire un mot, tenant étroitement serrée sous son bras sa cave à liqueurs, qu'il n'avait pas déposée un seul instant. En arrivant dans la rue, il remit le fardeau le plus lourd aux bons soins de Tom Scott, but une goutte à même la bouteille pour se donner du montant, et, en ayant asséné un bon coup sur la tête du jeune garçon comme pour lui donner un arrière-goût de la liqueur, le nain se rendit d'un pas rapide à son débarcadère, où il arriva entre trois et quatre heures du matin.

« Voilà un bon petit coin, dit Quilp, lorsqu'il eut gagné à tâtons sa baraque de bois et ouvert la porte avec une clef qu'il avait sur lui ; un bon petit coin !… Vous m'éveillerez à huit heures, chien que vous êtes ! »

Sans autre adieu, sans autre explication, il saisit sa valise, ferma la porte sur son serviteur, grimpa sur son comptoir et, roulé en boule comme un hérisson, dans une vieille couverture de laine, il ne tarda pas à s'endormir.

La matin, à l'heure convenue, Tom Scott l'éveilla. Ce ne fut pas sans peine, après toutes les fatigues que le nain avait eu à supporter. Quilp lui ordonna de faire du feu sur la plage avec quelques débris de charpente vermoulue, et de lui préparer du café pour son déjeuner. En outre, afin de rendre son repas plus confortable, il remit au jeune garçon quelque menue monnaie pour servir à l'achat de petits pains chauds, de beurre, de sucre, de harengs de Yarmouth et autres comestibles ; si bien qu'au bout de quelques instants s'élevait la fumée d'un déjeuner savoureux. Grâce à ces mets appétissants, le nain se régala à cœur joie, et, enchanté de cette façon de vivre libre et bohémienne à laquelle il avait souvent songé, et qui lui offrait une douce indépendance et un bon moyen de tenir mistress Quilp et sa mère dans un état continuel d'agitation et d'alarme, il s'occupa d'arranger sa retraite et de se la rendre commode et agréable.

Il ordonna ensuite à Tom Scott d'attendre son retour et de ne point s'amuser à se tenir sur la tête, ou à faire des culbutes, ou à marcher sur les mains, sous peine de recevoir une ample correction ; puis il se jeta dans un bateau et traversa le fleuve. Arrivé à l'autre bord, il gagna à pied la maison de Bevis-Marks, où M. Swiveller faisait son agréable résidence. Ce gentleman était justement seul à dîner dans son étude poudreuse. Le nain remarqua qu'il avait l'air soucieux et morose.

« Vous paraissez découragé, dit-il en s'asseyant. Voyons, qu'y a-t-il ?

— Le droit ne me convient pas, répondit Richard ; c'est trop aride, et puis on est trop tenu. J'ai pensé plus d'une fois à me sauver ! »

Quilp regarda son interlocuteur avec des yeux dilatés par une expression comique de curiosité, et il attendit patiemment que l'autre s'expliquât. Mais M. Swiveller ne paraissait nullement pressé de fournir des explications. Il dîna longuement en gardant un profond silence ; puis enfin il repoussa son assiette, se rejeta en arrière contre le dossier de sa chaise, se croisa les bras et se mit à contempler tristement le feu, où quelques bouts de cigares fumaient tout seuls, pour leur propre compte, répandant une forte odeur de tabac.

Daniel Quilp adopta le meilleur moyen de rasséréner M. Swiveller, en tirant le cordon de la sonnette pour commander un extra de « vin rosé », c'est-à-dire de ce qui représente ordinairement ce liquide. Il le versa gaiement et porta divers toasts, en invitant M. Swiveller à

MISTRESS QUILP ET SA MÈRE SE MIRENT A L'ŒUVRE.

lui faire raison. L'effet de ces toasts sur Richard, joint à la réflexion que nul homme ne peut lutter contre sa destinée, fut tel, qu'en très peu de temps il reprit sa bonne humeur.

M. Quilp en profita pour en venir à ses fins.

« A propos, lui dit-il, où est donc votre jeune ami Trent? »

M. Swiveller lui apprit que son honorable ami avait dernièrement accepté une position d'agent responsable dans une banque de jeu ambulante, et qu'en ce moment il était en train de faire une tournée, pour les besoins de sa profession, parmi les esprits aventureux de la Grande-Bretagne.

« C'est fâcheux, dit le nain, car j'étais venu tout exprès pour m'informer de lui près de vous. J'avais une idée, Dick, votre ami d'en haut...

— Quel ami?
— Celui du premier étage?
— Oui, eh bien?
— Votre ami du premier étage, Dick, doit connaître Trent?
— Non, il ne le connaît pas, dit M. Swiveller en secouant la tête.
— Oui et non. Il est vrai qu'il ne l'a jamais vu, répliqua Daniel Quilp; mais si nous les mettions en rapport, qui sait, Dick, si Fred, convenablement présenté, ne servirait pas les desseins du locataire tout aussi bien pour le moins que la petite Nelly et son grand-père? Qui sait si la fortune de ce jeune homme, et par suite la vôtre, ne serait pas faite?
— Eh bien, dit M. Swiveller, la vérité est qu'ils *ont été* mis en présence l'un de l'autre.
— Ils l'ont été! s'écria le nain, attachant sur son interlocuteur un regard soupçonneux. Qui a fait cela?
— Moi, dit Richard avec un peu de confusion. Ne vous ai-je pas conté cela la dernière fois que vous m'avez appelé de la rue, en passant?
— Vous savez bien que vous ne me l'avez pas conté.
— Je crois que vous avez raison, dit Richard. Non, je ne vous l'ai pas conté, je m'en souviens. Oh! oui, je les ai mis un jour en présence. Ce fut sur la demande de Fred.
— Et qu'arriva-t-il?
— Il arriva que le gentleman, quant il apprit qui était Fred, au lieu de fondre en larmes, au lieu de lui dire : « Je suis ton grand-père! » ou « ta grand'mère déguisée! » comme nous nous y attendions, tomba dans un accès de fureur terrible, lui lança toute sortes d'injures, et finit par lui dire que si la petite Nell et le vieux gentleman avaient été réduits à la misère, c'était par sa faute. Il ne nous a pas seulement offert de nous rafraîchir et... et, en un mot, il nous a mis à la porte de sa chambre plus vite que ça.
— C'est étrange, dit le nain d'un air réfléchi.
— Oui, c'est ce que nous nous disions mutuellement, dit froidement M. Swiveller, mais c'est parfaitement exact. »

Quilp fut complètement ébranlé par cette confidence inattendue, sur laquelle il réfléchit quelque temps dans un silence mystérieux. Souvent il levait les yeux sur le visage de Richard, et, d'un regard pénétrant, il en étudiait l'expression. Cependant, comme il n'y lut rien qui lui promît de plus amples détails ou qui pût lui donner des soupçons sur sa véracité, il se hâta de rompre l'entretien et de s'éloigner.

« Il se sont vus ! se dit le nain tandis qu'il marchait seul le long des rues. Mon ami Swiveller a voulu négocier cette affaire par-dessus ma tête. Peu importe au fond, puisqu'il en a été pour ses frais; mais, c'est égal, l'intention y était. Ah ! ah ! ah ! l'imbécile ne se soustraira plus à ma direction. Je suis sûr de lui dans la maison où je l'ai placé, je le trouverai toutes les fois que j'aurai besoin de lui pour un dessein. Et d'ailleurs il est, sans le savoir, le meilleur espion de Brass, et quand il a bu, il dit tout ce qu'il sait. Vous m'êtes utile, Dick, et vous ne me coûtez rien que quelques rafraîchissements par-ci par-là. Il serait bien possible, monsieur Richard, qu'il convînt à mes fins pour me mettre en crédit auprès de l'étranger, de lui révéler avant peu vos projets sur Nelly. Mais pour le moment, et avec votre permission, nous resterons les meilleurs amis du monde. »

L

Cette nuit-là l'aimable et joyeux propriétaire du palais de garçon dormit au milieu de sa société favorite, à savoir : la pluie, la boue, la saleté, l'humidité, le brouillard et les rats, jusqu'à une heure assez avancée du lendemain. Appelant alors son valet de chambre, M. Tom Scott, il lui ordonna de l'aider à se lever et de lui préparer à déjeuner.

Après son déjeuner, il se rendit de nouveau dans Bevis-Marks. Sa visite, cette fois, n'était pas destinée à M. Swiveller, mais à l'ami et patron de celui-ci, M. Sampson Brass. Ces deux gentlemen étaient absents, miss Sally elle-même, la vie et le flambeau de la loi, avait déserté son poste. Leur absence à tous était signalée aux visiteurs par un bout de papier, écrit de la main de M. Swiveller, et attaché au cordon de la sonnette. Sans faire connaître au lecteur à quel moment de la journée il avait été placé là, ce papier donnait seulement ce vague et trop discret avis : « On sera de retour dans une heure. »

« Il y a bien au moins une servante, je suppose, dit le nain, en frappant à la porte de la maison. Voyons ça. »

Après un assez long intervalle de temps, la porte s'ouvrit, et une voix grêle fit entendre ces mots :

« Voulez-vous me laisser votre carte ou une lettre ?

— Hein ? » murmura le nain en abaissant son regard (chose tout à fait contraire à ses habitudes) sur la petite servante.

Et la servante répondit, comme lors de sa première entrevue avec M. Swiveller :

« Voulez-vous me laisser votre carte ou une lettre ?

— Je vais écrire un billet, dit le nain, passant devant elle et entrant dans l'étude. Songez bien à le remettre à votre maître aussitôt qu'il sera de retour. »

En quittant l'étude, M. Quilp se rendit au Désert, qui était situé à une portée de fusil de son palais de garçon; là, il commanda, pour le soir, un thé pour trois personnes, dans le fameux kiosque. En effet, sa course et son billet avaient eu pour but d'engager miss Sally Brass et son frère à venir savourer les jouissances qu'on savourait en ce lieu.

A l'heure convenue, il reçut sous le toit crevassé du kiosque ruisselant d'humidité M. Sampson avec sa sœur Sally. Après les premiers moments consacrés à la dégustation du festin, le nain dit :

« Un mot, avant d'aller plus loin, Sally, voulez-vous écouter une minute ? »

Miss Sally se rapprocha, accoutumée à avoir avec leur hôte des conférences qui n'en valaient que mieux pour être dissimulées sous un air d'indifférence.

« C'est une affaire, dit le nain, en promenant son regard du frère à la sœur, une affaire très délicate. Réfléchissez-y bien de concert, quand vous serez seuls.

— Certainement, monsieur, répondit Brass en tirant de sa poche son agenda et son crayon. Je vais prendre note des points principaux, monsieur.

— Serrez votre calepin, dit Quilp sèchement. Nous n'avons pas besoin de notes. Voilà, il y a un garçon nommé Kit... »

Miss Sally fit un signe de tête pour donner à entendre qu'elle connaissait ce garçon.

« Kit, dit M. Sampson, Kit ?... ah! oui; j'ai entendu ce nom-là; mais je ne me rappelle pas bien... je ne me rappelle pas bien...

DU GROG ENCORE! DU GROG TOUJOURS!

— Peu importe! s'écria Quilp avec impatience. Votre sœur se rappelle, cela suffit. Elle est toujours dans la question, ajouta-t-il, en donnant à Sally une tape d'amitié dans le dos, et en regardant son frère avec dédain. Sally, je n'aime point ce Kit.

— Ni moi, répondit miss Brass.

— Ni moi, dit Sampson.

— Alors, ça va bien, s'écria Quilp. La moitié de notre besogne est déjà faite. C'est un de ces honnêtes gens, un de ces beaux caractères, un animal qui rôde pour surprendre les secrets, un hypocrite, un double masque, un lâche, un espion furtif, un chien couchant...

— Venons-en à l'affaire, dit miss Sally, pas tant de discours.

— C'est juste, s'écria Quilp, toujours elle est dans la question. Je dis, Sally, que j'en veux à ce Kit. Je lui garde rancune parce qu'il me contrecarre en ce moment, et s'est placé comme une barrière entre moi et un résultat qui pourrait être une mine d'or pour nous tous; outre ce motif, je répète qu'il me déplaît et que je le hais. Maintenant, vous connaissez ce garçon, c'est à vous de deviner le reste. Trouvez entre vous quelque moyen de me débarrasser de lui, et mettez-le à exécution. Puis-je y compter?

— Vous pouvez y compter, monsieur, dit Sampson.

— Alors, donnez-moi la main, répliqua Quilp. Sally, ma belle enfant, donnez-moi la vôtre : je compte sur vous tout autant que sur lui, et même plus. Holà! garçon, holà! de la lumière, des pipes, du grog encore! du grog toujours?... et vive cette charmante soirée! »

## LI

Après un assez long temps, le maître d'école reparut à la petite porte du cimetière. Il accourait vers ses amis, tenant à la main un trousseau de clefs rouillées que le mouvement de sa marche faisait tinter les unes contre les autres. La précipitation et le plaisir qu'il éprouvait l'avaient mis presque hors d'haleine lorsqu'il atteignit le porche; il ne put d'abord que montrer du doigt un vieux bâtiment que l'enfant avait déjà remarqué.

« Vous voyez ces deux vieilles maisons? dit-il enfin.

— Oui, certainement, répondit Nell. Je n'ai guère regardé qu'elles pendant toute votre absence.

— Et sans doute vous les eussiez regardées plus sérieusement encore si vous aviez deviné ce que j'ai à vous dire. L'une de ces maisons sera la mienne. »

Sans s'expliquer davantage, le maître d'école prit la main de Nelly, et la mena, le visage tout rayonnant de joie, jusqu'à l'endroit dont il avait parlé.

Ils s'arrêtèrent devant une porte basse et cintrée. Après avoir inutilement essayé plusieurs clefs, le maître d'école finit par en trouver une qui s'adaptait à l'épaisse serrure. La porte s'ouvrit, en criant sur ses gonds, et les visiteurs entrèrent dans la maison.

La pièce dans laquelle ils pénétrèrent était une chambre voûtée qui jadis avait été soigneusement décorée par d'habiles artistes, et qui conservait encore sur sa belle voûte aux vives arêtes, aux riches broderies de pierre, des vestiges brillants de son ancienne splendeur.

A une époque éloignée, une cloison de bois avait été construite dans une partie de la pièce pour former un cabinet destiné à servir de chambre à coucher.

Une porte toute grande ouverte menait à une petite chambre ou cellule, où la lumière pénétrait non sans peine à travers un rideau de lierre. Cette cellule complétait l'intérieur de cette partie des ruines. La maison n'était pas absolument dégarnie de meubles. Quelques sièges de forme antique, dont les bras et les pieds semblaient s'être affaissés avec l'âge; une table, ou plutôt un fantôme de table; un grand vieux coffre qui avait jadis contenu les registres de l'église; enfin divers objets utiles, servant aux usages domestiques, et une certaine quantité de bois à brûler pour la provision d'hiver, tout cela était rangé dans la chambre et fournissait autant de preuves certaines que la maison avait été habitée à une époque récente.

« Oh! la belle maison! dit enfin Nelly à voix basse.

— C'est un endroit où il doit faire bon vivre, ne trouvez-vous pas? dit son ami.

— Oh! répondit Nelly en joignant les mains avec ardeur; un endroit tranquille et heureux, un bon endroit pour vivre et pour apprendre à mourir! »

Elle en eût dit davantage; mais comme elle était dominée par l'énergie de ses pensées, sa voix se troubla, et les sons ne vinrent plus à ses lèvres qu'en soupirs confus.

« Un bon endroit pour vivre et pour apprendre à vivre, pour

acquérir la santé de l'esprit et du corps ! dit le maître d'école. Car cette vieille maison sera la vôtre.

— La nôtre ! s'écria Nelly.

— Oui, répondit gaiement le maître d'école, et pour bien des années heureuses, j'espère. Je serai votre proche voisin, porte à porte. Voilà donc votre maison. »

Alors le bon maître d'école s'assit et fit placer Nell près de lui. Il lui raconta alors que cet ancien bâtiment avait été habité longtemps par une vieille femme qui gardait les clefs de l'église, l'ouvrait pour les services et la montrait aux étrangers. Cette vieille femme était morte quelques semaines auparavant, et l'on n'avait encore pu trouver personne pour la remplacer. Le maître d'école avait parlé d'eux au ministre. Nell et son grand-père devaient lui être présentés le lendemain. Ce ne devait être qu'une simple formalité. Mais ils pouvaient se considérer comme nommés au poste vacant.

« Il y a aussi, dit-il, un petit traitement. Sans doute ce n'est pas grand'chose, mais c'est assez pour vivre dans cette retraite. En réunissant nos ressources, nous serons à l'aise, n'ayez pas peur.

— Que Dieu vous bénisse et vous protège ! dit l'enfant avec des larmes d'attendrissement.

— Amen ! ma chère, répondit son ami d'un ton de douce gaieté; puisse le ciel me bénir toujours comme il l'a déjà fait en nous conduisant à travers les soucis et les fatigues jusqu'à cette vie tranquille ! Mais à présent il s'agit de voir *ma* maison. Allons, venez ! »

Ils se rendirent à l'autre bâtiment. Il fallut encore chercher dans le trousseau de clefs rouillées; enfin ils trouvèrent celle qu'il fallait et ouvrirent la porte vermoulue. Ils entrèrent dans une antique chambre voûtée, semblable à celle qu'ils venaient de quitter, mais moins spacieuse, et n'ayant pour dépendance qu'une autre petite pièce. Il n'était pas difficile de comprendre que la première maison était celle du maître d'école, et que l'excellent homme avait choisi la moins commode, dans son affection pleine d'égards pour ses amis. Ainsi que l'autre maison, celle-ci était garnie des meubles les plus nécessaires, et elle avait également sa provision de bois.

Ils soupèrent ensemble dans la maison de Nelly et, le repas terminé, s'assirent devant l'âtre. Là, à demi-voix, car leur cœur était trop plein et trop satisfait pour leur permettre de parler à voix haute, ils s entretinrent de leurs plans d'avenir. Avant qu'ils se séparassent, le maître d'école fit la lecture de quelques prières. Puis, remplis de bonheur et de reconnaissance envers Dieu, ils se quittèrent pour le reste de la nuit.

Avec l'éclat et la gaieté du matin, revint la continuation des travaux de la veille, le retour de ses pensées agréables, un redoublement d'énergie, de tendresse et d'espérance. Ils travaillèrent activement tous les trois jusqu'à midi à mettre en ordre et à arranger les deux maisons ; puis ils allèrent faire visite au desservant.

C'était un vieux gentleman au cœur simple, à l'esprit humble, ami de la retraite. Il connaissait peu le monde, qu'il avait quitté depuis bien des années pour venir s'établir en cet endroit. Sa femme était morte dans la maison même qu'il habitait encore, et il y avait longtemps qu'il s'était détaché des espérances et des joies de la terre.

Il reçut avec bonté les visiteurs et témoigna tout de suite de l'intérêt à Nelly. Il s'informa de son nom, de son âge, des événements qui l'avaient conduite dans ce pays, et ainsi de suite. Déjà le maître d'école lui avait raconté l'histoire de l'enfant.

« Ils n'ont laissé, lui avait-il dit, aucun ami derrière eux : ils sont sans feu ni lieu. Ils sont venus ici partager mon sort. J'aime cette enfant comme si elle était à moi.

— Bien, bien, dit le desservant. Qu'il soit fait selon votre désir. Elle est bien jeune...

— Elle est plus vieille que son âge, mûrie trop tôt par l'épreuve de l'adversité, monsieur, répondit le maître d'école.

— Que Dieu l'assiste ! Qu'elle se repose et qu'elle oublie tous ses malheurs ! dit le vieux desservant. Mais une église antique est un lieu triste et sombre pour un être aussi jeune que vous, mon enfant.

— Oh non ! monsieur, répliqua Nelly. Je suis bien loin de penser ainsi, assurément.

— J'aimerais mieux la voir danser le soir sur le gazon, dit le desservant, qui posa sa main sur la tête de Nelly et sourit avec mélancolie, que de la voir assise à l'ombre de nos arceaux poudreux. Songez à cela, et jugez si nos ruines solennelles ne pèseront pas sur son cœur. Votre demande vous est accordée, mon cher ami. »

Après quelques autres paroles d'un accueil cordial, les visiteurs se retirèrent et se rendirent à la maison de Nelly. Ils y avaient entamé une conversation sur leur heureuse fortune, quand un autre ami parut.

C'était un petit vieillard qui vivait au presbytère, où il s'était établi depuis la mort de la femme du desservant, qui remontait à une quinzaine d'années environ. Dès le collège, il avait été le meilleur ami du ministre, et depuis, en tout temps, son compagnon assidu. Dans les premiers moments de douleur, il était accouru pour le consoler et le soutenir et, à partir de cette époque, jamais ils ne s'étaient séparés. Le petit vieillard était l'âme du village, le conciliateur de tous les différends. C'était l'ordonnateur de toutes les fêtes, le dispensateur des libéralités de son ami, auxquelles il ajoutait beaucoup du sien, le médiateur universel, le consolateur des affligés. Comme il n'était pas marié, on l'appelait le « vieux garçon ». Ce nom lui plaisait, ou du moins lui convenait autant qu'un autre, et depuis ce temps il était resté pour tout le monde le « vieux garçon ».

Il souleva le loquet, montra un moment au seuil de la porte sa bonne petite face ronde, et entra dans la chambre en homme qui n'était pas étranger aux localités.

« Vous êtes monsieur Marton, le nouveau maître d'école? dit-il en saluant l'ami de Nell.

— Oui, monsieur.

— Vous arrivez ici avec d'excellentes recommandations et je suis charmé de vous voir. Je serais venu vous visiter hier, car j'attendais votre arrivée, mais j'ai été obligé d'aller dans le pays porter une lettre d'une mère malade à sa fille qui est en service à quelques milles d'ici; je ne fais que de revenir. N'est-ce pas là la jeune gardienne de notre église? Vous n'en êtes que davantage le bienvenu pour nous l'avoir amenée, ainsi que ce vieillard. Et c'est de bon augure pour un maître que d'avoir donné lui-même l'exemple de pratiquer l'humanité.

— Depuis quelque temps elle a bien souffert, dit le maître d'école, répondant ainsi au regard que le visiteur avait laissé tomber sur Nelly, en l'embrassant sur la joue.

— Oui, oui, je vois bien qu'elle a souffert, dit le vieux garçon. Ils ont cruellement souffert, et leur cœur aussi.

— En effet, monsieur, ce n'est que trop vrai. »

Le vieux garçon promena tour à tour ses regards du grand-père à l'enfant, dont il prit tendrement la main. Il se leva.

« Vous serez plus heureux avec nous, dit-il, ou du moins nous ferons tout pour cela. Vous avez déjà fait bien des améliorations ici. Est-ce votre ouvrage, mon enfant?

— Oui, monsieur.

— Nous en ferons d'autres encore, qui ne vaudront certainement pas mieux, mais au moins avec plus de ressources. A présent, voyons, voyons un peu. »

Nell l'accompagna dans les autres petites chambres, et dans toutes les parties des deux maisons. Il fit observer qu'il manquait çà et là divers objets nécessaires et s'engagea à y pourvoir, grâce à une collection d'articles divers qu'il possédait chez lui; et, en vérité, ce devait être un magasin des plus variés et des plus hétérogènes. Tout cela arriva presque aussitôt; au bout d'une dizaine de minutes à peine, le petit gentleman, qui venait de les quitter, reparut chargé de vieilles planches, de morceaux de tapis, de couvertures et autres objets d'usage domestique. Il était suivi d'un jeune homme qui portait un fardeau de même nature.

On jeta le tout en un monceau sur le parquet; puis il fallut déployer une grande activité pour débrouiller, arranger, mettre en place les dons du vieux garçon, qui présidait au travail avec un plaisir extrême et y mettait la main lui-même avec une vivacité sans égale. Cette nuit-là encore, les fenêtres des deux vieilles maisons s'éclairèrent du reflet des bons feux qu'on entretenait à l'intérieur. Le vieux garçon, avec son ami le desservant, au moment où ils revenaient de leur promenade du soir, s'arrêtèrent pour regarder les fenêtres. Puis ils s'entretinrent à voix basse de la charmante enfant; mais ils se retournèrent vers le cimetière avec un soupir.

## LII

Le lendemain, Nelly fut levée de bonne heure. Après s'être acquittée d'abord des soins du ménage, après avoir tout apprêté pour le maître d'école, bien assurément contre le désir de cet excellent homme qui aurait voulu lui épargner cette peine, elle décrocha d'un clou un petit trousseau de clefs que le vieux garçon lui avait solennellement remis la veille, et sortit seule pour visiter l'église.

Le ciel était brillant et serein, l'air transparent, parfumé de la fraîche senteur des feuilles récemment tombées, et vivifiant pour les sens. Le cours d'eau voisin étincelait et coulait avec un murmure mélodieux, la rosée scintillait sur les tertres verts.

Une partie de l'église avait servi de chapelle baroniale; on y voyait des images de guerriers couchés sur leurs lits de pierre, les mains jointes, les jambes croisées.

L'enfant s'assit dans ce lieu vénérable et silencieux, parmi les figures raides et immobiles des tombes qui, pour elle, donnaient à ce côté de l'église encore plus de tranquillité et de majesté. Promenant autour d'elle des regards pleins d'un respect craintif mélangé d'un plaisir calme, elle se trouva heureuse, elle sentit qu'elle jouissait du repos. Elle prit une bible sur un banc et se mit à lire; puis, posant le livre, elle s'abandonna à la pensée des jours d'été, du brillant printemps qui reviendrait, des rayons du soleil qui tomberaient obliquement sur la nature endormie, des feuilles qui trembleraient à la fenêtre, et projetteraient sur le pavé leur ombre lumineuse, des chants d'oiseaux, des boutons et des fleurs qui s'épanouiraient autour des portes; de la douce brise qui se jouerait dans l'espace et ferait flotter les bannières déchirées. Peu importait que ce lieu éveillât des idées de mort! Quand on mourrait, il resterait toujours le même, ces objets, ces sons se présenteraient avec le même charme, il n'y avait rien de pénible à penser qu'on dormirait au milieu d'eux.

Nelly quitta la chapelle, lentement et se retournant souvent pour regarder en arrière. Elle arriva à une porte basse qui donnait sur la tour, l'ouvrit, et gravit dans l'ombre l'escalier tournant. Parfois seulement elle apercevait, par le demi-jour d'étroites meurtrières, les degrés qu'elle venait de quitter, ou entrevoyait le reflet métallique des cloches chargées de poussière. Enfin elle termina son ascension et atteignit le sommet de la tour.

Oh! quelle explosion éclatante et soudaine de lumière! La fraîcheur des plaines et des bois qui s'étendaient au loin de tous côtés jusqu'à la limite azurée de l'horizon, les troupeaux qui paissaient dans les pâturages, la fumée qui, s'élevant au-dessus de arbres, semblait sortir de la terre, les enfants qui, près de l'église, se livraient à leurs joyeux

L'ENFANT S'ASSIT DANS CE LIEU VÉNÉRABLE.

ébats, tout était beau, tout était heureux ! C'était comme une transition de la mort à la vie, comme un vol vers le ciel.

LIII

Un jour, dans le cimetière, Nell, sans s'y attendre, rencontra le maître d'école qui était assis au soleil, sur un tertre vert où il lisait.

« Nell ici ! dit-il amicalement, tandis qu'il fermait son livre. Il m'est agréable de vous voir respirer en plein air, en pleine lumière. Je craignais que vous ne fussiez encore dans l'église, où vous vous tenez si souvent.

— Vous le craigniez!... dit l'enfant, en s'asseyant à côté de lui; n'est-ce pas un lieu convenable?

— Sans doute, sans doute. Mais il faut être gaie quelquefois. Allons, ne secouez pas la tête, et ne souriez pas si tristement.

— Non, si vous lisiez dans mon cœur, vous n'y verriez pas de tristesse. Ne me regardez donc pas ainsi, comme si vous vous imaginiez que j'ai du chagrin. Il n'y a pas sur la terre une créature plus heureuse que je le suis maintenant. »

Pleine de reconnaissance et de tendresse, l'enfant prit la main du maître d'école et la serra entre les siennes.

Ils gardèrent le silence quelques minutes, puis Nelly murmura : « C'est la volonté du ciel?

— Quoi donc?

— Tout ce qui nous concerne. Mais lequel de nous deux est triste maintenant? Ce n'est pas moi toujours, vous voyez que je souris.

— Oui, vous souriez, mais quelque chose vous attriste; dites-moi ce que c'est. »

Ici il y eut un long silence.

« Qu'est-ce que c'est ? demanda tendrement le maître d'école. Allons, dites-moi ce que c'est.

— Je m'afflige, dit Nelly fondant en larmes, de penser que ceux d'entre nous qui meurent sont bientôt oubliés.

— Oubliés, pourquoi?

— Regardez ces tombes négligées, ces arbres languissants, ces fleurs fanées, autour de nous.

— Et pensez-vous qu'un tombeau sans visiteurs, un arbre languissant, quelques fleurs fanées soient des preuves d'oubli ou de froide négligence? Pensez-vous qu'il n'y ait pas, en dehors des fleurs et des arbustes, des pensées en action, des souvenirs vivants pour perpétuer la mémoire des morts? Nell, Nell, il y a peut-être dans le monde, en ce moment, bien des gens occupés au travail, dont les bonnes actions et les bonnes pensées n'ont d'autre source que ces tombeaux en apparence si négligés.

— Ne m'en dites pas davantage, s'écria l'enfant, ne m'en dites pas davantage. Je sens, je comprends cela. Comment ai-je pu l'oublier? Je n'avais pourtant qu'à penser à vous.

— Il n'est rien, dit vivement son ami, non, rien d'innocent et de bon qui puisse mourir et être oublié. Si nous ne croyons pas à cela, ne croyons plus à rien. Un petit enfant, un enfant bégayant à peine qui meurt au berceau, revivra dans les plus doux souvenirs de ceux qui l'ont aimé, et remplira là-haut son rôle en rachetant les péchés du monde, quoique son corps soit réduit en poussière ou enseveli dans les profondeurs de l'océan. Il n'y a pas un de ces petits anges dont se recrute l'armée du ciel, qui ne fasse sur la terre son œuvre sainte en faveur de ceux qui l'ont chéri ici-bas. Oublié! oh! si l'on pouvait fouiller à leur source les bonnes actions des créatures humaines, combien la mort elle-même paraîtrait belle! et comme l'on trouverait que la charité, la mansuétude, la pure affection ont pris souvent naissance dans la poussière des tombes!

— Oui, dit Nelly, c'est la vérité, je le sais. Qui peut mieux que moi en connaître la force, moi pour qui votre petit écolier est toujours vivant! Cher, cher bon ami, si vous saviez tout le bien que vous me faites! »

Le pauvre maître d'école se pencha vers elle sans rien répondre, car son cœur était plein.

Ils étaient encore assis au même endroit quand le grand-père arriva. Avant qu'ils pussent échanger une parole, l'horloge de l'église sonna l'heure de la classe, et le maître d'école se retira.

« Un brave homme, dit le grand-père en le suivant des yeux; un excellent homme. Sûrement ce n'est pas *lui* qui vous fera jamais du mal. Nous sommes enfin en sûreté ici, n'est-ce pas? Nous ne nous en irons jamais d'ici? »

Nell inclina la tête et sourit.

« Elle a besoin de repos, reprit le vieillard en lui caressant la joue. Trop pâle! Trop pâle! Elle n'est plus ce qu'elle était...

— Quand? demanda Nelly.

— Ah! oui... quand? Combien y a-t-il de semaines? Pourrais-je les compter sur mes doigts?... Mais il vaut mieux les oublier; heureusement elles sont passées.

— Heureusement, cher grand-papa, répondit l'enfant. Oui, nous les oublierons; oui, si jamais elles reviennent à notre souvenir, ce sera seulement comme un mauvais rêve qui s'est évanoui.

— Chut! fit le vieillard la poussant vivement avec sa main, et regardant par-dessus son épaule. Ne parle plus de ce rêve ni de toutes les souffrances qu'il a causées. Ici il n'y a plus de rêves. C'est un lieu paisible, les rêves se sont éloignés. N'y pensons plus jamais, de peur qu'ils ne reviennent nous poursuivre. Les yeux fatigués et les joues creuses, la pluie, le froid, la faim, et avant cela des horreurs pires encore, voilà ce qu'il nous faut oublier, si nous voulons vivre tranquilles ici. »

Nell remercia Dieu intérieurement, pour l'heureux changement qui s'était opéré en son grand-père.

« Je serai patient, dit le vieillard, je serai humble, plein de reconnaissance et de soumission si tu veux bien me garder. Mais ne t'éloigne pas de moi, ne pars point seule; laisse-moi demeurer auprès de ma Nelly, je serai tout à fait sincère et docile.

— Moi, partir! moi, m'en aller seule! répliqua l'enfant avec une gaieté feinte; en vérité, ce serait une drôle de plaisanterie. Voyez, cher grand-papa, nous ferons de cet endroit notre jardin. Pourquoi pas? La place est excellente. Demain nous commencerons et travaillerons ensemble, l'un près de l'autre.

— C'est une bonne idée! s'écria le grand-père. Eh bien! c'est cela, ma mignonne, nous commencerons demain. »

Rien d'égal au plaisir du vieillard lorsque le lendemain ils entreprirent leur travail. Rien d'égal à son insouciance pour les images funèbres que rappelait ce lieu. Ils arrachèrent des tombes les longues herbes et les orties, dégagèrent les pauvres arbustes, extirpèrent les racines, nettoyèrent le gazon en le débarrassant des feuilles mortes et des mauvaises herbes. Ils étaient encore dans toute l'ardeur de leurs opérations, quand Nelly, ayant levé la tête, remarqua que le vieux garçon les observait, assis sur une barrière.

« C'est très bien, très bien, dit le petit gentleman à Nelly. Est-ce que vous avez fait tout cela ce matin? »

Nelly répondit en baissant les yeux :

« C'est peu de chose, monsieur, en comparaison de ce que nous voulons faire.

— Un bon ouvrage, un bon ouvrage, dit le vieux garçon. Mais ne vous occuperez-vous que des tombes des enfants et des jeunes gens?

— Nous en viendrons bientôt aux autres, monsieur, » répondit Nell en détournant la tête, et en parlant bas.

Ce n'était là qu'un petit incident; cette préférence marquée pouvait être volontaire ou bien due au hasard, où tenir à la sympathie que Nelly ressentait pour la jeunesse sans en avoir conscience elle-même. Mais ce fait, qu'il n'avait pas remarqué d'abord, parut produire une impression sur le vieillard. Il jeta un regard rapide sur les tombes, puis contempla avec anxiété sa petite-fille, qu'il attira contre lui et à qui il ordonna de se reposer. Quelque chose qui avait échappé à sa mémoire sembla s'agiter péniblement dans son esprit. Il ne pouvait l'en effacer, comme il en avait effacé d'autres sujets plus graves. Mais l'impression grandit, grandit encore, se reproduisit plusieurs fois ce même jour, et souvent dans la suite.

Une fois, pendant qu'ils étaient à l'œuvre, l'enfant, voyant que son grand-père se retournait fréquemment et la regardait avec inquiétude, comme s'il s'efforçait de résoudre quelques doutes cruels ou de réunir quelques pensées dispersées, le pressa de s'expliquer à ce sujet.

« Ce n'est rien, dit-il, rien ! »

Et, posant sur son bras la tête de Nelly, il lui caressa la joue avec sa main, et murmura :

« Chaque jour elle devient plus forte. Ce sera bientôt une femme ! »

## LIV

Un matin que M. Swiveller était seul à l'étude, il reçut la visite de M. Chukster.

« Eh bien ! comment cela va-t-il, mon gaillard ? dit M. Chukster en prenant un tabouret. J'ai été obligé de me rendre dans la Cité pour certaines petites affaires qui me concernent, et je n'ai pu passer devant le coin de cette rue sans voir si vous étiez arrivé ; mais, sur mon âme, je ne m'attendais pas à vous rencontrer. Il est si prodigieusement de bonne heure ! »

M. Swiveller lui exprima ses remerciements, et comme la suite de la conversation mit en lumière ce fait qu'il se portait bien et que

M. Chukster était aussi dans cette condition désirable, ces deux messieurs, se conformant en cela à la coutume antique et solennelle de la Société des Glorieux Apollinistes, unirent leurs voix pour chanter un passage du duo populaire de : « Tout va bien ! » en faisant un long trille sur la finale.

« Et quoi de neuf ? dit Richard.

— La ville est aussi plate, mon cher ami, répondit M. Chukster, que la surface d'un four hollandais. Pas de nouvelles. Par parenthèse, votre locataire est un bien singulier original. Il échappe à la perspicacité la plus pénétrante. Jamais on ne vit homme semblable.

— Qu'est-ce qu'il a donc fait encore ?

— Par Jupiter ! monsieur, répondit M. Chukster en tirant une tabatière oblongue, dont le couvercle était orné d'une tête de renard en cuivre curieusement ciselée, cet homme est impénétrable. Non content, monsieur, de s'être lié avec Abel, il a cultivé la connaissance du père et de la mère. Depuis qu'il est revenu de cette chasse aux oies sauvages, il a toujours été fourré chez ces gens-là : en ce moment même il y est encore. Il protège en outre ce jeune *snob*, vous savez ; vous pourrez le voir, monsieur, constamment en route, soit pour aller à notre maison, soit pour en revenir ; et cependant, moi, monsieur, sauf quelques formules banales de politesse, je ne suppose pas qu'il ait jamais échangé avec *moi* plus d'une demi-douzaine de mots. Quant au jeune *snob*, monsieur, poursuivit M. Chukster avec un regard prophétique, vous verrez qu'il tournera mal. Notre profession nous permet de connaître quelques-uns des replis du cœur humain ; croyez-en ma parole, ce garçon-là, qui était revenu soi-disant pour achever de gagner son shilling, se révélera un de ces jours sous ses couleurs véritables. C'est un fripon, monsieur, il faut que ce soit un fripon. »

M. Chukster s'étant levé eût probablement continué à développer le même sujet, et avec plus d'emphase encore, mais un coup frappé à la porte l'obligea de prendre un air calme qui ne s'accordait guère avec la violence de ses dernières paroles.

« Entrez ! » cria M. Swiveller.

Or qui est-ce qui se présente ? Précisément ce même Kit qui venait de servir de thème aux injures de M. Chukster.

« Le gentleman est-il chez lui ? » demanda Kit.

Sans laisser à M. Swiveller le temps de répondre, M. Chukster saisit l'occasion pour protester, du ton d'un homme indigné, contre cette manière de demander les gens, manière irrespectueuse, dit-il, et digne d'un *snob*.

« Lorsque vous voyez deux gentlemen ici présents, comment osez-vous dire *le* gentleman ? Ne pouviez-vous pas dire au moins l'*autre* gentleman ? ou plutôt, car il n'est pas impossible que celui que vous demandez soit de qualité inférieure, pourquoi n'avez-vous pas dit son nom tout court, laissant à ceux qui vous entendent le soin de lui donner eux-mêmes sa qualité ?

— Je demande le gentleman de là-haut, dit Kit se tournant vers Richard Swiveller. Est-il chez lui ?

— Pourquoi ? demanda Richard.

— Parce que, s'il y est, j'ai une lettre pour lui.

— De quelle part ?

— De la part de M. Garland.

— Oh ! murmura Richard avec une extrême politesse. Vous pouvez alors me la remettre, monsieur. Et si vous attendez une réponse, monsieur, vous pouvez l'attendre, monsieur, dans le couloir, qui est un appartement spacieux et bien aéré, monsieur.

— Je vous remercie, répondit Kit. Mais je ne puis donner cette lettre qu'au gentleman, s'il vous plaît. »

En ce moment on entendit le gentleman appeler à haute voix sur l'escalier.

« Hé ! cria-t-il, n'ai-je pas vu venir quelqu'un pour moi ?

— Oui, monsieur, répondit Richard ; certainement, monsieur.

— Alors où est-il ?

— Ici, monsieur, répondit M. Swiveller. Allons, jeune homme, n'entendez-vous pas qu'on vous appelle ? Êtes-vous sourd ? »

Kit n'eut pas l'air d'avoir la moindre envie de poursuivre le débat, mais il se précipita vers l'escalier et laissa les glorieux Appollinistes se regarder l'un l'autre en silence.

En ce moment entrèrent M. Brass et sa sœur Sally, dont l'aspect mit M. Chukster en déroute.

Le procureur et son aimable compagne avaient l'air d'avoir tenu, après leur frugal déjeuner, une consultation sur quelque sujet d'un grand intérêt et d'une haute importance. Quand avaient lieu de semblables conférences, Brass et Sally apparaissaient généralement à l'étude une demi-heure plus tard que d'habitude et avec un air souriant. En ce moment ils paraissaient enchantés, et la bonne humeur de M. Sampson Brass redoubla quand il apprit que Kit était chez le locataire.

« Voulez-vous avoir la bonté, monsieur Richard, dit Sampson en tirant une lettre de son pupitre, d'aller porter ceci à Peckham Rye ? Il n'y a pas de réponse, mais la lettre est personnelle et doit être remise en mains propres. Vous mettrez votre voiture au compte de l'étude, vous comprenez? Ne ménagez pas l'étude; tirez-en tout ce que vous pourrez. C'est la devise d'un clerc. N'est-ce pas, monsieur Richard ? ah ! ah ! »

M. Swiveller retira solennellement sa veste de canotier, endossa son habit, prit son chapeau, mit la lettre dans sa poche et partit. Sitôt qu'il fut dehors, miss Sally Brass se leva et, adressant un aimable sourire à son frère, qui fit un signe de tête et se frotta le nez en manière de réponse, elle se retira également.

Sampson Brass ne fut pas plus tôt seul qu'il ouvrit toute grande la porte de l'étude, et s'établit à son pupitre, qui était juste en face. De cette façon, il ne pouvait manquer de voir les gens qui descendraient l'escalier ou qui franchiraient la porte de la rue. Il commença à écrire avec beaucoup d'ardeur et de suite, chantonnant entre ses dents, d'une voix peu mélodieuse.

Enfin il entendit la porte du locataire s'ouvrir, puis se refermer, et le bruit d'un pas retentit dans l'escalier. Alors M. Brass cessa tout à fait d'écrire, et, sa plume à la main, chanta plus fort que jamais, battant la mesure avec sa tête, comme un homme dont l'âme s'abandonne tout entière aux voluptés de la musique, avec un sourire de séraphin.

A l'instant où Kit arrivait juste en face de sa porte, M. Brass interrompit son chant sans interrompre son sourire ; il fit un signe de tête affable et, du bout de sa plume, adressa un appel à Kit.

« Comment ça va-t-il, Kit? » dit M. Brass de l'air le plus aimable.

Kit, qui se méfiait passablement de cet ami, fit néanmoins une réponse convenable, et déjà il avait posé la main sur le bouton de la porte de la rue, quand M. Brass l'appela d'un ton doucereux.

« Ne vous en allez pas, s'il vous plaît, Kit, dit le procureur d'un air mystérieux et affairé. Restez un peu, s'il vous plaît. Voyez-vous, Kit, j'ai un grand fonds d'estime et d'affection pour vous depuis que je vous ai vu à l'œuvre auprès de votre ancien maître. M. Quilp a été dur pour lui, j'ai encouru sa colère en le lui reprochant. Quant à vous, vous avez été parfait; c'est pourquoi je vous estime et je vous honore, quoique votre condition soit humble et votre fortune modeste. Mais tout cela est bel et bon, ajouta-t-il avec un sourire de brave homme, voici quelque chose de plus solide. Prenez cela, s'il vous plaît. »

Tout en causant, il lui montra une couple d'écus posés sur le pupitre.

Kit regarda les pièces, puis le procureur, avec une certaine hésitation.

« C'est pour vous, dit Brass.

— De la part de qui?

— Il n'importe guère. Dites-moi seulement si vous voulez les accepter. Nous avons là-haut des amis excentriques, mon cher Kit; il ne faut pas leur faire trop de questions ni trop parler, vous m'entendez? Prenez, voilà tout; et, entre nous, je ne crois pas que ces écus soient les derniers que vous aurez à recevoir de la même main. J'espère que non. Bonjour, Kit, bonjour. »

Le jeune homme prit l'argent avec force remerciements, et tout en s'adressant à lui-même des demi-reproches pour avoir, sur de légères apparences, suspecté la bonne foi de M. Brass, il s'achemina d'un pas pressé vers la maison de ses maîtres. M. Brass était resté devant le feu, et il avait repris tout à la fois ses exercices de vocalise et son sourire de séraphin.

« Puis-je entrer? dit miss Sally, en risquant un regard dans l'étude.

— Oui, oui, vous pouvez entrer, lui répondit son frère.

— Eh bien? fit-elle en toussant bruyamment.

— Oui, répondit Sampson, le tour est fait. »

## LV

L'amitié qui s'était établie entre le gentleman et M. Garland avait fait de rapides progrès; on peut dire qu'elle était devenue florissante. Ces deux messieurs n'avaient pas tardé à nouer entre eux de fréquents rapports; ils avaient fini par se voir continuellement. Vers cette époque, le gentleman eut une maladie, peu grave à la vérité, et qui sans doute provenait de l'excitation d'esprit causée par le désappointement de ses recherches infructueuses. Cette circonstance avait amené des relations plus étroites encore. Il ne se passait pas de jour sans qu'un des habitants d'Abel Cottage ne vînt visiter Bevis-Marks.

Comme le poney avait jeté le masque, et que, sans prendre la peine de pallier désormais la chose ou de tourner autour du pot, il refusait absolument de se laisser conduire par tout autre que Kit: toutes les fois que le vieux M. Garland ou M. Abel venait à Bevis-Marks, Kit était de la partie. En vertu de sa position, il était porteur de tous les messages, de toutes les lettres. Aussi, tant que dura l'indisposition du gentleman, Kit fit-il, chaque matin, le voyage de Bevis-Marks, presque aussi régulièrement que la grande poste.

M. Sampson Brass, qui sans doute avait ses raisons pour l'épier attentivement, apprit bientôt à distinguer le trot du poney et le bruit que faisait la petite chaise en tournant le coin de la rue. Dès que le premier son arrivait à ses oreilles, il déposait immédiatement la plume pour se frotter les mains, en témoignant la plus grande joie.

Puis, dès que M. Garland ou M. Abel avait mis pied à terre et gravi l'escalier, Sampson adressait, de sa fenêtre, un sourire à Kit; il sortait ensuite dans la rue et entamait une conversation avec lui.

Quand il arrivait que Kit venait seul dans la chaise, toujours aussi il se trouvait que Sampson Brass, se rappelant une commission, avait à envoyer M. Swiveller, sinon de nouveau à Peckham Rye, du moins assez loin pour que le clerc ne pût être de retour avant deux ou trois heures. Sitôt M. Swiveller sorti, miss Sally s'éclipsait. Alors M. Brass ouvrait toute grande la porte de l'étude, se mettait gaiement à entonner sa vieille chanson et reprenait son sourire séraphique. En arrivant à l'escalier, Kit ne manquait pas de s'entendre appeler : le procureur engageait avec lui une conversation morale et amusante; parfois il le priait de veiller un instant sur l'étude parce qu'il avait à faire une petite course, et, en revenant, il le gratifiait d'un écu ou deux. Ces rémunérations se produisirent si souvent, que Kit, ne doutant pas qu'elles ne vinssent du gentleman, ne pouvait assez admirer tant de libéralité. Il achetait tant de bagatelles à bon marché, soit pour sa mère, soit pour le petit Jacob, soit pour le poupon, soit enfin pour Barbe, que chaque jour l'un ou l'autre avait un nouveau cadeau.

Tandis que ces faits et gestes se manigançaient tant chez Sampson Brass qu'au dehors, Richard Swiveller, souvent laissé seul dans l'étude, commença à trouver que le temps lui pesait. En conséquence, pour se maintenir en belle humeur, et pour empêcher ses facultés de se rouiller, il fit l'emplette d'un jeu de cartes et s'habitua à jouer avec un mort, en supposant des mises de vingt, trente et quelquefois cinquante livres de chaque côté, sans compter les paris, qui s'élevaient à un chiffre fabuleux.

Tandis que le jeu se poursuivait dans le plus grand silence, malgré l'importance des intérêts engagés, M. Swiveller en vint à penser que les soirs où M. et miss Brass étaient dehors, et maintenant cela leur arrivait souvent, il entendait une sorte de ronflement ou de respiration difficile dans la direction de la porte. Après réflexion, il pensa que ce bruit pouvait bien provenir de la petite servante, qui avait un rhume perpétuel, causé par l'humidité de sa résidence. Un soir donc, regardant avec attention de ce côté, il aperçut distinctement un œil qui brillait au trou de la serrure ; il se glissa doucement jusqu'à la porte, et fondit à l'improviste sur la petite curieuse.

« Oh ! je ne voulais pas faire de mal. Ma parole, je ne voulais pas faire de mal, s'écria la petite servante, se débattant avec une vigueur qui n'était pas de sa taille. La cuisine en bas est si triste! Je vous en prie, n'en dites rien; je vous en prie, ne le dites pas.

— Et pourquoi donc le dirais-je? N'était-ce pas pour chercher compagnie que vous regardiez par le trou de la serrure!

— Oui, ce n'est que pour cela, ma parole.

— Y a-t-il longtemps, demanda Richard, que vous vous amusez à vous glacer l'œil à cet exercice?

— Oh! depuis que vous avez commencé à jouer aux cartes, et même longtemps avant. »

Le vague souvenir de divers amusements fantastiques auxquels il s'était livré pour se rafraîchir des fatigues du travail, et dont sans doute la petite servante avait été témoin, déconcerta passablement M. Swiveller. Mais il n'était pas assez sensible à cet égard pour ne point se remettre promptement.

« C'est bien, venez, dit-il après un moment de réflexion; venez ici, asseyez-vous. Je vous apprendrai à jouer.

— Oh! je n'oserais pas, répondit la petite servante. Miss Sally me tuerait si elle savait que je suis entrée ici.

— Avez-vous du feu en bas? demanda Richard.

— Un tantinet.

— Ma foi, miss Sally ne me tuera pas, moi, si elle vient à savoir que je suis descendu à la cuisine. J'y vais donc, ajouta-t-il, en mettant les cartes dans sa poche. Dieu! que vous êtes maigre! Pourquoi donc ça?

— Ce n'est pas ma faute.

— Est-ce que vous ne mangeriez pas bien du pain et de la viande? demanda Richard en décrochant son chapeau. Oui? Ah! je le pensais bien. Avez-vous jamais bu de la bière?

— J'en ai bu une fois un petit coup.

— Quel état de choses! s'écria M. Swiveller en levant les yeux au plafond. Elle n'en a jamais goûté! Car ce n'est pas en goûter que d'en boire un petit coup. Quel âge avez-vous?

— Je ne sais pas. »

M. Swiveller ouvrit de grands yeux et parut réfléchir. Alors, ordonnant à la petite servante de surveiller la porte jusqu'à son son retour, il s'éloigna vivement.

Il ne tarda pas à revenir, suivi d'un garçon de taverne qui portait d'une main une assiette de pain et de bœuf, et de l'autre un grand pot rempli d'une boisson très odorante. C'était un savant mélange de bière et d'absinthe supérieure, fait d'après une recette particulière, enseignée par M. Swiveller au maître de l'établissement, à l'époque où, fort endetté chez lui, il lui importait de se concilier son amitié. A la porte, il déchargea le garçon de son fardeau qu'il remit à la petite servante en la pressant de l'emporter, de peur de surprise, à la cuisine, où il la suivit.

« Là, dit-il en posant l'assiette devant elle. Avant tout nettoyez-moi ça et nous verrons après. »

La petite servante ne se le fit pas dire deux fois, et l'assiette fut bientôt vide.

« Maintenant, dit Richard en lui tendant le pot, empoignez-moi ça ; mais modérez vos transports, vous savez ! car vous n'avez pas l'habitude de la chose. Eh bien ! est-ce bon ?

— Oh ! oui, n'est-ce pas ? » répondit la petite servante.

M. Swiveller parut charmé de cette réponse. Il absorba lui-même un bon coup du fameux liquide, tout en regardant fixement sa compagne. Après ces préliminaires, il se mit à enseigner le jeu à sa petite partenaire. Elle ne mit pas longtemps à l'apprendre d'une façon passable, car elle avait l'esprit subtil et délié.

« Maintenant, dit M. Swiveller, mettant deux pièces de six pence dans une saucière, et ajustant la mauvaise chandelle, voici nos enjeux. Si vous gagnez, vous aurez tout ; si je gagne, ce sera pour moi. Pour rendre le jeu plus amusant et plus comique, je vous appellerai la marquise, entendez-vous ? »

La petite servante fit un signe de tête.

La marquise, tenant ses cartes très serrées dans ses deux mains, examina laquelle elle jetterait ; quant à M. Swiveller, prenant l'attitude joviale et fashionable qui convenait à une semblable compagnie, il ingurgita une nouvelle gorgée de bière à l'absinthe, en attendant que la petite servante eût joué.

## LVI

M. Swiveller et la marquise jouèrent plusieurs parties avec des succès variés, jusqu'à ce que la perte de trois pièces de six pence, l'absorption graduelle de la bière à l'absinthe et le son des horloges qui annonçaient dix heures du soir, rappelèrent à ce gentleman la fuite rapide du temps et la nécessité pour lui de se retirer avant le retour de M. Sampson et de miss Sally Brass.

« Marquise, dit-il d'un ton plein de gravité, en présence de ces circonstances impérieuses, je demanderai à Votre Seigneurie la permission de mettre les cartes dans ma poche, et de me retirer maintenant que j'ai achevé ce pot ; vous faisant seulement observer, marquise, que, si la vie coule comme un fleuve, je ne m'alarme pas de la voir couler si vite, madame, puisqu'une pareille absinthe croît sur ses bords, et que de tels yeux éclairent ses ondes pendant qu'elles suivent leur cours. Marquise, à votre santé ! Excusez-moi si je garde mon chapeau ; mais le palais est humide, et le pavé de marbre est, pardon de l'expression, fangeux. Le baron Sampsono Brasso et sa charmante sœur sont, me dites-vous, au spectacle ! »

La marquise fit un signe de tête.

« Est-ce qu'ils vous laissent souvent ici pour voler où la gloire les appelle ?

— Oh ! oui, je crois bien ! répondit la petite servante. Ils vont quelquefois voir M. Quilp, ajouta-t-elle avec un regard fûté. Ils vont bien aussi ailleurs, Dieu merci !

— Je suppose, dit Richard, qu'ils se consultent souvent, et qu'ils ont l'occasion de parler de beaucoup de gens, de moi, par exemple, hein ! marquise ? »

La marquise remua la tête d'une manière très prononcée.

« Est-ce en bien ? » demanda M. Swiveller.

La marquise changea le mouvement de sa tête qui, sans cesser cependant de remuer, commença tout à coup à tourner de droite à gauche et de gauche à droite avec une grande vivacité.

« Hum ! fit Richard. Marquise, serait-ce trop exiger de votre con-

M. SWIVELLER INGURGITA UNE NOUVELLE GORGÉE.

fiance que de vous demander ce qu'ils disent du très humble individu qui a en ce moment l'honneur de ?...

— Miss Sally dit que vous être un garçon sans cervelle, qu'il n'y a pas à se fier à vous.

— Et M. Brass partage l'opinion de sa sœur, je suppose ? »

Son amie fit un nouveau signe de tête, mais affirmatif cette fois, en y joignant pourtant un regard malin qui semblait donner à supposer que les opinions de M. Brass, à cet égard, étaient encore plus prononcées que celles de sa sœur.

Là-dessus M. Swiveller prit définitivement congé, et s'en alla se mettre au lit.

Le lendemain matin, selon son habitude, il se rendit à Bevis-Marks.

Là, la belle Sally était déjà à son poste, et son visage offrait le doux rayonnement qui brille au front de la chaste Diane.

M. Swiveller lui adressa un signe de tête et échangea son habit contre sa veste aquatique, ce qui lui prenait toujours un certain temps, car les manches en étaient si justes, que c'était toujours une opération difficile et laborieuse. Cette difficulté vaincue, Richard s'assit devant le pupitre, à sa place accoutumée.

Miss Brass rompit brusquement le silence.

« N'avez-vous pas trouvé ce matin un portecrayon en argent, dites?

— J'en ai peu rencontré dans la rue, dit M. Swiveller.

— Voyons, pas de bêtises, avez-vous notre portecrayon? répliqua sérieusement miss Brass; oui ou non?

— Il faut donc, s'écria M. Swiveller que vous soyez enragée pour m'adresser sérieusement une pareille question? Est-ce que vous ne voyez pas que je ne fais que d'arriver?

— A la bonne heure; mais tout ce que je sais, dit-elle, c'est qu'on ne peut pas le retrouver, et qu'il a disparu cette semaine, un jour où je l'avais laissé sur ce pupitre.

— Holà! pensa Richard, j'espère que la marquise n'aura pas travaillé de ce côté.

— Il y avait aussi, dit miss Sally, un canif de même modèle. Ces deux objets m'avaient été donnés par mon père, il y a bien des années, et tous les deux ont disparu. N'avez-vous rien perdu vous-même? »

M. Swiveller porta involontairement la main à sa veste pour s'assurer que c'était bien une veste, et non un habit à basques; et s'étant convaincu bien vite que ce vêtement, l'unique objet mobilier qu'il possédât dans Bevis-Marks était en parfaite sûreté, il fit une réponse négative.

« C'est fort désagréable, Dick, reprit miss Brass en ouvrant sa boîte d'étain pour se rafraîchir d'une pincée de tabac, mais entre nous, entre nous qui sommes des amis, car si Sammy venait à le savoir, ça n'en finirait pas, il y a aussi de l'argent de l'étude qu'on avait laissé traîner, et qui a disparu de même. Pour ma part, j'ai perdu en trois fois trois écus.

— Vous n'y pensez pas! s'écria Richard. Prenez garde à ce que vous dites, mon vieux, c'est une chose sérieuse. Êtes-vous bien sûre de votre fait? N'y a-t-il pas quelque erreur?

— C'est très réel, répondit miss Brass avec énergie, et il ne peut y avoir aucune erreur.

— Alors, par Jupiter! pensa Richard en posant sa plume, j'ai bien peur que ce ne soit la marquise qui ait fait le coup. »

Miss Sally s'assit en secouant la tête la tête d'un air de grand mystère et d'inquiétude sérieuse; on venait d'entendre dans le couloir la voix de Sampson chantant un gai refrain et bientôt le gentleman apparut en personne, tout rayonnant de son sourire vertueux.

Tout en chantonnant, M. Brass s'était mis avec une certaine affectation à examiner soigneusement, du côté du jour, un billet de banque de cinq livres qu'il tenait à la main.

Ensuite, se tournant du côté de Richard :

« Vous êtes agité, monsieur, dit-il. Monsieur Richard, nous nous attendions à vous trouver gaiement à l'ouvrage et non pas dans un état d'abattement. Il est juste, monsieur Richard, que... »

Ici, miss Sally poussa un gros soupir.

« O Ciel! dit M. Sampson, vous aussi!... Qu'y a-t-il donc? monsieur Richard... »

Regardant miss Sally, Richard s'aperçut qu'elle lui faisait signe d'instruire son frère du sujet de leur conversation récente. Comme sa propre position n'était pas très agréable tant que la question n'aurait pas été vidée d'une manière ou d'une autre, il obéit, et miss Brass roulant entre ses doigts sa tabatière d'une façon désordonnée, confirma le rapport de M. Swiveller.

Sampson perdit contenance, et l'anxiété se peignit sur ses traits. Au lieu de déplorer amèrement la perte de son argent, comme miss Sally s'y attendait, il alla sur la pointe du pied jusqu'à la porte, l'ouvrit, regarda dehors, referma la porte tout doucement, revint sur la pointe du pied, et dit à voix basse :

« C'est une circonstance extraordinaire et pénible, monsieur Richard, c'est une circonstance très pénible. Le fait est que moi-même j'ai perdu récemment quelques petites sommes que j'avais laissées dans mon pupitre; je m'étais donné de garde d'en parler, espérant que le hasard ferait découvrir le coupable, mais non, je n'ai rien pu découvrir. Sally, monsieur Richard, c'est une très malheureuse affaire ! »

Tout en parlant, Sampson posa le billet de banque sur son pupitre, parmi d'autres papiers, comme par mégarde, et mit ses mains dans ses poches.

Durant quelques minutes, ils restèrent tous les trois sans rien dire.

Soudain miss Sally donna un grand coup de poing sur le pupitre en s'écriant :

« Je le tiens !

— Eh bien ! dit Brass avec impatience. Expliquez-vous !

— Eh bien ! répliqua la sœur, d'un air de triomphe, depuis ces trois ou quatre dernières semaines, n'y a-t-il pas eu quelqu'un du dehors qui rôdait dans l'étude ? Cette personne n'a-t-elle pas été laissée seule quelquefois dans l'étude, grâce à votre confiance ? et me soutiendrez-vous que ce n'est pas là le voleur ?

— Quelle personne ? cria Brass.

— Attendez donc, comment l'appelez-vous ?

— Kit !

— Le domestique de M. Garland ?

— Certainement.

— Jamais ! s'écria Brass, jamais ! ne me parlez pas de ça ! Pas un mot de plus ! »

Et il secouait la tête, et il agitait ses deux mains comme s'il eût voulu détruire dix mille toiles d'araignée.

« Jamais je ne croirai cela de lui ; jamais.

— Eh bien ! moi, je parie, répéta miss Brass en humant une nouvelle prise de tabac, je parie que c'est notre voleur.

— Eh bien ! moi, je parie, répliqua Sampson avec violence, que ce n'est pas lui. Qu'est-ce que c'est que cela ? Comment osez-vous l'accuser ? Des caractères comme celui-là devraient-ils être en butte à des accusations pareilles ? Savez-vous bien que c'est le garçon le plus honnête et le plus fidèle qui ait jamais existé, et qu'il a une réputation sans tache ?... Entrez, entrez... »

Ces derniers mots ne s'adressaient pas à miss Sally, quoiqu'ils eussent été prononcés sur le même ton que les chaleureuses remontrances qui avaient précédé, mais à une personne qui venait de frapper à la porte de l'étude, et à peine M. Brass les eut-ils prononcées, que Kit lui-même parut et dit :

« Le gentleman d'en haut est-il chez lui, monsieur, s'il vous plaît ?

— Oui, Kit, dit Brass encore enflammé d'une vertueuse indignation, et regardant sa sœur avec des yeux pleins de courroux, et les sourcils froncés ; oui, Kit, il y est. Je suis charmé de vous voir, Kit, je me réjouis de vous voir. Passez par ici, Kit, en redescendant. »

Et quand le jeune domestique se fut retiré :

« Ce garçon-là un voleur ! s'écria Brass ; lui, un voleur, avec cette physionomie franche et ouverte ! je lui confierais de l'or sans le compter. Monsieur Richard, ayez la bonté de vous rendre immédiatement chez Wrasp et Compagnie, dans Broad-Street, et d'y demander s'ils ont eu des instructions pour paraître dans l'affaire Karmen et Painter. Ce garçon-là un voleur ! reprit Sampson en ricanant de colère. Suis-je donc aveugle, sourd, imbécile ? Est-ce que je ne sais pas juger la nature humaine d'un coup d'œil ? Kit un voleur ! Bah ! »

## LVII

M. Sampson Brass était seul dans l'étude, au moment où Kit, ayant rempli sa mission, sortit de chez le gentleman et descendit l'escalier. Le procureur ne chantait point, comme à l'ordinaire. Il n'était pas non plus assis à son pupitre. La porte toute grande ouverte laissa voir M. Brass adossé au feu et ayant un air si étrange, que Kit s'imagina qu'il avait été pris d'une indisposition subite.

« Qu'y a-t-il donc, monsieur ? demanda Kit.

— Ce qu'il y a ? répliqua vivement Brass. Rien. Pourquoi y aurait-il quelque chose ?

— Vous êtes tellement pâle que je vous aurais à peine reconnu.

— Bah ! bah ! pure imagination, cria Brass en se penchant pour relever les cendres ; jamais je n'ai été mieux, Kit ; jamais de ma vie, je ne me suis mieux porté. Je suis même très gai. Ah ! ah ! comment va notre ami d'en haut?

— Beaucoup mieux.

— J'en suis ravi, mille remerciements. Un parfait gentleman ! honnête, libéral, généreux, ne donnant aucun embarras, un admirable locataire. Ah ! ah ! M. Garland se porte bien, j'espère, Kit? Et mon ami le poney, mon ami intime, vous savez? Ah ! ah ! »

Kit donna des nouvelles satisfaisantes de tout le petit monde d'Abel-Cottage. M. Brass, qui semblait distrait et impatient, se plaça sur son tabouret, et invita Kit à s'approcher, en le prenant par la boutonnière.

« J'ai pensé, Kit, dit le procureur, que je pourrais faire gagner à votre mère quelques petits émoluments. Déposez votre chapeau, Kit.

— Merci, monsieur, il faut que je m'en aille tout de suite.

— Posez-le toujours, pendant que vous êtes là, dit Brass, qui lui prit son chapeau des mains, et mit quelque désordre dans les papiers, en lui cherchant une place sur le pupitre. Je pensais, Kit, que très souvent nous avons à louer des maisons pour les personnes de notre clientèle. Nous sommes obligés de mettre du monde dans ces maisons-là pour les surveiller, et malheureusement ce sont trop souvent des gens à qui nous ne pouvons nous fier. Qui nous empêcherait d'avoir une personne en qui nous puissions avoir une confiance absolue, comme votre mère, par exemple? Qu'est-ce que vous en pensez? Y voyez-vous quelque objection? »

En parlant ainsi, Brass remua deux ou trois fois le chapeau qu'il glissa de nouveau parmi les papiers, avec l'air de chercher quelque chose.

« Quelle objection pourrais-je faire à une proposition aussi bienveillante que la vôtre, monsieur? répondit Kit, d'un accent pénétré. Je ne sais vraiment, monsieur, comment vous remercier?

— Eh bien ! dit Brass se tournant tout à coup vers lui, approchant son visage du sien, avec un sourire si repoussant que Kit, même dans toute la plénitude de sa reconnaissance, recula presque effrayé. — Eh bien, alors, *c'est fait.* »

Kit le regarda d'un air de trouble.

« C'est fait, dis-je, reprit Sampson, se frottant les mains et reprenant ses manières doucereuses. Ah! ah! vous verrez, Kit, vous verrez. Mais bon Dieu! que M. Richard tarde à revenir! Quel ennuyeux flâneur !... Voulez-vous bien veiller sur l'étude une minute, le temps seulement de monter là-haut? une minute, seulement. Je ne vous retiendrai pas un instant de plus, Kit. »

M. Brass s'élança hors de l'étude où il revint presque aussitôt. M. Swiveller rentra; et comme Kit sortait en toute hâte pour réparer le temps perdu, miss Brass elle-même le rencontra sur le seuil de la porte.

« Oh! dit ironiquement Sally, qui, en entrant, le suivit de l'œil, voici votre favori qui s'en va, Sammy.

— Oui, il s'en va, répondit Brass. Mon favori, tant que vous voudrez. Un honnête garçon, monsieur Richard, un digne jeune homme. Aujourd'hui encore, il vient de garder l'étude ; je lui ai donné cette nouvelle preuve de ma confiance, et je ne m'en tiendrai pas là. Eh bien! où donc est le?...

— Qu'avez-vous perdu? demanda M. Swiveller.

— O Ciel!... s'écria Brass, tâtant toutes ses poches, l'une après l'autre, regardant dans le pupitre, dessus, dessous, et bouleversant d'une main fiévreuse les papiers voisins; le billet, monsieur Richard! le billet de banque de cinq livres, qu'est-il devenu? Je l'avais laissé ici, Dieu me pardonne!

— Allons !... s'écria à son tour miss Sally, tressaillant, frappant des mains et semant les papiers sur le plancher. Disparu!... Qui est-ce qui avait raison?... Qui est-ce qui l'a pris?... Ce n'est pas pour les cinq livres!... Qu'est-ce que c'est que cela, cinq livres!... Mais ce garçon est honnête, vous savez..., très honnête. Ce serait une indignité de le soupçonner. Ne courez pas après lui. Non, non, pour rien au monde !...

— Sur ma parole, monsieur Richard, répliqua le procureur, qui n'avait cessé de fouiller ses poches avec tous les signes de la plus vive agitation, je crains que ce ne soit une vilaine affaire. Certainement le billet de banque a disparu, monsieur ; que faut-il faire?

— Ne courez pas après lui, dit miss Sally, se bourrant le nez de tabac. Non, non, gardez-vous-en bien. Laissez-lui le temps de se débarrasser du billet. Ce serait trop cruel de le surprendre en flagrant délit ! »

M. Swiveller et Sampson Brass se regardèrent mutuellement après avoir regardé miss Brass; l'un et l'autre étaient bouleversés. Soudain, par une même impulsion, ils saisirent leurs chapeaux et s'élancèrent dans la rue dont ils prirent le milieu, renversant tout sur leur passage, comme s'ils couraient pour échapper à la mort.

Or, justement Kit avait couru aussi, bien qu'un peu moins vite, et comme il était parti depuis quelques minutes, il avait sur eux une assez grande avance. Cependant, comme ils connaissaient bien son itinéraire, du train dont ils allaient, il l'eurent bientôt rattrapé, au moment où il venait de reprendre haleine avant de recommencer à courir.

« Arrêtez!... cria Sampson, lui posant la main sur l'épaule, tandis que M. Swiveller le happait de l'autre côté. Pas si vite, monsieur. Vous êtes donc bien pressé?

— Oui, je le suis, dit Kit, qui les regarda l'un et l'autre avec une vive surprise.

— Il... il... m'est pénible de vous soupçonner, dit Sampson d'une voix haletante; mais un objet de quelque valeur vient de disparaître de l'étude. J'espère que vous ne savez pas ce que c'est.

— Savoir quoi? bon Dieu, monsieur Brass! s'écria Kit, tremblant de la tête aux pieds. Vous ne supposez pas...

— Non, non, dit vivement Brass. Je ne suppose rien. Vous allez me suivre tranquillement chez moi, j'espère?

— Volontiers. Pourquoi pas?

— Certainement! dit Brass. Pourquoi pas? J'ai bien peur que la chose ne finisse par un « pourquoi pas »? Si vous saviez quels assauts j'ai eu à supporter ce matin pour vous défendre, Christophe, vous en seriez peiné.

— Et moi, je suis sûr que vous regretterez, monsieur, de m'avoir soupçonné. Allons, retournons vite chez vous.

— Oui, oui, s'écria Brass. Le plus tôt sera le mieux. Monsieur Richard, ayez la bonté de prendre ce bras; moi, je vais prendre celui-ci. Il n'est pas facile de marcher trois de front; mais dans les circonstances où nous nous trouvons, c'est indispensable, il n'y a pas d'autre moyen. »

Quand ils furent arrivés à Bevis-Marks, on mit Kit en présence de la charmante Sally qui prit aussitôt la précaution de fermer la porte à clef.

« Maintenant, dit Brass, vous savez, Christophe, l'innocence ne saurait mieux ressortir que d'un examen minutieux qui satisfasse pleinement toutes les parties. En conséquence, si vous voulez bien permettre qu'on vous fouille, ce sera pour tout le monde un grand soulagement.

— Fouillez-moi, dit fièrement Kit en croisant les bras. Mais, songez-y bien, monsieur, vous en aurez du regret jusqu'à la fin de vos jours. »

Richard Swiveller, tenant à la main le chapeau de Kit, suivait l'opération avec le plus vif intérêt, et dissimulait de son mieux un léger sourire, en voyant que l'opération n'amenait aucun résultat.

Soudain, Sampson, se retournant vivement vers son clerc, lui ordonna de fouiller le chapeau.

Une triple exclamation jetée à la fois par Richard Swiveller, miss Sally et Kit lui-même, arrêta net le procureur. Sampson tourna la tête et vit Richard, le billet de banque à la main.

« Dans le chapeau?... s'écria Brass avec une sorte de glapissement.

— Sous le mouchoir, et caché dans la doublure », dit Richard, frappé d'horreur à cette découverte.

M. Brass regarda successivement Richard, miss Sally, les murs, le plafond, le plancher, tout enfin excepté Kit, qui était demeuré stupéfié et incapable de faire un mouvement.

« Avant tout je suis homme de loi, dit-il enfin d'une voix ferme, et par conséquent mon devoir est de donner l'exemple en mettant à exécution les lois de mon heureuse patrie. Pardonnez-moi, ma chère Sally, et tenez-le ferme de l'autre côté. Monsieur Richard, ayez la bonté de courir chercher un constable. Le temps de la faiblesse est passé, monsieur; la force normale est revenue. Un constable, monsieur, s'il vous plaît! »

## LVIII

Kit était comme plongé dans un sommeil léthargique. Les yeux tout grands ouverts et fixés sur le sol, sans prendre garde à la main tremblante de M. Brass qui le tenait par un des bouts de sa cravate, ni à la serre beaucoup plus solide de miss Sally, qui en avait étreint l'autre bout.

Il resta dans cette position, entre le frère et la sœur, passif, et n'opposant aucune résistance, jusqu'au moment où M. Swiveller revint, suivi d'un constable.

Ce fut avec une parfaite indifférence qu'il arrêta Kit.

« Nous ferons bien, dit le ministre subalterne de la police, de le conduire au bureau du magistrat pendant qu'il y est encore. Je vous prierai, monsieur Brass, de venir avec nous, ainsi que cette dame. Le jeune homme qui a découvert le billet est nécessaire également. Vous prendrez un fiacre, je suppose, ajouta le constable, saisissant avec peu de précaution par le bras, au-dessus du coude, le pauvre Kit que ses gardiens avaient relâché. Veuillez en envoyer chercher un.

— Mais, permettez-moi de dire un mot, s'écria Kit levant les yeux et regardant autour de lui d'un air de supplication. Un mot, seulement! Je suis aussi innocent que pas un de vous. Sur mon âme, je ne suis pas coupable. Moi! un voleur! Ah! monsieur Brass, vous ne le croyez pas, j'en suis sûr. C'est bien mal de votre part. Vous ne trouverez personne, pour peu qu'il me connaisse, qui n'ait confiance en moi. Qu'on demande à qui l'on voudra si jamais l'on a douté de ma probité, si j'ai jamais fait tort d'un farthing à personne. Autrefois, quand j'étais pauvre, quand j'avais faim, ai-je jamais été pris en faute, et peut-on supposer que je commencerais à l'être aujourd'hui? Oh! réfléchissez à ce que vous faites. »

En ce moment on entendit le locataire demander du haut de

l'escalier ce qu'il y avait, et pourquoi tout ce tapage et ce bruit de pas qui remplissaient la maison.

Involontairement, Kit fit un mouvement pour s'élancer vers la porte, dans son désir de répondre lui-même ; mais il fut vivement retenu par le constable, et il eut la douleur de voir M. Sampson Brass sortir seul pour aller raconter les faits à sa manière.

Quand M. Brass fut de retour, il dit, au sujet du gentleman :

« Il est comme nous tous : il ne voulait pas y croire. Que ne puis-je moi-même mettre en doute le témoignage de mes sens ? mais malheureusement ce témoignage est irréfragable. Mes yeux n'ont pas besoin de subir un débat contradictoire, et, en parlant ainsi avec véhémence, il clignotait et frottait ses yeux, ils sont bien obligés de s'en tenir à leur impression première. Allons, Sally, j'entends le fiacre qui roule dans Bevis-Marks ; mettez votre chapeau.

— Monsieur Brass, dit Kit, accordez-moi une faveur. Conduisez-moi d'abord chez M. Witherden. »

Sampson secoua la tête d'un air d'irrésolution.

« Je vous en supplie, dit Kit. Mon maître y est. Au nom du Ciel, conduisez-moi là d'abord.

— En vérité, je ne sais pas... » balbutia le procureur, qui, peut-être avait ses raisons secrètes de se présenter sous le jour le plus favorable aux yeux du notaire. Ce fut ce qui le décida à accorder à Kit la faveur qu'il demandait.

M. Richard Swiveller, que le fiacre avait amené, était resté incrusté dans le meilleur coin sur la banquette de derrière. M. Brass invita le constable à faire avancer le prisonnier, et se déclara prêt à partir. En conséquence, le constable tenant toujours Kit de la même manière et le poussant un peu devant lui, le fit monter dans la voiture, où il le suivit. Miss Sally grimpa ensuite. La voiture se trouvant remplie par les quatre personnes sus-nommées, M. Sampson Brass se jucha sur le siège, et fit partir le cocher.

On arriva bientôt chez le notaire. Brass descendit ; et ouvrant d'un air triste la portière du fiacre, il invita sa sœur à l'accompagner dans l'étude, pour préparer les excellentes personnes qui se trouvaient dans la maison, à la fâcheuse nouvelle qu'on leur apportait. Il requit également l'assistance de M. Swiveller. Tous trois entrèrent dans l'étude, M. Sampson donnant le bras à sa sœur, et M. Swiveller seul, derrière eux.

Le notaire était assis devant le feu, au fond de l'étude; il causait avec M. Abel et M. Garland; M. Chukster, assis à son pupitre, attrapait comme il pouvait, à la volée, quelques lambeaux de leur conversation. Tout en tournant le bouton, M. Brass observa, à travers le vitrage de la porte, cette disposition locale; et voyant que le notaire l'avait reconnu, il commença à secouer la tête et à soupirer profondément, tout le long de la cloison qui les séparait encore.

« Monsieur, dit Sampson, retirant son chapeau et portant à ses lèvres les deux premiers doigts du gant de castor de sa main droite, je me nomme Brass, Brass de Bevis-Marks, monsieur.

— Mon clerc est là pour s'entendre avec vous, monsieur Brass, sur l'affaire qui vous amène, dit le notaire l'éloignant par un geste.

— Je vous remercie, monsieur, je vous remercie certainement. Permettez-moi, monsieur, de vous présenter ma sœur. Monsieur Richard, ayez la bonté d'approcher, s'il vous plaît. Non, réellement, reprit Brass, faisant quelques pas entre le notaire et son cabinet, vers lequel celui-ci avait commencé à battre en retraite, réellement, monsieur, avec votre permission, je requiers de vous personnellement un mot ou deux d'entretien.

— Bien, bien, exposez donc votre affaire, monsieur Brass.

— M'y voici. Je pense que le nom de ces deux messieurs est Garland.

— De tous deux, dit le notaire.

— Un de vous, messieurs, a un domestique nommé Kit.

— Tous deux, répondit le notaire.

— Ce jeune homme, monsieur, en qui j'avais une confiance entière et sans limites; que j'avais toujours traité comme s'il était mon égal; ce jeune homme a commis ce matin un vol dans mon étude, et il a été pris en flagrant délit.

— C'est quelque fausseté, s'écria le notaire.

— Ce n'est pas possible, dit M. Abel.

— Je n'en crois pas un mot », ajouta le vieux gentleman

M. Brass promena sur eux un regard calme et répondit, sans rien perdre de son sang-froid :

« Je ne me serais certainement pas chargé d'une mission aussi pénible, si le jeune homme lui-même n'avait pas demandé à être conduit ici. Monsieur Chukster, voulez-vous avoir la bonté de frapper à la fenêtre pour avertir le constable qui attend dans le fiacre. »

A ces mots, les trois gentlemen s'entre-regardèrent avec consternation. M. Chukster tint la porte ouverte pour laisser entrer le malheureux prisonnier.

Quelle scène lorsque le pauvre Kit entra! Avec les accents à la fois éloquents et rudes que lui dictait la vérité, il appela le Ciel en témoignage de son innocence, et déclara devant Dieu qu'il ne savait pas comment le billet avait pu être trouvé sur lui! Quelle confusion de langues, avant que tous les détails fussent relatés et les preuves énoncées! Quel morne silence quand tout eut été dit, et quels regards de doute et de surprise furent échangés entre les trois amis.

« Je suis désolé, dit M. Brass, affreusement désolé. Lorsqu'il sera mis en jugement, je m'estimerai heureux de le recommander à l'indulgence du tribunal, en raison de ses bons antécédents. J'avais déjà perdu de l'argent, mais il ne s'ensuit pas positivement que ce soit ce garçon qui l'ait pris. La présomption contre lui est forte, elle est très forte ; mais, après tout, nous sommes des chrétiens.

— Je suppose, dit le constable en promenant son regard en demi-cercle, que personne ne peut former de témoignage sur tout l'argent dont il a pu disposer dans ces derniers temps. En savez-vous quelque chose, monsieur ? »

M. Garland, à qui cette question s'adressait, répondit :

« Il avait de l'argent de temps en temps. Mais l'argent dont vous parlez lui était donné, m'a-t-il dit, par M. Brass lui-même.

— Oui, bien sûr, s'écria vivement Kit, ne pouvez-vous pas me justifier en cela, monsieur?

— Hein? fit Brass, dont les regards se portèrent de visage en visage avec une expression d'étonnement stupide.

— Vous savez, reprit Kit, cet argent, ces petits écus que vous me donniez de la part du locataire.

— O Ciel! s'écria Brass, en secouant la tête et en fronçant les sourcils, vilaine affaire ! vilaine affaire !

— Eh quoi! ne lui avez-vous pas donné de l'argent, de la part de quelqu'un, monsieur ? demanda M. Garland avec la plus grande anxiété.

— *Moi !* je lui ai donné de l'argent, monsieur ? répondit Sampson. C'est trop d'effronterie. Constable, mon ami, vous feriez mieux de partir.

— Comment! dit Kit d'une voix déchirante, ose-t-il nier qu'il m'ait donné cet argent ? Demandez-le-lui, je vous en supplie. Demandez-lui de déclarer, oui ou non, si ce n'est pas vrai !

— Est-ce vrai, monsieur ? demanda le notaire.

— Messieurs, répondit Brass du ton le plus grave, je vous déclare qu'il ne fera que gâter encore plus son affaire par un pareil détour. Si réellement il vous inspire de l'intérêt, donnez-lui plutôt le conseil de changer de tactique. Vous me demandez si c'est vrai, monsieur ? Certainement non, ce n'est pas vrai.

— Messieurs, s'écria Kit, éclairé tout à coup par un rayon de lumière, mon maître, monsieur Abel, monsieur Witherden, vous tous, je vous ai dit la vérité ! Comment ai-je pu m'attirer sa haine, je l'ignore ; mais tout ceci n'est qu'un complot pour me perdre. Soyez sûrs, messieurs, que c'est un complot ; et quoi qu'il arrive, jusqu'à mon dernier soupir je dirai que c'est lui, lui-même qui a mis le billet dans mon chapeau. Regardez-le, messieurs ; voyez comme il change de couleur. Lequel de nous deux a l'air d'être le coupable, de lui ou de moi ?

— Vous l'entendez, messieurs, dit Brass en souriant, vous l'entendez. Maintenant n'êtes-vous pas frappés de l'idée que cette affaire prend une sombre tournure ? Est-ce un acte de haute trahison ou bien un simple délit ordinaire ? Peut-être, messieurs, s'il n'avait pas dit cela en votre présence, et si je vous l'avais rapporté, vous n'eussiez pas voulu le croire, mais vous voyez. »

Grâce à ces observations pacifiques et railleuses, M. Brass avait réussi à dissiper la répugnance qu'inspirait son caractère.

Le constable emmena Kit vers le fiacre. Prisonnier, constable et témoins se rendirent en toute hâte auprès du magistrat, suivis du notaire et de ses deux amis, dans une autre voiture.

A la salle de justice, ils trouvèrent le locataire qui s'y était rendu directement et les attendait avec une impatience indicible. Mais cinquante locataires ensemble n'eussent pu prêter assistance au pauvre

Kit. Au bout d'une demi-heure, il était renvoyé aux prochaines assises.

## LIX

Kit était innocent; mais son innocence même avec l'idée que ses meilleurs amis ne l'en jugeaient pas moins coupable, que M. et mistress Garland le regarderaient comme un monstre d'ingratitude, que Barbe le confondrait avec tout ce qu'il y a de plus méchant et de plus criminel, que le poney se croirait abandonné par son ami, que sa mère elle-même pourrait se laisser aller à la force des apparences qui s'élevaient contre lui et lui imputer sérieusement la faute qu'il semblait avoir commise, tout cela le plongea d'abord dans un accablement d'esprit inexprimable. Il était presque fou de chagrin, et il arpentait en tous sens la petite cellule dans laquelle on l'avait enfermé pour la nuit.

Même quand la violence de ces émotions premières se fut un peu apaisée, quand le prisonnier commença à devenir plus calme, une angoisse nouvelle s'empara de son esprit, et celle-là était à peine moins cruelle que le reste. Nelly, cette brillante étoile qui avait rayonné sur son humble existence, l'enfant qui toujours se présentait à son souvenir comme un beau rêve, l'enfant qui de la partie de sa vie la plus pauvre et la plus misérable avait fait la plus heureuse et la meilleure, que penserait-elle si elle venait à apprendre cet événement?

Le lendemain, le guichetier ouvrit la porte de la cellule, et dit à Kit :

« Allons, suivez-moi.

— Où, monsieur? » demanda Kit.

L'homme se borna à répondre brièvement : « Des visiteurs. » Et, prenant Kit par le bras, il le mena à travers des corridors tortueux, jusqu'à un couloir où il le mit derrière un grillage, après quoi il tourna les talons. Au delà de cette grille, à quatre ou cinq pieds environ, il y en avait une autre, exactement semblable à la première. Dans l'intervalle des deux grilles, était assis un guichetier, lisant son journal. Au delà de l'autre grille, Kit aperçut, le cœur tout palpitant, sa mère avec le poupon dans ses bras, la mère de Barbe avec son fidèle parapluie, et le petit Jacob, regardant de son mieux, comme pour voir un oiseau en cage, ou une bête féroce dans sa loge.

« O mon cher Kit, dit en sanglotant mistress Nubbles, que la mère de Barbe avait charitablement débarrassée du poupon, devais-je vous voir ici, mon pauvre fils?

— Vous ne pensez pas, j'espère, que je sois coupable de ce dont on m'accuse, ma chère mère? s'écria Kit d'une voix animée.

— Moi, le penser! s'écria la pauvre femme; moi qui sais que jamais vous n'avez menti ni commis une mauvaise action depuis votre naissance! moi, à qui vous n'avez jamais causé un moment de chagrin! Moi, penser cela d'un fils qui, depuis qu'il est au monde, a été jusqu'à ce jour ma consolation, et ne m'a jamais fait passer une nuit d'insomnie!... Moi, penser cela de vous, Kit!

— Alors, Dieu soit loué! dit le jeune homme, saisissant les barreaux avec une telle vivacité qu'il les ébranla; je pourrai supporter cette épreuve, ma chère mère. Quoi qu'il arrive, une goutte de bonheur me restera dans le cœur, puisque vous m'estimez toujours! »

A ces mots la pauvre femme et la mère de Barbe se remirent à pleurer. Le petit Jacob, dont les impressions vagues s'étaient résumées en cette idée unique et distincte que Kit ne pouvait pas se promener quand il lui en prenait envie, joignit à petit bruit ses larmes à celles qui coulaient autour de lui.

La mère de Kit, essuyant ses yeux sans pouvoir les sécher, la pauvre âme, prit un petit panier, et, d'une voix humble, elle pria le guichetier de vouloir bien l'écouter une minute.

« Que désirez-vous? lui demanda le guichetier.

— Je lui ai apporté quelque chose à manger, dit la bonne femme. S'il vous plaît, monsieur, peut-il l'avoir?

— Oui, il peut l'avoir. Le règlement ne le défend pas. Donnez-moi votre paquet quand vous vous en irez, j'aurai soin qu'il lui soit remis.

— Non, mais, s'il vous plaît, monsieur... Ne vous fâchez pas, monsieur, vous avez eu une mère ... Si je pouvais le voir seulement manger un petit morceau, je serais bien plus sûre qu'il est un peu moins malheureux. »

Le guichetier parut trouver la requête étrange et tout à fait insolite. Néanmoins il déposa son journal, et, allant du côté de mistress Nubbles, il prit le panier qu'elle lui présentait, puis, après en avoir examiné le contenu, il le tendit à Kit, et retourna à sa place.

On concevra aisément que le prisonnier n'eût pas grand appétit ; mais il s'assit à terre et mangea du mieux qu'il put, tandis qu'à chaque bouchée qu'il portait à ses lèvres, sa mère pleurait et sanglotait de plus belle, bien que la satisfaction qu'elle éprouvait à le voir manger ado cît un peu son chagrin.

Tout en se livrant à cette occupation, Kit fit avec anxiété quelques questions sur ses maîtres, et demanda s'ils avaient exprimé une opinion sur son compte. Mais tout ce qu'il put apprendre, ce fut que M. Abel lui-même avait, le soir précédent, porté à mistress Nubbles, avec infiniment de bonté et de délicatesse, la nouvelle de l'événement, sans laisser percer son opinion personnelle sur l'innocence ou la culpabilité du prisonnier. Kit était au moment de réunir tout son courage pour demander à la mère de Barbe des nouvelles de sa fille, quand le porte-clefs qui l'avait amené reparut ; en même temps le deuxième guichetier se montrait derrière les visiteurs, et le troisième, l'homme au journal, disait à haute voix : « L'heure est sonnée ! A d'autres, maintenant ! » puis il remit le nez sur son journal. En un instant Kit disparut, emportant une bénédiction de sa mère et un cri poussé par le petit Jacob, qui retentissait cruellement à ses oreilles.

## LX

Une faible lumière, rouge et enflammée, comme un œil qui souffre du brouillard, scintillait à la fenêtre du comptoir de Quilp, en son débarcadère. Tel était, à travers la brume, le fanal qui annonça à M. Sampson Brass, s'approchant d'un pas craintif de la maisonnette de bois, que l'excellent propriétaire de l'immeuble, son estimable client, était chez lui et attendait sans doute, avec sa patience accoutumée et la douceur bien connue de son caractère, des nouvelles de l'affaire qui amenait M. Brass dans son magnifique domaine.

« Qu'est-ce qu'il fait là? se demanda le procureur se levant sur la pointe des pieds et essayant de distinguer un peu ce qui se passait à l'intérieur, chose bien impossible à raison de la distance. Il boit, je suppose; il s'échauffe le sang pour se rendre plus violent et plus furieux encore, et pour élever sa méchanceté à la température de l'eau bouillante. »

En effet, M. Quilp buvait, fumait, et, en signe d'allégresse, poussait des hurlements sauvages.

M. Brass frappa en tremblant.

« Entrez, cria le nain.

— Comment cela va-t-il ce soir, monsieur? dit Sampson en franchissant le seuil de la baraque.

— Entrez, imbécile que vous êtes, répliqua le nain, au lieu de rester là à branler la tête et à montrer vos dents. Entrez, faux témoin, parjure, suborneur! entrez!

— Quelle richesse de bonne humeur; quelle veine prodigieuse de comique! C'est excellent; ah! ah! ah!

— L'affaire est donc faite?

— L'affaire est faite. Mais, monsieur, moins nous en parlerons, mieux cela vaudra, dit M. Brass en regardant d'un air craintif tout autour de lui : changeons de conversation, s'il vous plaît. Vous vous êtes informé, monsieur, de notre locataire, à ce que m'a dit Sally. Il n'est pas de retour, monsieur.

— Non? dit Quilp faisant bouillir du rhum dans une petite casserole et le surveillant, pour l'empêcher de déborder. Pourquoi n'est-il pas de retour?

— Pourquoi, monsieur?... Il... mon Dieu!... monsieur Quilp...

— Pour quelle raison? dit le nain, suspendant le mouvement de sa main, au moment où il allait porter la casserole à sa bouche.

— Vous avez oublié l'eau, monsieur, dit Brass, et... Excusez-moi, monsieur, mais c'est brûlant. »

Sans daigner répondre autrement que par un acte à cette observation, M. Quilp rapprocha la casserole de ses lèvres et en but résolument le contenu, une pinte environ, qui, au moment où il avait retiré le vase du feu, bouillonnait et sifflait avec force. Ayant absorbé ce joli petit stimulant, il ordonna à M. Brass de poursuivre.

« Mais d'abord, dit-il avec sa grimace habituelle, prenez vous-même une goutte, une légère goutte, une bonne goutte toute chaude.

— Volontiers, monsieur, dit Brass; s'il y avait dedans quelque chose comme une cuillerée d'eau, ça ne ferait pas de mal...

— Il n'y a rien de semblable ici, cria le nain. De l'eau pour les procureurs!... Du plomb fondu et du soufre, une bonne poix bouillante à faire des vésicatoires, et du goudron, voilà ce qu'il faut. N'est ce pas, Brass? hein?

— Ah! ah! ah! fit M. Brass. Dieu que c'est brûlant! et cependant cela chatouille. On a beau faire, c'est un vrai plaisir, ma parole!

— Buvez cela, dit le nain, qui pendant ce temps-là avait fait encore bouillir un peu de rhum. Avalez-moi ça jusqu'à la lie, écorchez-vous le gosier et soyez heureux. »

Tandis que le procureur souffrait le martyre, le nain renoua la conversation.

« Qu'est-il donc devenu, votre locataire?

— Il est encore avec la famille Garland, répondit Brass, pris par intervalles de quintes de toux. Il n'est venu chez nous qu'une fois, monsieur, depuis le jour où le coupable a subi son interrogatoire. C'était pour annoncer à M. Richard qu'il ne pouvait plus supporter le séjour de la maison après ce qui s'était passé, qu'il en avait beaucoup souffert, d'autant plus qu'il se regardait jusqu'à un certain point comme la cause de cet événement. Un excellent locataire, monsieur, j'espère que nous ne le perdrons pas!

— Si vous le perdez, dit le nain, faites des économies d'un autre côté, renvoyez votre clerc.

— Renvoyer M. Richard!

— Dame, à moins que vous n'ayez l'envie d'en prendre un second, perroquet que vous êtes! Quand vous répéterez toujours ce que je dis, à quoi bon? Eh bien, oui!

— Sur ma parole, monsieur, je ne m'attendais pas à ce conseil de votre part.

— Comment pouviez-vous vous y attendre? dit le nain en ricanant, *moi-même* je ne m'y attendais pas. Combien de fois faut-il que je vous le répète : j'ai conduit chez vous ce jeune homme pour avoir l'œil sur lui, et savoir ce qu'il devenait; j'avais une combinaison, un projet, un joli petit projet, dont l'essence, la fine fleur étaient que le vieillard et l'enfant devinssent aussi gueux que des rats galeux, tandis que Richard et son gracieux ami les croyaient riches comme des Crésus.

— Je sais cela, monsieur, je sais bien cela.

— Très bien, monsieur. Mais à présent, vous pouvez savoir aussi qu'ils ne sont pas pauvres, qu'ils ne peuvent pas l'être, lorsqu'un homme comme votre locataire les cherche et bat tout le pays pour les retrouver?

— Naturellement, dit Sampson.

— Naturellement? répéta le nain avec humeur. Eh bien, naturellement aussi, vous devez comprendre que je me moque de ce jeune homme comme de rien du tout, et naturellement vous devez savoir que, hors de là, il ne peut servir de rien ni à vous ni à moi. Quant au jeune Trent, il n'y a pas lieu de penser qu'il revienne jamais. Ce chenapan aura été forcé de se sauver en pays étranger, et puisse-t-il y pourrir!

— Certainement, monsieur, c'est très juste; puissamment raisonné.

— Je le hais, dit Quilp entre ses dents, je l'ai toujours haï. C'était d'ailleurs un drôle intraitable; autrement on eût pu en tirer parti. Le Swiveller est un cœur de poule, un esprit léger. Je n'ai plus besoin de lui. Qu'il se pende ou se noie, qu'il meure de faim ou qu'il aille au diable, peu m'importe! »

## LXI

Au bout de huit jours la session des assises s'ouvrit à Old Bailey. Le lendemain le grand jury déclara qu'il y avait lieu à suivre contre Christophe Nubbles pour crime de félonie; et, deux jours après cette déclaration, le prévenu était appelé à comparaître devant le tribunal pour déclarer s'il plaidait « coupable » ou « non coupable ».

Quand la question lui fut posée, Christophe Nubbles répondit qu'il n'était pas coupable.

Un gentleman en perruque se leva et dit :

« Mylord, je me présente ici pour le prisonnier. »

Un autre gentleman également en perruque se leva à son tour et dit :

« Mylord, je me présente contre lui. »

Kit devint tout tremblant.

L'avocat qui plaidait contre Kit fut appelé à parler le premier; il était malheureusement en verve, car il venait justement, dans la dernière affaire jugée, d'obtenir à peu près l'acquittement d'un jeune étourdi qui avait eu le malheur d'assassiner son père. Aussi il avait la parole en main, et il en usa joliment.

On entendit les témoins à charge; naturellement leurs dépositions étaient accablantes.

Les témoins à décharge sont appelés ensuite. C'est ici que brille de nouveau l'avocat du procureur. Il appert que M. Garland n'a pas eu de renseignements précis sur Kit, qu'il n'en a demandé qu'à la mère même du jeune homme, et que celui-ci a été renvoyé de chez son premier maître pour une cause inconnue. Le jury déclare Kit coupable. On emmène le prisonnier sans écouter son humble protestation d'innocence.

La mère de Kit, pauvre femme, attend à la grille du parloir de la prison. Elle est accompagnée de la mère de Barbe, âme excellente! qui ne sait que pleurer en tenant le petit enfant. Triste entrevue que celle de Kit et des visiteuses! Le guichetier amateur de journaux leur a tout dit. Il ne pense pas que Kit soit transporté pour la vie, parce que ses antécédents ne sont pas mauvais.

La pauvre Mme Nubbles perd connaissance. Richard Swiveller, qui est venu là pour tâcher de rendre service, emmène mistress Nubbles dans un fiacre; ensuite il retourne à Bevis-Marks, où M. Sampson Brass lui signifie froidement son congé.

M. Swiveller ne répondit pas un mot. Mais, rentrant dans l'étude pour reprendre sa jaquette de canotier, il la roula en une espèce de boule très serrée, et regarda fixement le procureur comme s'il eût voulu lui lancer cette boule au visage. Cependant il se contenta de mettre le vêtement sous son bras, et sortit de l'étude dans un profond silence. Il s'éloigna ensuite de l'antre de M. Brass, ruminant de grands projets pour consoler la mère de Kit, et rendre service à Kit lui-même.

Mais la vie des jeunes gens voués au plaisir, comme Richard Swiveller, est extrêmement précaire. L'excitation que son esprit avait subi depuis une quinzaine de jours, jointe au travail intérieur qu'avaient dû produire plusieurs années d'excès bachiques, agit tout à coup sur lui de la manière la plus violente. Dans la nuit même il tomba dangereusement malade, et dès le lendemain il était en proie à une fièvre ardente.

## LXII

Après plusieurs jours de délire, M. Swiveller tomba dans un sommeil profond, sans rêves.

A son réveil, il eut une sensation de repos bienfaisant, plus réparateur encore que le sommeil. Au sein de la sensation vague et heureuse qu'il éprouvait, une toux légère attira son attention. Il se souleva un peu sur son lit, et, écartant d'une main le rideau, regarda hors de l'alcôve.

C'était bien toujours sa même chambre, éclairée en ce moment par une chandelle; mais avec quel profond étonnement il voit toutes ces bouteilles, tous ces bols, tous ces linges exposés au feu, tous les objets enfin qu'on rencontre dans la chambre d'un malade! Tout était propre et net, mais cette chambre avait singulièrement changé d'aspect depuis le jour où Richard avait pris le lit. Une fraîche senteur d'herbes et de vinaigre remplissait l'atmosphère; le plancher était arrosé. Eh quoi? la marquise!... Oui, la marquise assise devant une table et jouant toute seule aux cartes. Elle était là, appliquée à son jeu, toussant parfois, mais tout bas, comme si elle eût craint d'éveiller M. Swiveller, taillant les cartes, coupant, distribuant, jouant, comptant, marquant.

M. Swiveller resta quelque temps à la contempler, puis, laissant retomber le rideau, il posa de nouveau sa tête sur l'oreiller.

« Je fais un rêve, pensa-t-il, c'est évident. »

Ici la petite servante eut un nouvel accès de toux.

« Prodigieux! pensa Richard. Jamais je n'avais rêvé d'une toux aussi réelle que celle-là. Une autre quinte, encore une autre. Décidément c'est un peu fort pour un rêve. »

M. Swiveller prit le parti de relever le rideau, bien déterminé cette fois à saisir la première occasion favorable d'adresser la parole à la marquise. Cette occasion se présenta d'elle-même. La marquise donna les cartes, retourna un valet et oublia de le marquer. Sur quoi Richard dit, le plus haut qu'il lui fut possible :

« Deux points au talon. »

La marquise fit un bond et frappa des mains. Aussitôt elle commença à rire de joie, puis elle se mit à pleurer, déclarant qu'elle était si heureuse qu'elle ne savait plus où elle en était.

« Marquise, dit Richard devenu tout pensif, veuillez, je vous prie, vous approcher, et me dire pourquoi j'ai la voix si faible, et pourquoi je suis devenu si maigre?

— Vous avez été longtemps, longtemps malade, répondit la marquise qui avait les larmes aux yeux; vous avez eu le délire pendant trois semaines! »

Swiveller la contemplait avec reconnaissance. Il pensa tout de suite que Sally Brass avait eu pitié de lui, et lui avait envoyé la marquise pour le soigner. Son cœur fut rempli de reconnaissance. La marquise cependant préparait du thé et des rôties légères pour le malade.

« Marquise, dit M. Swiveller, comment va Sally? »

La petite servante fit la moue et secoua la tête.

« Eh bien! est-ce qu'il y a longtemps que vous ne l'avez vue?

— Vue? s'écria-t-elle. Dieu merci, je me suis sauvée de chez elle. Votre propriétaire est venu dire que vous n'aviez personne pour vous soigner. J'ai pensé que je ne pouvais pas vous laisser mourir comme cela. Je suis venue ici en disant que j'étais votre sœur. Ils m'ont mise dans les journaux pour me rattraper! »

Richard sentit sa paupière se mouiller.

Il se rendormit de faiblesse, puis, se réveillant vers les six heures, il demanda avec inquiétude :

« Marquise, qu'est devenu Kit?

— Il a été condamné à je ne sais combien d'années de déportation.

— Est-il parti?... Et sa mère!... que fait-elle?... qu'est-elle devenue? »

La petite garde-malade secoua la tête et dit qu'elle n'en savait rien du tout.

« Mais, ajouta-t-elle, si vous vouliez me promettre de rester bien tranquille... je vous conterais... Mais non, pas à présent.

— Si, si, contez toujours... cela me distraira. Est-ce quelque chose que vous avez entendu par le trou de la serrure? quelque conversation entre Brass et Sally?

— Oui.

— Parlez, je vous écoute.

— Eh bien! reprit la marquise, une ou deux nuits avant qu'il y eût ce fameux bruit dans l'étude, quand on arrêta le jeune homme, je montai l'escalier pendant que M. Brass et miss Sally étaient assis devant le feu de l'étude, et, pour dire la vérité, je me mis à écouter à la porte. Ils causaient tranquillement. M. Brass dit à miss Sally : « — Ma foi, c'est une chose dangereuse, qui peut nous mettre bien des désagréments sur les bras, et je ne m'en soucie guère ». Mais elle, elle lui disait, vous savez son genre, elle lui disait : « Il faut que vous soyez une vraie poule mouillée, l'homme le plus faible, le plus mou que j'aie jamais vu. Quilp n'est-il pas notre principal client? — Oui, certainement, répondit M. Brass. — Et ne sommes-nous pas toujours occupés à ruiner quelqu'un pour son compte? — Oui, certainement, répondit M. Brass. — Eh bien ! qu'importe la ruine de Kit, puisque Quilp la désire? — Au fait, oui, qu'importe? » dit M. Brass. Alors ils se mirent à chuchoter et à rire longtemps en se

LA MARQUISE FIT UN BOND ET FRAPPA DES MAINS.

disant qu'il n'y avait aucun danger, pourvu que la chose fût bien menée. M. Brass tira son portefeuille et dit : « Voilà l'affaire, tenez ! justement le billet de banque de cinq livres que m'a remis M. Quilp. Il ne nous en faut pas davantage. Kit doit venir demain matin, je le sais. Tandis qu'il sera en haut, vous sortirez et j'enverrai M. Richard en course. Kit étant seul avec moi, j'engagerai la conversation avec lui, et je mettrai ce billet dans son chapeau. Je m'arrangerai de manière à faire trouver le billet par M. Richard, qui deviendra notre témoin. Et ce sera bien le diable si, avec tout cela, nous ne réussissions pas à débarrasser M. Quilp de Kit, pour satisfaire son ressentiment. » Miss Sally se mit à rire en approuvant le plan. Mais comme ils firent mine de vouloir se retirer, je redescendis bien vite mon escalier. Voilà ! »

Richard se mit brusquement sur son séant et demanda :

« Cette histoire n'a-t-elle été confiée à personne?

— Comment l'aurait-elle été? répondit la garde-malade. Rien que d'y penser j'en étais toute saisie, et j'espérais que le jeune homme serait renvoyé absous. Quand je leur entendis dire qu'on avait déclaré Kit coupable d'un vol dont il était innocent, vous étiez parti, le locataire aussi. Quant à vous, depuis que je suis ici, vous avez eu le délire tout le temps.

— Marquise, s'écria M. Swiveller, donnez-moi un vêtement, et allez faire un tour sur le palier pendant que je m'habillerai, il faut que je coure chez M. Whiterden, le notaire, pour...

— Vous n'avez plus d'habits, répondit la marquise, je les ai vendus un à un pour acheter des remèdes.

— Que faire? mon Dieu ! que faire? » dit Richard en se laissant retomber sur son oreiller.

Il lui suffit d'un moment de réflexion pour sentir qu'avant toute chose il fallait se mettre en rapport avec un des messieurs Garland. Il n'était pas impossible que M. Abel ne fût encore à l'étude. En moins de temps qu'il n'en faut pour le raconter, la petite servante eut l'adresse écrite au crayon, sur un bout de papier, avec un portrait verbal, véritable signalement du père et du fils, enfin une recommandation spéciale de se méfier de M. Chukster, vu son antipathie bien connue pour Kit. Munie de ces minces renseignements, elle s'élança avec ordre de ramener M. Garland ou son fils M. Abel.

## LXIII

Arrivée devant la porte de M. Witherden, la servante vit bientôt sortir M. Abel. Mais comme M. Chukster flânait sur le pas de la porte, elle n'osa pas se montrer. Un homme tenait le poney. M. Abel monta dans la chaise, et partit après avoir dit adieu à M. Chukster, qui entra aussitôt. La marquise courut après la chaise, et s'accrocha par derrière ; mais, sentant bientôt qu'elle ne pourrait pas courir plus longtemps, elle grimpa d'un bond vigoureux sur le siège de derrière.

« Dites donc, monsieur, » cria-t-elle à M. Abel quand elle fut en état de parler.

LA MARQUISE COURUT APRÈS LA CHAISE.

M. Abel se retourna vivement et, arrêtant le poney, s'écria avec une certaine émotion :

« Mon Dieu ! qu'est-ce que c'est que ça ?

— N'ayez pas peur, monsieur, s'écria la messagère encore haletante. Oh ! j'ai tant couru après vous !

— Que voulez-vous ? dit M. Abel, comment êtes-vous là ?

— Je suis montée par derrière, répondit la marquise. Oh ! je vous en prie, conduisez-moi, monsieur... sans vous arrêter... vers la Cité. Oh ! je vous en prie, hâtez-vous... C'est une affaire importante. Il y a là quelqu'un qui désire vous voir. Il m'a envoyée vous demander de venir tout de suite, parce qu'il sait toute l'affaire de Kit, et qu'il peut le sauver encore en prouvant son innocence !

— Que me dites-vous là, mon enfant?

— La vérité, sur ma parole, sur mon honneur. Mais veuillez tourner vivement de ce côté, s'il vous plaît. Je suis partie depuis si longtemps qu'il doit croire que je me suis perdue. »

La surprise de M. Abel ne fut pas médiocre quand il se vit introduit dans une chambre de malade, éclairée d'une lueur douteuse, où un homme dormait bien tranquillement dans son lit.

La marquise moucha la chandelle, la prit à la main, et s'approcha du malade. Au même moment le dormeur tressaillit. M. Abel reconnut dans ce visage dévasté par la souffrance les traits de M. Swiveller.

« Qu'est-ce que ceci? dit-il d'un ton amical; vous avez donc été malade?

— Très malade, répondit Richard, à deux doigts de la mort. Asseyez-vous, monsieur. »

M. Abel prit une chaise et s'assit au pied du lit.

« Je l'ai envoyée vous chercher, monsieur, dit Richard, elle vous a sans doute appris pour quel motif.

— En effet, j'en suis encore tout bouleversé ! Je ne sais réellement que dire ni que penser.

— Vous le saurez bientôt, répliqua Dick. Marquise, asseyez-vous au pied du lit, s'il vous plaît. Maintenant, racontez à ce gentleman ce que vous m'avez raconté à moi-même, d'un bout à l'autre. Vous, monsieur, ne dites rien. »

L'histoire fut répétée, sans addition et sans omission. Pendant tout le récit, Richard Swiveller tint ses yeux fixés sur le visiteur, et quand la marquise eut achevé, il reprit aussitôt la parole.

« Vous venez, dit-il, d'entendre tous ces détails, et vous ne les oublierez pas. Je suis trop affaibli, trop épuisé pour pouvoir vous donner aucun conseil; mais vous et vos amis vous saurez bien ce que vous avez à faire. Après ce long retard, chaque minute est un siècle. Si jamais vous vous êtes hâté de retourner chez vous, que ce soit surtout ce soir. Ne vous arrêtez pas pour me dire un seul mot, mais partez.. »

M. Abel n'avait pas besoin d'être stimulé davantage, en un instant il fut parti.

## LXIV

Le lendemain matin, à son réveil, Richard Swiveller distingua peu à peu des voix qui chuchotaient dans sa chambre. Il regarda à travers les rideaux et aperçut M. Garland, M. Abel, le notaire et le gentleman réunis autour de la marquise, et lui parlant avec une grande vivacité, bien qu'à demi-voix, dans la crainte sans doute de le troubler. Il les avertit que cette précaution était inutile. Les quatre gentlemen s'approchèrent aussitôt de son lit. Le vieux M. Garland fut le premier à lui prendre la main et à lui demander des nouvelles de sa santé.

« Est-il trop tard? demanda-t-il à M. Garland.

— Pour compléter l'œuvre que vous avez si bien commencée hier soir? dit le vieux gentleman. Non, vous pouvez avoir l'esprit tranquille là-dessus; non, je vous le certifie. »

Rassuré par cette nouvelle, le convalescent prit, avec le plus vif appétit, un excellent petit repas.

« Messieurs, dit-il ensuite, j'espère que vous m'excuserez. Les gens qui sont tombés aussi bas que je l'ai été, sont aisément fatigués. Me voilà dispos maintenant, et en état de causer. Nous sommes à court de sièges ici, sans compter bien d'autres bagatelles qui y manquent aussi; mais si vous daignez vous asseoir sur mon lit...

— Que pouvons-nous faire pour vous? dit M. Garland avec effusion.

— Il ne s'agit pas ici de ce que vous pouvez faire pour moi, cher monsieur Garland, mais de ce que vous pouvez faire pour quelqu'un qui a bien plus de droits à votre intérêt; apprenez-moi, je vous en prie, comment vous comptez agir.

— C'est surtout pour cela que nous sommes venus, dit le locataire ; car vous allez bientôt recevoir une autre visite. Nous avions peur que vous ne fussiez inquiet si vous n'appreniez de notre bouche les démarches auxquelles nous comptions nous livrer ; c'est pour cela que nous avons voulu vous voir avant de poursuivre l'affaire.

— Messieurs, répondit Richard, je vous remercie. Excusez une impatience bien naturelle dans l'état d'affaiblissement où vous me voyez. Je ne vous interromprai plus, monsieur.

— Eh bien ! mon cher ami, dit le locataire, nous ne doutons pas de la vérité de cette découverte qui a été si providentiellement mise au grand jour.

— Par elle ! s'écria Richard en montrant la marquise.

— Oui, par elle ; nous n'avons aucun doute à cet égard, nous sommes même certains que, par un emploi convenable et intelligent de cette révélation, nous pourrons obtenir immédiatement la mise en liberté du pauvre garçon. Mais nous craignons beaucoup que cela ne nous suffise pas pour mettre la main sur Quilp, l'agent principal dans toute cette infamie. » Leur dessein était d'agir de ruse d'abord, pour essayer d'arracher un aveu à la séduisante Sally.

Ces messieurs, après avoir dit ensuite à M. Swiveller qu'ils n'avaient pas perdu de vue la mère de Kit et ses enfants, ni Kit lui-même, lui assurèrent qu'il pouvait se tranquilliser, que tout serait terminé heureusement avant la nuit. Là-dessus M. Garland, le notaire et le vieux gentleman s'en allèrent.

M. Abel était resté ; il consultait sa montre à chaque instant, puis il allait regarder à la porte de la chambre. Enfin M. Swiveller fut tiré d'un court assoupissement par le bruit que fit, comme en tombant des épaules d'un commissionnaire, sur le carreau du palier, un énorme paquet qui fit trembler la maison et résonner les petites fioles de pharmacie posées sur la cheminée du malade. Aussitôt que ce bruit eut frappé ses oreilles, M. Abel s'élança, gagna la porte en boitillant, l'ouvrit... Et voilà qu'on aperçut un homme aux formes athlétiques, avec une grande manne qu'il traîna dans la chambre. Il découvrit la manne, qui laissa échapper de ses vastes flancs des trésors de thé, café, vin, biscuits, oranges, raisins, poulets à bouillir et à rôtir ; gelée de pieds de veau, arrow-root, sagou et autres ingrédients délicats. La petite servante, immobile et comme pétrifiée, restait à contempler ces objets, dont l'existence simultanée ne lui semblait possible que dans les boutiques. L'eau lui était venue tout à la fois aux yeux et à la bouche, et la pauvre enfant était incapable d'articuler un mot. Mais il n'en était pas de même de M. Abel, ni du gaillard robuste, qui en un clin d'œil avait vidé la manne, ni d'une bonne vieille dame qui apparut soudainement derrière le gaillard athlétique. Elle allait à droite, à gauche, partout en même temps, sur la pointe du pied et sans bruit, remplissant de gelée les tasses à thé, faisant du bouillon de poulet dans de petites casseroles, pelant des oranges pour le malade et les divisant par tranches, offrant un verre de vin à la petite servante, et lui choisissant quelques morceaux, en attendant que des mets plus substantiels fussent préparés pour remettre ses forces. Il y avait tant d'imprévu et presque de magie dans ce coup de théâtre, que M. Swiveller, après avoir pris deux oranges avec un peu de gelée, ne trouva rien de mieux à faire que de se rejeter sur l'oreiller et de se rendormir, tant son esprit était incapable de comprendre de tels miracles.

Pendant ce temps, le gentleman, le notaire et M. Garland s'étaient rendus dans un café. Là ils rédigèrent une lettre qu'ils envoyèrent à miss Sally Brass, la priant en termes mystérieux et concis de vouloir bien accorder le plus tôt possible l'honneur de sa compagnie à un ami inconnu qui désirait la consulter, et qui l'attendait en ce lieu. Cette communication eut le plus prompt résultat : dix minutes à peine s'étaient écoulées depuis le retour du courrier, lorsque l'on annonça miss Brass en personne.

« Madame, dit le gentleman alors seul dans la salle, veuillez prendre une chaise. »

Miss Brass s'assit d'un air très raide et très froid. Elle parut n'être pas peu surprise, et elle l'était beaucoup en effet, de trouver que le locataire et le mystérieux correspondant ne faisaient qu'un.

« Vous ne vous attendiez pas à me voir? dit le gentleman.

— En effet, je ne m'y attendais guère, répondit l'aimable beauté. Je supposais qu'il s'agissait d'une affaire de l'étude.

— Oui, oui, madame, reprit le gentleman, c'est une affaire qui se rattache au droit.

— Très bien; mon frère et moi nous ne faisons qu'un. Je puis prendre vos instructions et vous donner mes avis.

— Comme il y a avec moi d'autres parties intéressées, dit le gentleman en se levant et en ouvrant la porte d'une chambre intérieure, nous ferons mieux de conférer tous ensemble. Miss Brass est ici, messieurs. »

M. Garland et le notaire entrèrent d'un air très grave. Ils placèrent leurs chaises de chaque côté du gentleman, et formèrent ainsi une sorte de barrière autour de la gentille Sally qu'ils bloquèrent dans un coin. En pareille occurrence, son frère Sampson n'eût pas manqué de laisser paraître quelque confusion, quelque trouble; mais elle, toute calme, tira de sa poche sa boîte d'étain et y puisa tranquillement une prise de tabac.

« Miss Brass, dit le notaire prenant la parole en ce moment décisif, dans notre profession nous nous entendons mutuellement et, quand nous le voulons bien, nous pouvons exprimer, en très peu de mots, ce que nous avons à dire. Vous avez dernièrement publié un avis dans les journaux à propos d'une servante qui a disparu de chez vous.

— Eh bien! répondit miss Brass dont les joues se couvrirent d'une vive rougeur, qu'y a-t-il?

— Elle est retrouvée, madame, reprit le notaire en déployant victorieusement son mouchoir de poche. Elle est retrouvée.

— Qui l'a retrouvée? demanda vivement Sally.

— Nous, madame, nous trois. C'est seulement depuis hier au soir; sinon, vous auriez eu plus tôt de nos nouvelles.

— Et maintenant que *j'ai eu* de vos nouvelles, dit miss Brass, croisant ses bras d'un air résolu, comme si elle était décidée à se faire tuer plutôt que de rien avouer, qu'avez-vous à me dire?

— Ne vous étiez-vous jamais aperçue, avant sa fuite, que la porte de votre cuisine avait deux clefs? »

Miss Sally aspira une nouvelle prise de tabac et, penchant la tête, elle regarda M. Witherden en contractant ses lèvres avec une incroyable expression de ruse et de défi.

« Deux clefs, répéta le notaire, deux clefs dont l'une fournisssait à votre servante le moyen d'errer la nuit dans la maison, quand vous pensiez l'avoir bien enfermée, et de saisir certaines consultations confidentielles. Tenez, par exemple, cette conversation intime qui aujourd'hui même sera déférée au juge et que vous entendrez répéter par cette enfant. C'est celle que vous avez eue avec M. Brass la veille même du jour où cet innocent jeune homme fut accusé de vol... »

Sally huma une nouvelle prise de tabac. Bien qu'elle sût étonnamment composer son visage, il était évident qu'elle se trouvait prise sans vert, et que les reproches auxquels elle s'attendait, au sujet de sa petite servante, n'étaient certainement pas ceux qu'elle venait d'essuyer.

« Allez, allez, miss Brass, reprit le notaire; vous avez au plus haut degré l'art de composer votre physionomie; mais vous voyez que, par un hasard auquel vous n'eussiez jamais songé, ce lâche complot est dévoilé, et que deux des complices peuvent être traînés devant la justice. Maintenant vous connaissez le châtiment qui vous est réservé; je n'ai donc pas besoin de m'étendre sur ce chapitre. Mais j'ai une proposition à vous faire. Vous avez l'honneur d'être la sœur d'un des plus grands fripons qui existent; et si je puis parler ainsi d'une femme, vous êtes à tous égards, digne de votre frère. Mais avec vous deux il y a un tiers, un drôle nommé Quilp, le premier instigateur de toute cette machination diabolique, et je le crois pire que ses deux associés. Pour votre salut, pour celui de votre frère, miss Brass, veuillez nous révéler toute la trame de cette affaire. Rappelez-vous que, si vous cédez à nos prières, vous vous mettrez par là en pleine sûreté, et que vous ne ferez, du reste, aucun tort à votre frère; car nous avons déjà contre lui, comme contre vous, des preuves bien suffisantes. Vous comprenez? Je ne veux pas dire que c'est la pitié qui nous pousse à vous suggérer ce moyen; car, à vous parler franchement, nous ne saurions éprouver pour vous la moindre pitié; mais c'est une nécessité que nous subissons, et je vous recommande la franchise comme la meilleure politique. »

M. Witherden ajouta, en tirant sa montre :

« Dans une affaire comme celle-ci, le temps est extrêmement précieux. Faites-nous connaître le plus tôt possible votre décision, madame. »

Miss Brass grimaça un sourire, regarda successivement les personnes présentes et prit encore deux ou trois pincées de tabac.

« Comme cela, dit-elle, il faut que sur-le-champ j'accepte ou repousse votre proposition?

— Oui, » dit M. Witherden.

La charmante créature ouvrait les lèvres pour répondre, quand la porte fut poussée vivement...

La tête de Sampson Brass apparut.

« Pardon, dit précipitamment le procureur. Attendez un peu. »

En parlant ainsi, et sans se préoccuper de l'étonnement causé par sa présence, il s'avança, ferma la porte, baisa son gant graisseux par forme de politesse très humble, et fit le salut le plus obséquieux.

« Sally, dit-il, retenez votre langue et laissez-moi parler. Messieurs, vous auriez peine à me croire, si je vous disais quel plaisir j'éprouve à voir trois gentlemen tels que vous dans une heureuse unité de sentiments, dans un concert parfait de pensées. Mais quoique je sois malheureux, bien plus, messieurs, criminel, cependant je suis sensible tout comme un autre.

— Si vous n'êtes pas un idiot, dit rudement miss Brass, taisez-vous!

— Ma chère Sally, je vous remercie, répondit le frère. Mais je sais ce que je suis, mon amour, et je prendrai la liberté de m'exprimer en conséquence. »

Brass, outre ses agréments physiques habituels, avait la face égratignée, une visière verte sur l'œil, et son chapeau était fortement bossué.

« Messieurs, reprit-il, quant à votre conversation de tout à l'heure, je vous dirai que, voyant partir ma sœur et me demandant où elle pouvait aller ainsi, étant d'ailleurs, dois-je l'avouer, assez soupçonneux de ma nature, je l'ai suivie. Arrivé à la porte, je me suis mis à écouter. »

Ayant levé sa visière verte, et montré aux assistants un œil horriblement poché, Brass poursuivit :

« Si vous voulez bien me faire la faveur de regarder ceci, vous vous demanderez naturellement du fond du cœur comment cela a pu m'arriver. Si, de mon œil, vous portez votre examen au reste de ma figure, vous chercherez avec étonnement quelle peut être la cause de ces meurtrissures. De mon visage, dirigez vos regards sur mon chapeau, et voyez dans quel état il est! Messieurs, cria-t-il en assenant avec rage un coup de poing sur son chapeau, à toutes ces questions, je répondrai : Quilp. Oui, à toutes ces questions, je répondrai : Quilp! Quilp, qui m'a attiré dans son infernale tanière, et a pris plaisir à me contempler dans l'embarras, et à rire aux éclats pendant que je m'écorchais, que je me brûlais, que je me meurtrissais, que je m'estropiais. Pour cette dernière affaire, il me bat froid, comme s'il n'avait rien à y voir et comme s'il n'avait pas été le premier à me la proposer. Eh bien! à présent, ajouta M. Brass reprenant son chapeau, rabaissant sa visière sur son œil, et se prosternant dans l'attitude la plus servile, où tout cela peut-il me conduire? Eh bien, pour abréger, voici où cela me conduit. Puisque la vérité s'est fait jour, j'aime mieux perdre cet homme que de me laisser perdre par lui. Ma chère Sally, comparativement parlant, vous n'avez rien à craindre. Je relate ces faits pour ma propre sûreté. »

Après cela M. Brass se mit à raconter toute l'histoire avec une extrême volubilité; pesant lourdement sur son aimable client, et se représentant comme un petit saint, bien que sujet, il le reconnut, aux faiblesses humaines. Voici comment il conclut :

« A présent, messieurs, je ne suis pas homme à faire les choses à demi. Moi, j'y vais bon jeu bon argent. Faites de moi ce qu'il vous plaira. Si vous voulez mettre ma déposition par écrit, rédigez-en immédiatement la teneur. Vous aurez des ménagements pour moi, j'en suis sûr. Vous êtes des hommes de cœur et vous avez des sentiments. J'ai cédé à Quilp par nécessité; je me livre donc à vous par nécessité, et aussi par politique, et pour obéir aux mouvements de sensibilité qui depuis longtemps me tourmentaient. Punissez Quilp, messieurs. Pesez sur lui de tout votre poids. Broyez-le; foulez-le aux pieds. Voilà longtemps qu'il m'en fait autant. »

Les trois gentlemen s'entretinrent quelques instants en aparté. Après cette conférence, qui du reste fut très courte, le notaire dit à M. Brass :

« Il y a sur cette table tout ce qu'il faut pour écrire. Si vous voulez rédiger votre déclaration, rien ne vous manque. Je suis encore obligé de vous dire que votre présence sera nécessaire à la justice de paix; c'est à vous à peser ce que vous avez à dire ou à faire.

— Messieurs, dit Brass, retirant ses gants, et s'aplatissant moralement devant les trois gentlemen, je saurai justifier les ménagements avec lesquels je compte bien qu'on me traitera. Et comme, d'après la découverte qui a été faite, je serais, si l'on ne me ménageait pas, celui de nous trois qui aurait la plus fâcheuse position, vous pouvez compter que je ne vais rien dissimuler. »

La nuit était venue : pendant que M. Brass rédigeait sa déclaration, miss Sally s'éclipsa discrètement.

Quand tout fut achevé, le digne procureur et les trois amis se rendirent en fiacre au bureau du magistrat. Ce gentleman fit à M. Brass un accueil très empressé et le retint en lieu sûr pour avoir plus sûrement le plaisir de le voir le lendemain. Le juge, en congédiant les autres personnes, leur promit formellement qu'un mandat d'amener serait lancé dès le lendemain contre M. Quilp, et que le secrétaire d'État recevrait sur tous ces faits un rapport circonstancié pour assurer la grâce de Kit et sa mise en liberté immédiate.

Voyant leur tâche accomplie, les trois gentlemen retournèrent en toute hâte chez M. Swiveller. Ils le trouvèrent en état de se tenir assis une demi-heure et de causer avec entrain. Depuis quelque temps mistress Garland était partie, mais M. Abel avait voulu rester assis près de M. Richard. Après lui avoir raconté tout ce qu'ils avaient fait, les deux messieurs Garland et le vieux gentleman, comme par un accord tacite, prirent congé pour la nuit, laissant le convalescent seul avec M. Witherden et la petite servante, qu'une garde-malade devait seconder à l'avenir.

« Puisque vous voilà mieux, dit le notaire en s'asseyant au chevet du lit, je puis me hasarder à vous communiquer une pièce que la nature de mes fonctions a mise entre mes mains.

— Volontiers, monsieur. J'espère cependant que ce n'est pas quelque chose de trop désagréable.

— S'il en était ainsi, répliqua M. Witherden, j'aurais choisi un moment plus opportun pour vous faire cette communication. »

Dick le remercia.

« Je m'étais livré à quelques recherches pour vous découvrir, dit M. Witherden, et j'étais loin de m'attendre à vous trouver dans des circonstances semblables à celles qui nous ont réunis. Vous êtes le neveu de Rebecca Swiveller, vieille demoiselle qui habitait Cheselbourne, dans le Dorsetshire, et qui y est décédée.

— Décédée! s'écria Richard.

— Décédée. Si vous vous étiez conduit autrement avec votre tante, vous seriez entré en pleine possession, le testament le dit, de vingt-cinq mille livres[1]. Quoi qu'il en soit, elle vous a légué une rente annuelle de cent cinquante livres[2]; c'est beaucoup moins sans doute, cependant je crois devoir vous en faire mon compliment.

— Monsieur, dit Richard sanglotant et riant à la fois, comment donc? mais avec plaisir. Dieu merci, nous allons faire une savante de la marquise; nous allons la placer dans une bonne pension. Elle l'a bien mérité. »

Ajoutons que Richard tint très fidèlement sa promesse.


## LXV

Cependant M. Quilp demeurait enfermé dans son ermitage, et jouissait doucement et en toute sécurité de la réussite de ses machinations. Absorbé par des chiffres et des comptes, occupation que favorisaient le silence et la solitude de sa retraite, il y avait deux jours entiers qu'il n'était sorti de sa tanière. Le troisième jour le trouva plus appliqué que jamais au travail et peu disposé à mettre le pied dehors.

C'était le lendemain même des aveux de M. Brass, et, par conséquent, le jour où M. Quilp devait se voir menacé dans sa liberté, et brusquement informé de certains faits assez désagréables, auxquels il ne s'attendait guère.

Il était servi, selon l'ordinaire, par Tom Scott; Tom Scott, accroupi près du feu comme un crapaud, saisissait tous les moments où son maître avait le dos tourné pour imiter ses grimaces avec une affreuse exactitude.

---

1. 625 000 francs.
2. 3750 francs.

Dans les quartiers les plus beaux et les plus élevés de la ville, le jour était humide, sombre, froid et triste, mais dans cet endroit marécageux le brouillard étendait sur tous les coins et recoins un voile épais d'obscurité. On n'y voyait goutte à deux pas de distance.

On sait que le goût favori du nain était d'avoir son coin de feu à lui tout seul et, s'il se sentait d'humeur à se régaler, de s'empiffrer aussi tout seul. Plus sensible que jamais, ce jour-là, au plaisir de s'établir confortablement dans son intérieur, il ordonna à Tom Scott de bourrer de charbon le petit poêle, et, renvoyant le travail à un autre jour, il se détermina à se donner du bon temps.

A cette fin, il alluma des chandelles neuves et amoncela le combustible sur son feu. Puis, ayant dîné d'un beefsteak qu'il avait fait griller lui-même, sans plus d'apprêt que les sauvages et les cannibales, il se prépara un grand bol de punch brûlant, alluma sa pipe et s'assit pour passer agréablement la soirée.

En ce moment, un coup frappé timidement à la porte attira son attention. Il attendit que le coup eût été répété deux ou trois fois; alors il ouvrit doucement sa petite fenêtre et, y passant la tête, demanda :

« Qui est là?

— Ce n'est que moi, Quilp, répondit une voix de femme.

— Ce n'est que vous! cria le nain. Qui vous amène ici, coquine? Osez-vous bien approcher du château de l'ogre? Retournez au logis, petit hibou, retournez au logis.

— Je vous apporte une lettre, dit la douce petite femme.

— Jetez-la par la croisée et passez votre chemin, cria Quilp; je sors, et si je vous attrape...

— Je vous en prie, Quilp, écoutez-moi, dit la jeune femme d'un ton humble et les larmes aux yeux, je vous en prie!

— Parlez donc, grogna le nain avec une grimace malicieuse. Faites vite, surtout. Allons, parlerez-vous?

— Cette lettre, dit mistress Quilp toute tremblante, a été apportée dans l'après-midi à la maison. Le commissionnaire a dit qu'il ne savait pas de quelle part elle venait, mais qu'on lui avait enjoint de nous la laisser avec force recommandations de vous la porter tout de suite, vu qu'elle était de la plus haute importance. »

Pensant que mistress Quilp pourrait emporter la réponse, s'il y en avait une, le nain ferma la croisée, ouvrit la porte et invita rudement sa femme à entrer. Celle-ci obéit avec empressement et s'agenouilla devant le feu pour se réchauffer les mains.

« Hum! murmura le nain après avoir jeté les yeux sur l'enveloppe, je connais cette écriture. C'est de la belle Sally. »

Il ouvrit la lettre, et lut les lignes suivantes :

« Sammy s'est laissé retourner et il a révélé le secret. Tout est connu. Nous n'avez rien de mieux à faire que de vous sauver ; car on vous cherche déjà pour vous arrêter.

» S., B. ci-devant à B. - M. »

Pendant longtemps le nain resta sans prononcer une seule parole; mais après un intervalle considérable pendant lequel mistress Quilp resta paralysée de terreur sous les regards que lui lançait son mari, le nain murmura avec un effort inouï :

« Si je le tenais ici! Ah! si je le tenais seulement ici! Je le noierais; oui, je le noierais. Oh! Brass! Brass, mon cher ami, mon bon ami, mon ami dévoué, fidèle et complimenteur. Si je vous tenais seulement ici ! »

Mistress Quilp, qui s'était un peu retirée à l'écart pour n'avoir pas l'air d'écouter ces apartés, essaya de reprendre courage et de s'approcher de lui. Elle ouvrait la bouche, quand le nain s'élança vers la porte et appela Tom Scott.

« Ici! dit Quilp l'attirant dans la chambre. Reconduisez-la à la maison. Ne revenez pas ici demain, car mon comptoir sera fermé. Ne revenez plus jusqu'à ce que vous ayez eu de mes nouvelles ou que vous m'ayez vu; vous comprenez? »

Tom inclina la tête d'un air boudeur et invita mistress Quilp à partir.

« Quant à vous, reprit le nain, s'adressant directement à sa femme, ne faites aucune question sur moi; pas de recherches pour me retrouver; rien enfin qui me concerne. Je ne serai pas mort, madame, si cela peut vous consoler. Tom aura soin de vous. Si vous ne partez pas immédiatement, je dirai et je ferai des choses qu'il vaut mieux pour vous que je ne dise ni ne fasse. »

Mistress Quilp s'éloigna à travers l'épais brouillard, sous la conduite de Tom Scott.

« Voilà une bonne nuit pour voyager incognito, se dit M. Quilp, comme il s'en revenait lentement à son comptoir. Halte-là. Prenons garde. Nous ne sommes pas en sûreté ici. »

Grâce à sa force incroyable, il ferma les deux vieux battants de porte, qui étaient profondément enfoncés dans la boue, et les étaya avec de lourdes poutres. Cela fait, il secoua ses cheveux collés sur ses yeux, qu'il écarquilla pour mieux voir.

Réduit à la nécessité de se diriger à tâtons, tant l'obscurité et le brouillard s'étaient accrus, il revint à son repaire. Là, il resta quelque temps à rêver près du feu, puis il disposa tout pour un prompt départ.

« Qu'est-ce que c'est que ça? se demanda-t-il tout à coup.

On frappait à la porte que le nain venait de fermer. On frappait très fort. Puis il y eut un temps d'arrêt, comme si ceux qui frappaient s'étaient interrompus pour écouter. Ensuite le bruit recommença, plus violent et plus obstiné que jamais.

« Si tôt, dit le nain ; ils sont donc bien pressés. Je crains fort que vous n'ayez compté sans votre hôte, messieurs. Il est heureux que tous mes préparatifs soient achevés. Sally, je vous rends grâces. »

Tout en parlant il éteignit sa chandelle. Dans ses efforts impétueux pour dissimuler la vive clarté du foyer, il renversa son poêle qui roula en avant et tomba avec fracas sur les charbons ardents qu'il avait vomis dans sa chute. Une épaisse obscurité régnait dans la chambre. Cependant le bruit qu'on faisait dehors continuait toujours. Quilp alors se dirigea vers la porte et se trouva en plein air.

En ce moment le bruit cessa. Il était environ huit heures, mais les ténèbres les plus sombres eussent été la clarté de midi en comparaison du voile de brouillard qui couvrait la terre et empêchait de rien distinguer. Quilp fit quelques pas en avant comme s'il pénétrait dans l'orifice d'une caverne noire et béante ; mais, craignant de s'être trompé, il changea de direction; alors il s'arrêta, ne sachant plus de quel côté tourner.

« S'ils pouvaient frapper encore! dit-il, s'efforçant de percer du regard l'obscurité qui l'entourait, le bruit me guiderait. Allons, donc! frappez donc encore à la porte! »

Mais il paraît que les gens s'étaient fatigués de frapper en vain.

« Si je trouvais un mur ou une palissade, dit le nain étendant le bras et marchant lentement, je reconnaîtrais par là mon chemin. Quelle bonne et sombre nuit du diable pour tenir ici mon cher ami! Si je pouvais seulement réaliser ce vœu, ça me serait bien égal de ne plus jamais revoir le jour!... »

Comme ce dernier mot sortait de ses lèvres, Quilp chancela et tomba. Un moment après, il se débattait contre l'eau noire et glacée.

Au milieu du bourdonnement qui se faisait dans ses oreilles, il put entendre les coups retentir de nouveau à la porte du débarcadère, il put entendre un cri qui s'éleva ensuite, il put reconnaître les voix.

Dans la lutte qu'il soutenait contre les vagues, il put comprendre que sa femme et Tom Scott, s'étant égarés, étaient revenus à leur point de départ, qu'ils étaient tout près de l'endroit où il se noyait, mais sans pouvoir faire le moindre effort pour le sauver, puisqu'il avait lui-même fermé toute communication. Il répondit au cri d'appel par un hurlement épouvantable. Vaine clameur. La marée montait; l'eau pénétra dans la gorge du nain, et emporta le corps dans son rapide courant.

## LXVI

Des chambres bien éclairées, de bons feux, des figures joyeuses, la musique de voix enjouées, des paroles d'amitié et de bienvenue, des cœurs chauds et des larmes de bonheur, quel changement à Abel-Cottage! Voilà pourtant les délices vers lesquelles le pauvre Kit précipite ses pas. On l'attend, il le sait. Il a peur de mourir de de joie avant d'être arrivé parmi ceux qui l'aiment.

M. Garland avait, dans une rue voisine de la prison, une voiture qui l'attendait. Il y fit monter Kit après lui, et ordonna au cocher de les conduire à la maison. La voiture ne put d'abord marcher qu'au pas, précédée de torches pour l'éclairer, tant le brouillard était intense ; mais quand il eut franchi la rivière, et laissé en arrière les quartiers de la ville proprement dite, on n'eut plus à prendre ces précautions, et l'on alla plus vite. Le galop même semblait trop lent à l'impatient Kit, pressé d'arriver au terme du voyage.

Enfin les chevaux franchirent la grille du jardin, et un instant après stationnèrent à la porte. A l'intérieur de la maison retentit un grand bruit de voix et de pieds. La porte s'ouvrit. Kit se précipita ; il était dans les bras de sa mère.

Il y avait là aussi l'excellente mère de Barbe ; elle tenait le petit nourrisson dont elle avait refusé de se séparer depuis le triste jour où l'on pouvait si peu espérer une telle joie. La pauvre femme ! Elle versait toutes ses larmes et sanglotait comme jamais femme n'a sangloté ; puis il y avait la petite Barbe, pauvre petite Barbe ! toute maigrie et toute pâle, et cependant si jolie toujours ! Elle tremblait comme la feuille et s'appuyait contre la muraille. Il y avait mistress Garland, plus affable et plus bienveillante que jamais, et qui, dans son émotion, se sentait défaillante et près de tomber, sans que personne songeât à la soutenir ; puis M. Abel, qui se frottait vivement le nez et voulait embrasser tout le monde ; puis le gentleman, qui tournait autour d'eux tous, sans s'arrêter un moment ; enfin il y avait le bon, l'affectueux, le cher petit Jacob, assis tout seul au bas de l'escalier, avec ses mains posées sur ses genoux, comme un vieux bonhomme, criant à faire trembler sans que personne s'occupât de lui : tous et chacun heureux au delà de leurs souhaits et faisant ensemble ou à part mille espèces de folies à la fois.

En entrant dans la pièce voisine où on le pousse amicalement, qu'est-ce que Kit voit ? Des carafes pleines de vin et toutes sortes de bonnes choses aussi splendides que si Kit et ses amis eussent été des gens de la plus haute volée. Kit ne fut pas plus tôt entré que le gentleman remplit les verres jusqu'au bord, porta sa santé et lui dit : « Tant que je vivrai, vous ne manquerez jamais d'un ami. »

M. Garland fit de même, de même mistress Garland, de même M. Abel.

Mais il y a encore un ami que Kit n'a pas revu, et comme ledit ami, en sa qualité de quadrupède, avec ses souliers ferrés, ne pouvait être convenablement admis dans le cercle de la famille, Kit saisit la première occasion favorable pour s'éclipser et se rendre en toute hâte à l'écurie. Au moment même où il posait la main sur le loquet, le poney le salua du plus bruyant hennissement que puisse faire entendre un poney. Lorsque Kit franchit le seuil de la porte, Whisker cabriola le long de sa demeure où il était en pleine liberté, car il n'eût pas supporté l'injure d'un licou, pour lui souhaiter la bienvenue d'une façon folle. Lorsque Kit se mit à le caresser et à lui donner de petites tapes, le poney frotta son nez contre l'habit de Kit, et le caressa plus tendrement que jamais poney n'a caressé un homme. Ce fut le bouquet de cette vive et chaleureuse réception, et Kit enlaça de son bras le cou de Whisker pour le presser contre sa poitrine.

Quand les premiers transports de tout le monde furent passés, lorsque Kit et sa mère, Barbe et sa mère, avec le petit Jacob et le poupon, eurent soupé, sans se presser, car ils fussent volontiers restés ensemble la nuit entière, M. Garland appela Kit et, le menant à part dans une salle où ils étaient tout seuls, il lui annonça qu'il avait à lui faire une communication qui le surprendrait étrangement. Kit parut si inquiet et devint si pâle en entendant ces paroles, que le vieux gentleman s'empressa d'ajouter que cette surprise serait d'une nature agréable, et il lui demanda s'il serait prêt le lendemain matin pour entreprendre un voyage.

« Un voyage, monsieur? s'écria Kit.

— Oui, un voyage avec moi et mon ami qui est à côté. Devinez-vous le motif de ce voyage? »

Kit devint plus pâle encore et secoua la tête comme s'il ne s'en doutait pas.

« Oh que si! je suis sûr que vous le devinez déjà, lui dit son maître. Essayez. »

Kit murmura quelques mots vagues et inintelligibles. Cependant il prononça distinctement ces mots : « Miss Nell ! » Il les prononça trois ou quatre fois, et chaque fois il secouait la tête, comme s'il eût voulu ajouter : « Mais non, ce n'est pas cela. »

Mais M. Garland, au lieu de lui redire : « Essayez, » puisque Kit avait répondu à sa question, dit très sérieusement qu'il avait deviné juste.

« Le lieu de leur retraite est enfin découvert, ajouta-t-il. Tel est le but de notre voyage. »

Kit multiplia en tremblant des questions comme celles-ci : Où était le lieu de leur retraite? Comment l'avait-on découvert? Depuis quand? Miss Nell était-elle bien portante? Était-elle heureuse?

« Nous savons qu'elle est heureuse, répondit M. Garland. Bien portante, je... je pense qu'elle ne tardera pas à l'être. Elle a été faible et souffrante, à ce qu'on m'a dit; mais elle était mieux, d'après les nouvelles que j'ai reçues ce matin, et l'on était plein d'espoir. Asseyez-vous, que je vous dise le reste. »

Osant à peine respirer, Kit obéit à son maître. M. Garland lui raconta alors qu'il avait un frère, et il devait se souvenir d'en avoir entendu parler dans la famille; et même son portrait, fait au temps de sa jeunesse, ornait la plus belle pièce de la maison. Ce frère vivait depuis de longues années à la campagne, auprès d'un vieux desservant, son ami d'enfance. Tout en s'aimant comme doivent s'aimer deux frères, ils ne s'étaient pas revus pendant tout ce laps de temps, et n'avaient communiqué que par des lettres écrites à de longs intervalles. En attendant l'époque où ils pourraient encore se serrer la main, ils laissaient s'écouler le présent, selon l'usage des hommes, et l'avenir devenir lui-même le passé. Son frère, dont le caractère était très doux, très tranquille, très réservé, comme celui de M. Abel, avait gagné l'affection des pauvres gens parmi lesquels il vivait, et qui vénéraient le « vieux garçon » (c'était son sobriquet) et éprouvaient tous les jours les effets de sa charité et de sa bienveillance. Par modestie, ce frère lui parlait rarement de ses amis du village, qui étaient tous ses obligés. Cependant deux de ces derniers, une enfant et un vieillard, lui avaient si bien pris le cœur que, dans une lettre datée de ces derniers jours, il s'était beaucoup étendu sur leur compte. A cette lecture, M. Garland avait été amené tout de suite à penser que l'enfant et le vieillard étaient ces deux fugitifs qu'on avait tant cherchés, et que le Ciel les avait confiés aux soins de son frère.

Il avait en conséquence écrit pour obtenir de nouvelles informations, qui ne laissaient subsister aucun doute : le matin même la réponse était arrivée; elle avait confirmé les premières conjectures. Voilà pourquoi on devait partir en voyage dès le lendemain.

## LXVII

Kit ne fit pas le paresseux le lendemain matin. Il sauta à bas du lit avant le jour et commença à se préparer en vue de l'expédition projetée. Agité à la fois par les événements de la veille et par la nouvelle inattendue qu'il avait reçue le soir, il n'avait guère goûté de sommeil pendant les longues heures d'une nuit d'hiver. Des rêves sinistres qui avaient assiégé son chevet l'avaient tellement fatigué, que ce fut pour lui un repos d'être debout et d'agir.

Il n'y avait pas que lui qui fût éveillé et debout. En un quart d'heure toute la maison fut en mouvement. Chacun était affairé, chacun voulait contribuer pour sa part à hâter les préparatifs.

En même temps que la voiture de voyage, M. Chukster arriva en fiacre. Il était porteur de certains papiers et de fonds supplémentaires pour le gentleman, à qui il les remit. Ce devoir accompli, M. Chukster présenta ses devoirs à la famille; puis, se réconfortant par un bon déjeuner qu'il fit debout, en péripatéticien, il assista avec une indifférence parfaite au chargement de la chaise de poste.

Déjà le gentleman et M. Garland étaient dans la voiture, le postillon en selle, et Kit, bien enveloppé d'un manteau, bien emmitouflé, était monté sur le siège de derrière. Près de la chaise de poste se tenaient mistress Garland, M. Abel, la mère de Kit et le petit Jacob; à quelque distance, la mère de Barbe, qui portait le poupon éveillé. Tous faisaient des signes de la tête ou des bras, saluaient ou criaient. Au bout d'une minute, la voiture était hors de vue.

C'était par une journée d'un froid aigu; un vent violent soufflait au visage des voyageurs, et blanchissait la terre durcie en dépouillant les arbres et les haies de la gelée qui les couvrait, et qu'il faisait tournoyer comme un tourbillon de poussière.

Toute la journée il neigea sans interruption. La nuit vint, brillante et étoilée; mais le vent soufflait toujours, et le froid était des plus vifs. Parfois, vers la fin de quelque long relais, Kit ne pouvait s'empêcher de souhaiter qu'il fît un peu plus chaud; mais quand on s'arrêtait pour changer de chevaux, qu'il avait battu la semelle quelques minutes, payé le postillon, éveillé celui qui devait lui succéder, qu'il s'était donné du mouvement à droite et à gauche jusqu'à ce que les chevaux fussent attelés, il avait si grand chaud que le sang lui fourmillait au bout des doigts.

Cependant les deux gentlemen qui étaient à l'intérieur, fort peu disposés à dormir, trompaient le temps par la conversation. Pressés l'un et l'autre de la même impatience, leur entretien roulait souvent sur l'objet de leur expédition, sur la manière dont elle avait été conduite, sur les espérances et les craintes que leur en inspirait le dénouement.

Dans un moment de repos, après une de leurs conversations, et quand déjà la moitié de la nuit s'était écoulée, le gentleman, devenu de plus en plus silencieux et pensif, se tourna vers son compagnon et lui dit brusquement :

« Êtes-vous un auditeur patient?

— Comme bien d'autres, je suppose, répondit en souriant M. Garland : je puis l'être si ce que l'on me raconte m'intéresse; dans le cas contraire, je puis faire semblant de l'être. Pourquoi me demandez-vous cela?

— J'ai sur les lèvres un court récit, et je vais vous mettre tout de suite à l'épreuve. C'est très court. »

Sans attendre une réponse, il appuya sa main sur le bras de M. Garland, et commença son récit.

« Il y avait une fois deux frères qui s'aimaient tendrement. L'aîné avait douze ans de plus que le cadet. Peut-être cette circonstance contribua-t-elle à accroître leur attachement mutuel. Cependant, malgré la distance qui les séparait, ils devinrent rivaux de bonne heure. La plus profonde, la plus forte affection de leurs cœurs se porta sur le même objet.

» Le plus jeune s'en aperçut le premier, à diverses circonstances qui éveillèrent son attention. Il éprouva une grande douleur et eut à subir une grande lutte contre lui-même. Il avait eu une enfance maladive. Son frère, plein de patience et d'égards au sein de sa belle santé et de sa force, s'était bien souvent privé des plaisirs de son âge pour rester assis au chevet du malade, pour le distraire et lui faire trouver le temps moins long, en un mot, pour lui servir de tendre et fidèle garde-malade. Quand arriva le temps de la rivalité, le cœur du plus jeune frère s'emplit du souvenir de ces jours d'autrefois. Le Ciel lui donna la force d'acquitter, par les sacrifices réfléchis d'une âme déjà mûrie par les années, les soins donnés dans un élan de dévouement juvénile. Il ne troubla point le bonheur de son frère. La vérité ne s'échappa jamais de ses lèvres ; il quitta son pays, avec l'espoir de mourir à l'étranger.

» Le frère aîné épousa cette femme..., qui depuis longtemps est dans le Ciel..., après avoir légué une fille à son mari.

» Dans cette fille revivait la mère. Vous pouvez juger avec quelle tendresse celui qui avait perdu la mère s'attacha à cette enfant, sa vivante image. Elle grandit et épousa un homme qui n'était pas digne d'elle. Cet homme mourut jeune. Patiente et soutenue jusqu'au bout par la force de l'affection, elle suivit à trois semaines de distance son mari dans la tombe, léguant aux soins de son père deux orphelins : l'un, un fils de dix ou douze ans ; l'autre une fille presque encore au berceau.

» Le frère aîné, grand-père de ces deux orphelins, était désormais un homme brisé par la douleur, courbé, écrasé déjà, moins par les années que par le chagrin. Avec les débris de sa fortune, qui avait été engloutie presque tout entière par son gendre, il entreprit le commerce des tableaux d'abord, puis celui des antiquités.

» Le fils en grandissant rappelait de plus en plus le caractère et les traits de son père ; la fille était tout le portrait de sa mère ; aussi, quand le vieillard la prenait sur ses genoux et contemplait ses doux yeux bleus, il lui semblait sortir d'un rêve douloureux et revoir sa fille redevenue enfant. Le garçon dépravé ne tarda pas à se dégoûter de la maison et à chercher des compagnons dignes de lui. Le vieillard et la petite fille demeurèrent seuls ensemble.

» L'amour qu'il avait eu pour ces deux mortes se porta tout entier sur cette petite créature; lorsque le visage qu'il avait constamment devant les yeux lui rappelait heure par heure les changements qu'il avait observés d'année en année dans les autres, les désordres d'un jeune homme dissipé et endurci achevèrent l'œuvre de ruine que le père avait commencée et amenèrent plus d'une fois des moments de gêne et même de détresse. Ce fut alors que le vieillard commença à se sentir poursuivi sans cesse par la sinistre image de la pauvreté, du dénuement, qu'il redoutait, non pas pour lui, mais pour l'enfant. Cette idée, une fois conçue, vint obséder la maison comme un spectre qui la hantait jour et nuit.

» Le plus jeune frère cependant avait visité plusieurs contrées étrangères et traversé la vie en pèlerin solitaire. On avait injustement interprété son bannissement volontaire, mais il avait supporté, non sans douleur, les reproches et les jugements précipités, pour accomplir le sacrifice qui avait brisé son cœur, et il avait su se tenir dans l'ombre. D'ailleurs, les communications entre lui et son frère aîné étaient difficiles, incertaines, souvent interrompues; toutefois elles n'étaient pas brisées, et ce fut avec une profonde tristesse que, de lettre en lettre, il apprit tout ce que je viens de vous raconter.

» Alors les rêves de la jeunesse, d'une vie heureuse, bien que commencée par le chagrin et la souffrance prématurée, l'assaillirent de nouveau, bien plus souvent qu'autrefois; chaque nuit, redevenu enfant dans ses rêves, il se revoyait aux côtés de son frère. Il mit le plus tôt possible ordre à ses affaires, convertit en espèces tout ce qu'il possédait, et avec une fortune suffisante pour deux, le corps tremblant, la main ouverte, le cœur plein d'une émotion délirante, il arriva un soir à la porte de son frère ! »

Le narrateur, dont la voix était devenue défaillante, s'arrêta.

« Je sais le reste, lui dit M. Garland en lui serrant la main.

— Oui, reprit son ami après un moment de silence, nous pouvons nous épargner le reste. Vous connaissez le triste résultat de toutes mes recherches. La première fois, je suis arrivé trop tard; Dieu veuille que j'arrive à temps cette fois-ci !

— Vous arriverez à temps, dit M. Garland; oui, oui, cette fois-ci nous réussirons.

— Déjà je l'ai cru; déjà je l'ai espéré; en ce moment je le crois et je l'espère, mais un poids cruel pèse sur mon esprit, et la tristesse qui m'obsède résiste à l'espérance et à la raison.

— Cela ne me surprend point, dit M. Garland ; c'est la conséquence naturelle des événements que vous venez de retracer, de ces temps malheureux, de ce voyage pénible, et, par-dessus tout, de cette nuit affreuse. Une nuit affreuse, en vérité !... Entendez-vous comme le vent mugit. »

## LXVIII

Le jour revint et trouva les voyageurs encore en route. Depuis leur départ, ils avaient dû s'arrêter quelquefois pour prendre un peu de nourriture, et souvent perdre du temps, surtout la nuit, pour attendre des chevaux de relais. Hors cela, ils n'avaient fait aucune halte. Mais le temps continuait d'être affreux, les routes étaient souvent montantes et difficiles. Ce n'était qu'à la nuit qu'ils pouvaient espérer d'atteindre le but de leur voyage.

Kit tout gonflé, tout raidi par le froid, supportait cela comme un homme. Il avait bien assez à faire de maintenir la circulation de son sang, de se représenter l'issue de cet aventureux voyage, et de s'étonner à chaque pas de ce qui lui passait devant les yeux, sans perdre son temps à songer aux inconvénients de la route. Cependant le jour s'obscurcissait, et la fuite rapide des heures accroissait son impatience comme celle de ses compagnons. La courte clarté d'un jour d'hiver ne tarda pas à s'évanouir ; quand la nuit fut tombée, il leur restait encore pas mal de chemin à faire.

Le vent tomba, la neige reprit ; les flocons se pressaient serrés et rapides, bientôt ils couvrirent la terre à quelques pouces d'épaisseur, répandant en même temps un silence solennel tout à l'entour.

Abritant ses yeux contre la neige qui se gelait sur ses cils et lui obscurcissait la vue, Kit s'efforçait de distinguer les premières lueurs vacillantes qui pouvaient indiquer l'approche de quelque bourg

On arriva devant une maison de poste isolée ; Kit descendit lentement de sa banquette, car ses membres étaient transis de froid, et il demanda à quelle distance ils étaient encore du terme de leur voyage. Il était tard pour un relais de traverse, et tout le monde était déjà couché. Mais d'une fenêtre d'en haut quelqu'un répondit : Dix milles. Les quelques minutes qui s'écoulèrent ensuite semblèrent avoir la durée d'une heure ; mais enfin un homme tout grelottant amena les chevaux, et s'empressa de rentrer.

Le chemin où l'on s'engagea était un chemin de traverse. Au bout de trois ou quatre milles, il se trouva qu'il était plein de trous et d'ornières, qui faisaient à chaque instant tomber les chevaux tremblants et les obligeaient à ne plus aller qu'au pas. Comme il était impossible, pour des gens aussi agités que l'étaient nos voyageurs, de rester tranquillement assis et d'avancer si lentement, tous trois descendirent et suivirent pas à pas la voiture. Minuit sonna à l'horloge d'une église peu éloignée, la voiture s'arrêta. Elle ne faisait pas grand bruit auparavant ; mais lorsqu'elle cessa de faire craquer la neige, le silence parut effrayant.

« C'est ici, messieurs, dit le postillon descendant de son cheval et frappant à la porte d'une petite auberge. Holà !... après minuit, dans ce pays-ci, tout est mort. »

Le postillon avait frappé ferme et longtemps, mais sans réussir à se faire entendre des habitants, plongés dans le sommeil.

Les voyageurs se consultèrent avec anxiété et à voix basse, comme s'ils craignaient de troubler les échos sinistres qu'ils venaient de réveiller.

« Allons-nous-en, dit le gentleman, et que ce brave homme continue à frapper jusqu'à ce qu'on l'entende, si c'est possible. Je ne puis me reposer avant de savoir si nous ne sommes pas arrivés trop tard. Allons-nous-en, au nom du Ciel ! »

Ils s'éloignèrent, laissant au postillon le soin de recommencer à frapper et de se procurer tout ce que l'auberge pourrait fournir.

La vieille tour de l'église, revêtue comme un fantôme de son blanc manteau de frimas, se dressa bientôt devant eux, et en quelques moments ils s'en trouvèrent tout près. Ce monument vénérable tranchait par sa teinte grise sur la blancheur du paysage dont il était entouré.

Voici la rue du village, si l'on peut donner le nom de rue à un assemblage irrégulier de pauvres chaumières, de grandeurs et d'époques diverses, les unes se présentant de face, les autres de dos, d'autres avec des pignons tournés vers la route, çà et là une enseigne ou un hangar, qui empiétait sur le chemin. A une fenêtre peu éloignée tremblait une faible lumière, Kit courut vers cette maison pour prendre des informations.

Un vieillard répondit au premier appel : il parut à la petite croisée, en roulant un vêtement autour de sa poitrine pour se garantir du froid, et demanda qui pouvait être dehors à cette heure indue et ce que l'on voulait.

« Je suis bien fâché de vous avoir fait lever, dit Kit, mais ces messieurs que vous apercevez à la porte du cimetière sont des étrangers qui arrivent en ce moment après un long voyage pour aller au presbytère. Pouvez-vous nous l'indiquer?

— Votre chemin, mon ami, répondit le vieillard, est de prendre à droite. J'espère que vous n'apportez pas de nouvelles fâcheuses à notre bon ministre? »

Kit s'empressa de répondre négativement et de le remercier.

Les voyageurs suivirent le sentier indiqué par le vieillard, et bientôt ils arrivèrent au presbytère. Regardant alors autour d'eux quand ils furent dans cet endroit, ils aperçurent tout près, à la fenêtre ogivale d'un bâtiment en ruine, une lumière qui veillait solitaire.

Cette lumière, entourée de l'ombre épaisse des murs au fond desquels elle était enfoncée, brillait comme une étoile.

« Quelle peut être cette lumière? s'écria le gentleman.

— Sûrement, dit M. Garland, elle est dans la ruine qu'ils habitent. Je ne vois pas d'autre bâtiment ruiné.

— Impossible, répliqua vivement le gentleman, ils ne peuvent pas veiller jusqu'à une heure aussi avancée! »

Kit, pour les tirer d'embarras, leur proposa, tandis qu'ils sonneraient à la porte du presbytère, d'aller du côté où brillait la lumière pour savoir s'il y avait par là quelqu'un d'éveillé. Il s'élança donc, avec leur permission, respirant à peine, tout droit vers son but.

Il n'était pas facile de se diriger parmi les tombes ; mais, sans se préoccuper des obstacles, Kit continua son chemin à pas pressés, et ne tarda guère à arriver à proximité de la fenêtre.

Il s'approcha le plus doucement possible et, frôlant la muraille, il écouta : nul bruit à l'intérieur.

Chose étrange qu'une lumière en cet endroit ! à une heure aussi avancée de la nuit, et personne auprès de la lumière !

Un rideau était tiré vers la partie inférieure de la croisée ; Kit ne pouvait donc voir dans la chambre. Mais sur ce rideau ne se projetait aucune ombre. Grimper au mur et essayer de regarder du dehors n'eût pas été une tentative sans danger, ni certainement sans bruit et il eût pu effrayer Nelly, si c'était là réellement sa demeure. Il écouta encore, toujours le même silence inquiétant.

Il quitta la place lentement et avec précaution, tourna derrière la ruine et arriva enfin à une porte. Il frappa. Point de réponse. Mais à l'intérieur on entendait un bruit singulier. Il lui eût été difficile d'en déterminer la nature. Il ressemblait au gémissement étouffé d'une personne effrayée ; mais ce n'était pas cela, car il se répétait trop régulièrement.

Kit sentit son sang se glacer. Cependant il frappa de nouveau. Pas de réponse, le bruit continua sans interruption. Alors Kit, posant avec précaution sa main sur le loquet, poussa du genou le battant de la porte. Comme la porte n'était pas fermée à l'intérieur, elle céda et tourna sur ses gonds. Kit aperçut sur les vieilles murailles le reflet d'un feu de foyer, et il entra.

## IX

La sombre et rougeâtre lueur d'un feu de bois montra à Kit un personnage assis en face du foyer, tournant le dos et penché vers la flamme vacillante.

Les membres ramassés, la tête baissée, les bras croisés sur la poitrine et les doigts étroitement repliés, cette figure se balançait à droite et à gauche sur son siège sans s'arrêter un moment, accompagnant cette oscillation du son lugubre que Kit avait entendu.

Quand le jeune homme était entré, la lourde porte s'était refermée derrière lui avec un fracas qui l'avait fait tressaillir. La figure ne parla ni ne se retourna pour regarder, elle ne témoigna par aucun signe que ce bruit fût parvenu jusqu'à elle. C'était la forme d'un vieillard, dont les cheveux blancs avaient la teinte des cendres consumées vers lesquelles il penchait la tête.

Kit essaya de parler et prononça quelques mots sans savoir ce

MON MAITRE! S'ÉCRIA-T-IL EN TOMBANT A GENOUX.

qu'il disait. Toujours le même gémissement terrible et sourd, toujours le même balancement sur la chaise.

Kit avait la main sur le loquet pour sortir, quand il crut reconnaître le personnage mystérieux, à la lueur d'une bûche qui s'était enflammée en se rompant et en roulant par terre. Il approcha pour voir la figure. Oh! oui, toute changée qu'elle était, il la reconnut bien!

« Mon maître! s'écria-t-il en tombant à genoux et en prenant la main du vieillard. Mon cher maître, parlez-moi! vous me reconnaissez, n'est-ce pas? Miss Nell... où est-elle? Où est-elle?

— Elle dort là-bas, là.

— Dieu soit loué!

— Oui, Dieu soit loué! répéta le vieillard. Je l'ai prié bien des fois, bien des fois, tout le long de la nuit, depuis qu'elle s'est endormie. Il le sait bien. Écoutez! n'a-t-elle pas appelé? »

Faisant signe à Kit de garder le silence, le vieillard passa dans l'autre chambre.

Après une courte absence, pendant laquelle Kit put l'entendre parler d'une voix douce et caressante, il revint, portant à la main une lampe.

« Elle dort tranquillement, dit-il, mais ce n'est pas étonnant. Les mains des anges ont semé la neige à flots épais sur la terre pour que le pas le plus léger semble plus léger encore; les oiseaux eux-mêmes sont morts pour que leurs chants ne puissent l'éveiller. Elle avait l'habitude de leur donner à manger, monsieur; quelque froid qu'il fasse, et quelque affamés qu'ils soient, les timides oiseaux nous fuient; mais elle ils ne la fuyaient jamais. »

Kit n'avait pas la force de parler. Ses yeux étaient remplis de larmes.

La porte s'ouvrit. M. Garland et son ami entrèrent, accompagnés de deux autres personnes. C'étaient le maître d'école et le vieux garçon. Le maître d'école tenait à la main une lumière : selon toute apparence, il était allé chez lui nourrir sa lampe, épuisée par une longue veillée, au moment où Kit était arrivé. C'est pour cela qu'il avait trouvé le vieillard seul.

Le vieillard reprit sa première position, et peu à peu retomba dans son balancement monotone, et dans sa vague et lugubre lamentation.

Quant aux étrangers, il n'y fit seulement pas attention. Il les avait bien aperçus, mais il semblait incapable d'éprouver de l'intérêt ou de la curiosité. Le plus jeune frère se tint debout près de lui, mais il ne le reconnut pas. Le vieux garçon lui adressa d'affectueux reproches.

« Comment, lui dit-il avec douceur, encore une nuit où vous ne vous êtes pas couché! J'espérais que vous me tiendriez mieux parole. Pourquoi ne prenez-vous pas un peu de repos?

— Il ne me reste plus de sommeil, répondit le vieillard. Elle a tout pris pour elle.

— Cela lui ferait bien de la peine, si elle savait que vous veillez aussi, reprit le vieux garçon. Vous ne voudriez pas lui causer du chagrin?

— Ce n'est pas sûr, si je croyais que cela dût la réveiller! Voilà si longtemps qu'elle dort! Et cependant j'ai tort. C'est un bon et heureux sommeil, n'est-ce pas?

— Oui, oui, répondit le vieux garçon. Oh! oui, un bienheureux sommeil.

— Bien!... et le réveil? demanda le vieillard d'une voix tremblante.

— Il sera heureux aussi. Plus heureux que ne peut le dire aucune langue, que ne peut le concevoir aucun cœur humain. »

. . . . . . . . . . . . . . . . . . . .

Elle était morte, la chère Nelly! Pas de sommeil aussi beau, aussi calme, aussi dégagé de toute trace de douleur, aussi ravissant à contempler.

Son lit était recouvert de baies d'hiver et de feuilles vertes recueillies dans un endroit qu'elle préférait.

On peut dire que le vieillard était mort en même temps qu'elle; car son corps seul survivait, son âme l'avait suivie.

Un jour, on le trouva reposant doucement sur son tombeau. Quand on voulut l'éveiller, on s'aperçut qu'il ne vivait plus.

## LXX

Nous avons déjà vu que M. Sampson Brass était tombé entre les mains de la justice, après l'avoir invoquée tout d'abord; et l'on avait si fortement insisté pour qu'il voulût bien prolonger son séjour dans la prison, qu'il n'avait pu s'y refuser. Il demeura sous la protection des lois durant un temps si considérable, tenu si étroitement à l'écart par l'attention pleine de sollicitude de ceux qui veillaient à ses besoins, qu'il était perdu pour la société, sans pouvoir se livrer à aucun exercice extérieur, si ce n'est dans l'espace d'une petite cour pavée.

Quant à Sally Brass, il courut sur son compte une foule de rumeurs contradictoires. Aucuns disaient avec pleine assurance qu'elle s'était rendue aux Docks en habits d'homme, et qu'elle s'y était engagée comme matelot. D'autre insinuaient qu'elle s'était enrôlée comme simple soldat dans le deuxième régiment des gardes à pied, et qu'on l'avait vue en uniforme, à son poste, dans une des guérites du parc de Saint-James.

Mais, de tous ces bruits, le plus vraisemblable c'est qu'après un laps de temps de cinq années, pendant lesquelles rien n'indique que personne ait pu la rencontrer, on vit plus d'une fois deux misérables se glisser, à la nuit, hors des réduits reculés de Saint-Gilles, et cheminer le long des rues en traînant la savate, le corps tout courbé, scrutant les tas d'ordures et les ruisseaux comme pour y chercher quelques débris de nourriture. Ceux qui avaient connu autrefois Sampson et Sally disaient tout bas que ce devaient être l'ex-procureur et sa sœur.

Tom Scott se fit saltimbanque sous le nom ronflant de Tomscotino. Il gagne sa vie à faire des culbutes en arrière, devant une assistance distinguée.

La pauvre petite mistress Quilp a fini par se remarier. Seulement, cette fois, elle a choisi elle-même son mari, et son choix ne s'est pas porté sur un mari irascible et cruel.

M. et mistress Garland ainsi que M. Abel continuèrent leur petit train-train ordinaire, à l'exception d'un changement qui se produisit dans leur intérieur, comme nous allons l'exposer.

Quand le temps fut venu, M. Abel s'associa avec son ami, le notaire. A cette occasion il y eut dîner, bal, réjouissance complète. Au bal, le hasard voulut que l'on eût invité la jeune personne la plus modeste que l'on eût jamais vue. M. Abel finit par l'épouser; ils furent heureux à faire envie, et ils méritaient bien leur bonheur.

Le poney garda son caractère et ses principes d'indépendance jusqu'au dernier moment de sa vie, qui fut d'une longueur peu commune; aussi le surnomma-t-on Mathusalem. Souvent il traîna un petit phaéton de la maison de M. Garland père à la maison de

ON VIT PLUS D'UNE FOIS DEUX MISÉRABLES SE GLISSER.

M. Garland fils; et comme les parents et leurs enfants se réunissaient très fréquemment, il eut chez les jeunes époux une écurie à lui, où il se rendait de lui-même avec une étonnante dignité. Il voulut bien condescendre à jouer avec les enfants de M. Abel lorsqu'ils furent devenus assez grands pour cultiver son amitié, et il courut avec eux, comme un chien, à travers le petit enclos. Mais bien qu'il se relâchât à ce point de sa dignité, et leur permît des caresses et de petites privautés, comme par exemple d'examiner ses sabots ou de se pendre à sa queue, jamais il ne souffrit qu'aucun d'eux montât sur son dos : il montrait ainsi que la familiarité elle-même a ses limites, et qu'il y a des points réservés sur lesquels il ne faut pas badiner.

Après une longue convalescence, M. Swiveller, qui était entré en jouissance de son revenu, acheta une bonne garde-robe à la marquise et la mit en pension, conformément au vœu qu'il avait fait sur son lit de souffrance. Elle se rendit tout en larmes à la pension choisie par M. Swiveller, mais elle en fut bientôt retirée, par suite de ses progrès rapides, qui l'avaient placée au-dessus de ses compagnes, pour entrer dans un établissement d'un ordre plus élevé.

A dix-neuf ans, la marquise avait de bonnes manières, de l'instruction et même de l'élégance. Alors, M. Swiveller songea que si elle voulait bien lui accorder sa main, ils seraient fort heureux ensemble. Ils se marièrent en effet, et furent réellement très heureux.

M. Fred finit très mal, et cela ne surprit personne.

Le gentleman, autrement dit le grand-oncle de Nelly, voulait absolument tirer le pauvre maître d'école de sa retraite ignorée pour faire de lui son compagnon et son ami; mais l'humble instituteur de village craignait de s'aventurer dans un monde bruyant, et d'ailleurs il s'était habitué à aimer le voisinage du vieux cimetière. Calme et heureux dans son école, dans son pays d'adoption, et surtout dans son attachement pour sa petite amie tant pleurée, il continua tranquillement sa vie paisible et demeura, malgré l'insistance du reconnaissant gentleman, ce qu'on peut exprimer en peu de mots, un *pauvre* maître d'école, rien de plus.

Le grand-oncle de Nelly avait conservé au fond du cœur un pesant chagrin. Mais ce chagrin ne faisait de lui ni un misanthrope ni un ermite. Il traversait la vie en gardant ses affections. Longtemps, très longtemps, son principal plaisir fut de rechercher les lieux par où avaient passé le vieillard et l'enfant, de s'arrêter là où ils s'étaient arrêtés, de méditer là où ils avaient souffert, et de se réjouir là où ils avaient éprouvé quelque bon traitement. Ceux qui leur avaient témoigné quelque bonté ne purent échapper à ses recherches ; la propriétaire des figures de cire, Codlin, Short, tous il les retrouva, jusqu'au chauffeur de la fournaise.

Kit resta-t-il célibataire, ou bien se maria-t-il ? Il va sans dire qu'il se maria. Et qui pouvait-il épouser, si ce n'est Barbe ? Et même il se maria assez jeune pour que le petit Jacob fût pourvu de neveux et de nièces avant d'avoir été introduit dans un vrai pantalon. Le bonheur que cet événement causa à la mère de Kit et à la mère de Barbe est au-dessus de toute expression. Elles prirent le parti de loger ensemble et vécurent dans la plus parfaite intimité.

Lorsque Kit eut des enfants de six et sept ans, il y eut dans le nombre une Barbe, et une jolie Barbe par-dessus le marché. Il n'y manquait pas non plus un fac-similé exact du petit Jacob, tel qu'il était dans ces temps reculés où on lui révéla ce que c'était que des huîtres. Naturellement il y avait un Abel, filleul de M. Garland fils ; il y avait un Dick, filleul de M. Swiveller.

Le petit groupe d'enfants se réunissait souvent le soir autour du du père, en le priant de raconter encore l'histoire de cette bonne miss Nell, qui était morte. Kit la leur racontait ; et quand les enfants pleuraient après l'avoir entendue, regrettant qu'elle ne fût pas plus longue, il leur disait que miss Nell était montée au ciel, où vont tous les braves gens, et que, s'ils étaient bons comme elle, ils pouvaient espérer d'aller un jour aussi au ciel, où ils pourraient la voir et la connaître comme il l'avait vue et connue lui-même du temps où il était encore un petit garçon.

Puis il leur racontait combien alors il était pauvre, comment elle lui avait enseigné ce qu'il n'avait pas le moyen d'apprendre, et comment le vieillard avait l'habitude de dire : « Elle se moque toujours de Kit ; » et alors les enfants séchaient leurs larmes et se mettaient à rire à la pensée de ce qu'avait fait cette bonne miss Nell, et ils étaient tout joyeux.

Imprimeries réunies, B, rue Mignon, 2.

Imprimeries réunies, B, rue Mignon, 2.

Contraste insuffisant

**NF Z 43**-120-14

www.ingramcontent.com/pod-product-compliance
Lightning Source LLC
Chambersburg PA
CBHW070824170426
43200CB00007B/891